湛庐CHEERS

与最聪明的人共同进化

HERE COMES EVERYBODY

价值投资 高毅资产作品

投资中不简单的事

邱国鹭 邓晓峰 卓利伟 孙庆瑞 冯柳 等◎著

四川人民出版社

中国价值投资实践的启示录

张磊
高瓴资本创始人

这是6位价值投资者在中国资本市场实践价值投资的启示录，也是中国企业和中国企业家持续创新成长的全景图。与邱国鹭、邓晓峰、卓利伟、孙庆瑞、冯柳、王世宏这6位投资人早已相识，他们每位都有着令我景仰的人格魅力和智慧学识，并且他们有一个共同的特点：对真理的诚实追求、对自我的谦逊反省、对企业家精神的至诚笃信。我想，可能正是这些让他们走到了一起，在自主创办的“投资俱乐部”中“围炉夜话”，正所谓：“木落水尽千崖枯，迥然吾亦见真吾。坐对韦编灯动壁，高歌夜半雪压庐。”

许多人在想，这6位“身怀绝技”又“宝剑藏锋”的投资人，究竟因何掌故、为何机缘懂得价值投资？又是怎样不断学习、坚持训练从而深谙价值投资？对于更多研究者和投资人而言，需要怎样的方法、框架，乃至怎样的心态、秉性去理解价值投资？是否能够习得一二？幸运的是，《投资中不简单的事》以娓娓道来的方式，毫无保留地讲述了6位投资人的思想理念和实践历程。这种开诚布公的分享，值得由衷称赞。

对于投资来说，简单和不简单的事或许相似：如何保持内心的平静，在不断的市场诘问和自我拷问中，不随波逐流，最需要的是深植行业、企业及市场的卓越研究能力和强大自我约束的投资初心。

“找到最好的公司，做时间的朋友”，这是对价值投资最好的诠释之一。投资回报的本质是作为企业拥有者，获得管理团队为企业创新成长带来的价值积累。人们往往感慨，投资最贵的不是钱，而是时间。愿意付出更多的时间去研究，去持有，去陪伴企业的成长，即“花足够多的时间，做最好公司的朋友”。这种长期坚持和信赖，来源于充分的理性判断和风险认知，以及发自内心的勇气和诚实。

“更多的研究是为了更少的决策，只有在更少的、更重要的变量分析上持续做到最好，才是提高投资确定性与大概率的最简单、最朴素的方法。”这种“逻辑上的升维”和“决策上的降维”无疑是对真相的最好描述。投资人无法亲历企业成长的方方面面，更无法判断市场的不可知因素，个体认知的局限和市场变化的混沌天然构成了矛盾。正是这样，在漫漫修远的求知路上，怀谦卑之心，长期关注“可预期、可展望、可想象”的有限关键变量，进而回归研究本质——大胆假设、小心求证，找到企业创新发展的“护城河”，从而做出最佳决策。

“中国有无与伦比的规模优势，大多数行业都走过了一个前所未有的陡峭的学习曲线，这是大国的幸运。”诚然，大国是幸运的，在人口红利、政策红利、产业红利多期叠加的快速发展中，企业可以不断创新，其试错成本之低、规模优势之大，构成了中国企业家施展才华的绝佳环境。随着中国城镇化减速、人口结构变化、产业集中度提高、科技进步发展到新阶段，投资人无法再像过去那样随意采撷一二便可获得超额收益，但我们仍对大国发展抱有十足信心。我们可以看到，中国正拥有越来越多值得敬佩的创业者、发明家、科学家、企业家，他们在科学创新、产业创新、产品创新上不断追求卓越，正是这些，构成了坚持价值投资的原因所在。

对于今天的中国资本市场来说，价值投资已然不是新鲜名词，越来越多的笃信者和实践者在用自己的思考方式，不断探索新的未知世界。价值投资为投资者和企业家之间创造了相互信赖和尊重的情感纽带，正是这条纽带，让企业家敢于尝试伟大创想，目光聚焦在未来 10 年、20 年，以超长期的视角审视未来生产生活的变化。这种源于价值投资理念的超长期投资，为企业注入了最坚实的动力。从某种程度上说，为卓越企业家分担创新风险，构成了价值投资超额收益的本质起源。

最后，感谢邱国鹭、邓晓峰、卓利伟、孙庆瑞、冯柳、王世宏，这是一本值得反复阅读的佳作。他们在繁忙的工作之余，还利用周末时间在高礼价值投资研究院中担任授课导师，帮助业内更多的年轻基金经理和研究员们学习价值投资和基本面分析，为中国资本市场培养价值投资的有生力量。如果可以，我希望越来越多的价值投资者一起分享在中国资本市场的投资心得。

唯有真正懂得，方知其中美妙!

简单理念的不简单坚守

邱国鹭
2017 年 12 月

我的上一本书《投资中最简单的事》收集的文章很多写于 2013 年之前，当时正处于一个一些中小市值公司漫天讲故事的大环境。回头看 4 年过去了，资本市场发生了较大的变化，那些当初被投资者追捧的、讲述各种令人眼花缭乱“概念”的公司，大多没有兑现当初的“承诺”，反而是一些当时不受市场待见、生意模式简单、踏踏实实做事的企业，这几年在市场的巨幅波动中股价屡创新高，这也再次印证了价值投资才是时间的朋友。

投资从来不是一件简单的事情，因为有太多的不可知因素，无法预测也难以把握。所谓“投资中最简单的事”，是指尽量让投资回归本源，去伪存真，买便宜的好公司，注意安全边际，注意定价权，人弃我取，在胜负已分的行业中找赢家，这些基本原则看似是投资中最简单的事，其实也是投资中最本质的东西。

投资理念和哲学都是简单的，但是实践中的情形却是千变万化的，充满各种噪音和干扰。简单的是理念本身，不简单的是如何在荆棘丛生、陷阱密布的市场中执着地坚守、灵活地运用，这也是《投资中不简单的事》成书的初衷。这本书中的很多内容选自高毅资产基金经理内部交流的纪要和外部演讲的实录，包含很多实战经历，既体现了我们对投资的一些感悟，也体现了我们如何在纷繁复杂的资本市场中屏蔽噪音、努力用对的方法做对的事情。虽然有些只是零散的只言片语，但都是在市场中真刀真枪面对人性的恐惧与贪婪、面对市场的诱惑与陷阱等各种不确定性时的真实想法和应对，可以说是另类的“投资札记”。

“最”简单的事与“不”简单的事，一字之差，却突显了投资中理论与实践之间的巨大鸿沟。“理想很丰满，现实很骨感”是许多在A股实践价值投资的人的体会。在中国实践价值投资的难处，不仅在于市场存在较大的波动，有时候还在于缺乏好的平台支持。当市场进入概念横飞、炒作盛行的时期，价值投资在这种环境下难免会面临阶段性的挫折和挑战。我们组建高毅资产的初衷，正是希望给奉行价值投资的基金经理提供一个践行自己投资理念的平台。

中国有100多家公募基金管理人、20 000多家私募基金管理人，很多机构经常迫于短期的业绩压力而改变对长期价值的坚守。我们看到，许多基金公司的投研支出只占公司收入中的很小比例，就像患者前往公立医院看病花费了两三百元，只有十几元是医生的出诊收费，从长远看，这种模式无法为客户创造价值。高毅资产从一开始就设计了相对合理的机制来解决这个问题，我们把业绩提成的大部分分配给基金经理，通过跟投机制、奖金递延机制、产品命名机制等来实现基金经理与客户长期利益的一致。我们相信，优秀的基金管理公司首先需要领先的机制，才能吸引优秀的团队，进而实现出色的业绩，最后才会带来规模的增长。如果为了追求短期业绩和资产规模，而忽视更为重要的长期机制建设和团队建设，这是舍本逐末的做法。

和靠谱的人一起做有意义的事，是我们一直以来的追求。过去三年，我感觉自己每天都在进步，视野也更加开阔，因为高毅资产这个平台上的每一位投研人员在某一方面都是我的老师，我从他们身上学习到很多。公司以一种严苛但合理的模式组建，筹备阶段，我们花费近两年时间，面试了数以百计的投研候选人，最终挑选出一支小而精的初始团队。时至今日，我们仍花费大量的时间和精力用于招聘投研人员，核心是希望聚集一批真正相信价值投资且热爱基本面研究的人才。

我们希望打造一种图书馆式的文化，在喧闹的资本市场中摆放一张安静的书桌，让真正愿意做投资的人能够深入细致地研究和思考，真正弄清行业和公司的本质。我们不贪多，始终强调战略取舍，兼顾广度的同时更看重深度，一开始就抱有“宁打一口井，不挖十个坑”的研究心态，精挑细选研究标的。尽管A股和港股市场共有5 500多只股票，但是进入我们视野的只有100只左右，因为唯有比别人更聚焦，才有可能比市场站得更高、看得更远、看得更深。做投资如同庖丁解牛，追求以无厚入有间，能够以无厚入有间是因为顺应了事物的客观规律，而我们想找寻的，正是优质公司的成长路径和行业的内在发展规律。资产管理行业的本质是“研究创造价值”，这一直是我们安身立命的基础。

相比于《投资中最简单的事》，这本书更多样化，也更贴近实战，反映了一批价值投资者在A股市场中的实践与坚守。虽然A股市场中价格与价值的偏离程度可能比国外更大，价格回归价值所需的时间更长，但这既是挑战也是机会。中间过程可能经历了较痛苦的煎熬，但是获得的回报可能也更丰厚。我们始终相信，在A股市场，价值投资是适用的。

HARD THINGS
IN INVESTMENT

目 录

|第二篇| 实战篇

在了解投资中不简单的事之前?
扫码下载“湛庐阅读”App，搜索“投资中不简单的事”，
听高毅资产董事长邱国鹭讲述投资中不简单的事。

HARD THINGS IN INVESTMENT

第一篇

思想篇

投 | 资 | 人 | 说

HARD THINGS
IN INVESTMENT

邱国鹭

我们做价值投资，把时间拉长，总是赚两方面的钱：一方面赚的是企业被低估的钱，这个是市场过度悲观、市场情绪化定价所带来的机会；另一方面赚的是企业成长的钱，是管理团队不断为股东创造的价值、创造的新收益。

邓晓峰

资本市场是个多样而复杂的生态系统，市场参与者的价值观决定了各自的行为方式。但是市场本身，这么多年来，真正反映的还是国家、产业发展的变化，以及公司的成长。

孙庆瑞

自上而下做配置，分享行业和公司最有激情的阶段。自下而上做选择，从人和机制来挑选标的。

卓利伟

投资中你无法真正掌握 *N* 个变量。基本面投资把 *N* 个变量“降维”到最重要的 3 个变量，即对企业价值、产业趋势和系统性风险水平的判断。

冯柳

好的生意模式同时还符合可预期、可展望、可想象这三个要求。

王世宏

在经济变化的主航道上，投资于同时具有伟大创新和强大护城河的公司。

01

回归投资的本质，做时间的朋友

▶ 邱国鹭 / 2017.03

返璞归真，回归投资的本质

过去两年的资本市场比较不平静，股市也经历了一些大起大落。在大起大落之后，我们静下心来思考这样一个问题：投资的本质是什么？许多投资者在每年年初的时候都会“算一卦”，看看今年股市是什么样的风格，什么样的板块比较有机会，经济是向好还是向下。最近我们在思考一个问题，从 5 178 点到现在市场下跌了近 40%，但是有些板块平均涨了 40%，比如白酒、家电、港股的汽车等。这些板块的股票的研究难度并不大，商业模式简单，估值也很便宜，季报、年报出来后业绩也很清晰。但是，为什么投资者在 5 178 点的时候不愿意买这类股票，而追逐一些所谓的概念、主题、故事？今天回头看，这些炒概念、炒主题、讲故事的股票下跌了 70%。所以我觉得，投资还是得回归公司的本质。

投资的本质是什么？无非就是希望今天付出的一笔钱，能够在未来收回更多钱，用 5 毛钱买 1 块钱的东西，或者“春种一粒粟，秋收万颗子”。投资本质上还是希望买到低估的东西，买到将来能够超过大家预期而成长的东西。我们看投资的本质，要从三个维度去思考。

行业的维度

第一，看行业的商业模式。我经常说，买股票看行业，就像买房子看小区一样，你可以装修你的房子，但是没有办法改变小区的环境，是不是学区房、小区中庭大不大等，这些因素你是无法改变的。公司也一样，即便有很优秀的管理层，但如果在一个很烂的行业，不管你怎么敬业、挣扎，业绩都不会太好。而有一些行业，你会发现赚钱实在太容易了，很典型的就是白酒行业。原料也就是一把米、一斤水，可有的卖你500元，有的卖你100元，哪怕卖100元，毛利率都在80%～90%。2013年、2014年“三公经费”严管，大多数公司股价下调但还是很好赚钱。因此，从行业的维度看，首先是看行业的商业模式，也就是这个行业挣钱是否容易。

第二，看行业的竞争格局。我们经常说格局决定结局，很典型的行业就是空调行业。空调并不算很出众的行业，但是2005年价格战之后至今形成了两家龙头公司市场占有率具有绝对优势的格局。行业格局优化后，即使整体增速下滑，两家龙头公司业绩增长也很快，股价也都涨了几十倍。

第三，看行业的空间。中国过去15年走了美国100年走的路，美国在工业化、城市化、信息化上分别用了三五十年，而中国的工业化、城市化、信息化加在一起15年就完成了。中国变化很快，可以在三年时间内用掉美国一个世纪用的水泥量。在这种情况下，中国必定有一些行业的成长空间是有限的，甚至有可能已经是夕阳行业。在行业选择上我们要避开这些夕阳行业，同时也要避开刚开始就“百舸争流”的行业。一些新兴行业刚刚发展的时候，大家都认为这个行业好，有100家天使投资人往上扑，50家VC往里冲，公司之间打价格战，这样的行业你不知道谁是赢家。《孙子兵法》说，要先胜而后求战，而非战而后求胜。所以看行业空间，要避开掉在夕阳行业的阶段，也要避开初期就处于百舸争流的阶段。我们要的是成长期和稳定期，白电就属于在稳定期，有些消费品在成长期，这种阶段下特别好做投资。当然，产品的生命周期也要看。

第四，看行业的门槛。中国是竞争非常激烈的国家，资本回报率稍微高一点儿的行业、净利润率稍微高一点儿的行业，就会有 100 个人“山寨”、1 000 个人抄袭。所以门槛很重要，要么资源独占，要么有牌照限制，要么有技术优势，要么有品牌优势。从白酒行业来看，2012 年、2013 年有非常多的地产公司尝试开发自己的白酒品牌，但到 2015 年、2016 年都死掉了，这个行业是有门槛的，别人进不来。所以要想清楚，一家公司为什么能够持续保持很高的资本回报率和净利润率，这两个问题想清楚了，这个行业就看明白了。

公司的维度

我们要找品类最优的公司。看一看公司内部的管理机制，看一看产品的定位。我总是问自己一个问题：这家公司如果继续发展下去，是会越大越强，还是会越大越难？有些行业的公司销售规模发展到一定程度后，再往上走就超出了管理半径，可复制性就不强了，增长也非常难，这种行业就是越大越难，对这种行业要小心。中国有很多软件公司其实是做系统集成的，成长过程中大量依赖人海战术，虽然最终销售是增长的，但是人均利润不断下滑，没有规模效应。这跟微软公司产品化的软件不一样。我们都想买行业龙头，要有规模优势，越大越强。

管理层的维度

看管理层分两个方面：一是看他的能力，二是看他的诚信度。

能力分两个方面。

一是看战略上是否清晰，是否聚焦。很多公司会转型到其他行业，这种随便乱转型的公司我们从来都不碰。老本行都做不好，转型做一个新行业能够做好吗？过去两年，各种转型的公司基本上成功的很少。

二是战术上的执行力。对于中小公司，关键看老板的个人能力和魅力。我们经常会调研中层干部，看他们是不是崇拜自己的董事长；对大公司会看中层干部的关键绩效指标（KPI）。我们曾经研究过装饰公司，装饰公司净利润率大概是 7 个点，但是普遍现金流比较差，因为质量保证金就要5个点，还有应收账款，所以回款非常重要。在已经上市的五六家装饰公司中，有一家公司的现金流回款特别快，我们看中层的KPI，发现重视考核回款的公司现金流就比较好。所以，**大公司的管理能力要看KPI考核。**

一般来讲，我们研究的公司不多，但是会聚焦在那些我们看得懂、看得明白、商业模式简单又容易挣钱的行业。我们会静下心来把行业、公司、管理层这三个问题搞清楚，会在一家公司上面花很多时间，一旦重仓买入，会持有很久。过去18个月，我在A股和港股的第一大重仓都没有改变，因为买之前就很清楚，即使是在熊市中，也有很强的超额收益。我们没有必要在短期内换来换去，这样做从长期来看，累计回报并不好。一定要找到优秀的管理层、优秀的公司以及好挣钱的行业，通过时间的积累。

谈了这么多，其实核心就是回答一个问题：时间是不是你的朋友？只是靠运气、胆量，短期内赌一把，如果市场变脸怎么办？我们经常看到市场变脸比翻书还快。**回归投资的本质，我们要找到好的公司，把握机遇，做时间的朋友，最终成为赢家。**

「本文为高毅资产董事长邱国鹭2017年3月在格上财富“中国证券私募年度论坛”暨金樟奖颁奖典礼上的演讲实录。」

02

在中国市场做价值投资的思路

▶ 邓晓峰 / 2017.06

价值投资的出发点：企业持续创造价值

投资人从资本市场获得回报的来源，或者来自于企业创造的价值，或者来自于市场其他参与者。大家总说中国股市是一个赌场，美国股市才能带来长期的回报，但事实是，两个国家都出现了非常多的好公司，这些公司都创造了巨额的价值，也都实现了非常好的持续回报。不过，两个市场的效率存在较大的差异。美国是一个高效的资本市场，中国却被认为是一个低效的资本市场。但是过去十多年来，我们发现市场也在发生变化。

资本市场是个多样而复杂的生态系统，市场参与者的价值观决定了各自的行为方式。我们把自己的想法带入资本市场，然后会有不同的反馈。如果你把它作为一个博弈的市场，它就是一个赌场。如果你认为可以通过分享上市公司的价值创造来实现回报，你也能发现优秀的公司，持续的增长，合适的价格。

我们看一个案例，这是招商证券研究所做的统计，我们觉得很有意思。2011 年 4 月 13 日，A 公司和 B 公司在同一天上市。A 公司一直专注于定制家具行业，改写了传统家具行业的商业模式。家具行业原来资产很重，企业需要非常多的样品、库存，生产无法标准化，而 A 公司将产品简化为一块块不同木板拼接而成。前端销售渠道没有成品库存，而且是预收货款。后端的生产简化为木板的切割，高度的标准化和自动化，缩短了供货周期，优化了供应链，形成了高效率高回报的商业模式。这是家具行业十多年来最重大的创新。公司走内生发展的模式，盈利持续增长，是上市前的8倍。

B公司像许多普通的上市公司一样，主业慢慢陷入亏损，转而选择重组收购发展的路径。6年时间实施了4次收购。

从2011年上市到2015年，A公司和B公司股价表现没有体现出显著差异。但股市异常波动后，分化巨大。B公司目前的市值28亿元，与上市之初23亿元相差无几。A公司的市值从上市之初的41亿元增加到目前的360亿元，涨幅超过8倍。

HARD THINGS IN INVESTMENT

不简单的投资

中国的市场有非常多的公司在创造着价值，这个市场不只是一个赌场，从另外一个角度来看，它也是一个持续创造回报的市场，也可以是一个共赢的市场。价值投资这个标签在中国已经被滥用了。有人股票被套了，就说自己是长期持有，价值投资；有人买了大盘股，就说自己是价值投资；有人认为只有买低市盈率（PE）、市净率（PB）的股票才是价值投资。我理解的是，价值投资根本的出发点，是看投资回报的来源是哪里。企业持续地创造价值，投资人去分享收益，这才是价值投资的方式，才是基于基本面的投资。

价值投资要与估值水平相结合

估值水平也是非常重要的，价格决定了回报率。再好的公司，过高的价格也可能导致一个负的回报率。我们作为投资人一定要客观。**价值投资不等于长期持有，长期持有一定是一个结果，而不是一个目的。**当公司高估了之后，投资人可能会面临损失。

最重要的是，投资是面向未来，而不是为了缅怀过去。研究过去是为了让我们能够更好地判断未来，进而找到未来持续创造高回报的企业，分享企业创造的价值增量，让股东获得回报。**企业的成长本来就是价值的一部分，投资是往前看的。**

投资要做“三好”学生，要选择好的行业，要挑好的公司，要有好的价格。

◎ 第一，在行业上，选择比努力更重要，选好赛道事半而功倍。要选择增长性的行业，处于生命周期早期阶段的行业，这些行业往往容易创造巨大的价值增量。当然也有很多行业，或者说所有的行业都会走向成熟。这个时候就要看行业的竞争结构，不同的竞争结构会带来不同的股东回报，竞争结构决定了长期的股东回报。

◎ 第二，选择好的公司。中国市场上，投资者偏好概念或重组，想要抓黑马，炒小公司，希望短期内获得高回报。但社会发展的正常规律，一定是好的公司、优秀的公司获得更大的市场份额，有更好的成长，有更高的利润，更好的股东回报。优胜者往往是踩着失败者的尸体走出来的，越往后发展，越会形成这样一个终极的状态。选择好的公司，选择运营卓越的公司，选择管理高效的公司，是一个更好的做法。

◎ 第三，好价格永远是最重要的，价格决定了你的回报率。

主动投资超越指数越来越困难

我们一直在思考两个问题。

第一个问题，资本市场是不是有效。如果资本市场高度有效，被动投资是一个很好的做法，但中国的市场和美国的市场是有差异的。

第二个问题，主动管理者能不能持续在市场里获得超额的收益，这是主动管理存在的基石。如果你不能持续创造超额收益的话，你本身的价值会受到巨大的挑战。

我们看一下2016年年底美国共同基金行业的回报和各自基准的对比。可以看到一个很悲哀的现象，过去一年、三年、五年、十年，共同基金大多没有跑赢它们对应的指数，跑赢指数的占比不到20%。

对冲基金行业的情况怎么样呢？2008年一位著名的对冲基金经理和巴菲特打了一个赌，他认为投资在一些好的对冲基金能够超越标准普尔500指数。2016年，这个赌约终结了，七年之后我们发现他所选的标的投资收益率比标准普尔500指数低了接近44%，一个巨大的差异。

我们再看一看标准普尔500指数的回报率和对冲基金行业加权指数，以及北美对冲基金行业的指数回报，并做一个对比。过去一年、三年、五年和十年，它们都没有跑赢标准普尔500指数。毫无疑问，美国是一个非常高效的市场，这个市场越来越残酷，主动管理者面临的压力越来越大了。

中国又是另一番景象。中国的机构投资者成长起来，是从2001年之后才开始的。在2001年到2007年那一轮牛熊之中，因为开放式基金的数量比较少，我们就用封闭式基金做分析和对比。可以看到在上一轮大的牛熊周期里面，基金行业还是显示出了非常好的超额收益。基金行业的平均回报，在大多数年份都跑赢了万得全A指数。累计下来，基金行业的平均收益率超过400%，万得全A指数和上证指数回报大概在250%左右。这是一个非常好的成绩。

2008年到2016年，开放式基金成为主体，我们统计开放式股票型和偏股型基金的平均回报，这时已经出现有几年基金行业的平均回报跑输万得全A指数了。累计下来看，基金的平均回报率是126%，较万得全A指数的112%，仍然超越了10个点左右，这是一个可以接受的数据。

如果我们换一下坐标系，以2016年年底作为基期，过去一年、三年、五年和十年，基金的平均回报事实上是跑输了万得全A指数。万得全A在过去十年的年化回报率是11.5%，中国的市场总体来说还是一个向上的市场。

环境在变化，市场在进化。市场的效率在提高，不管是美国还是中国。因为市场是由广大的参与者组成的，而市场的参与者也都是在学习，在进步的。**主动管理者越努力，资本市场价格发现的功能越强大，超越指数会越困难，**尤其是在这样一个信息高度发达的时代，一个打破了过去很多壁垒的时代。互联网让全社会信息交流，沟通的速度比过去更快了，社会的效率也会变得更高。

在这样一个背景之下，做基本面投资会面临更大的挑战。我们必须要与时俱进，以应对环境的变化。

《证券分析》① 一书中提到，在格雷厄姆的时代，非常多的公司，其股票价格是低于每股净资产的，那时候做投资非常容易。

在巴菲特成长的时期，美国的人口和经济总量处于稳定增长的阶段，经济增速基本围绕潜在增长率 3% 周期性波动。以消费品为代表的公司有国内市场自然扩大与走向全球化两个低速而持续的引擎。投资人能够以合适的价格买入优秀的公司，通过复利获得回报。而资本市场的关注度和效率的逐渐提高，也给了投资人更多的机会。

现在面对一个高效的资本市场，很难出现非常明显的定价错误。在美国资本市场，有可能超额回报只能来自于巨大的争议和巨大的不确定性。

最近巴菲特买了巨量的航空公司股票，这对他本身来说是一个巨大的挑战。巴菲特曾经说过，既不要买带轮子的，也不要买带翅膀的，航空公司是一定不能买的。为什么他最近又做出了这样重大的决策？面对投资人的提问，芒格的回答是："第一，在目前这个市场很难找到具有很好机会的投资标的；第二，航空业在发生重大的变化，美国的航空业已经变得高度集中化，而且竞争强度大幅下降。"

在股东和资本市场的压力下，美国航空公司不再增加产能，严格控制资本支出和新飞机的购买数量，不追求市场份额，航空业在高度集中后形成了共识和默契。运力不再增加，需求却在增长，航空业的回报自然比过去更好。很多我们过去认为想当然的一些道理，在未来有可能发生改变，因为这个世界在往前走。

---

①《证券分析》中文简体字版已由湛庐文化策划出版。——编者注

我们会看到资本市场的风格和偏好不断发生轮回。随着价格的上涨，回报率会下降。2016 年、2017 年资本市场的风险偏好下降，投资人更多关注企业的基本面和盈利，使得这类资产在这两年有了很好的表现。但当它们的表现超越了这些公司盈利增长时，未来一定面临投资回报率下降的问题。

HARD THINGS IN INVESTMENT

不简单的投资

我们怎么办？在市场效率不断提高的新环境里必须要求变，简单而明显的机会在减少，要与时俱进，持续学习、终身学习，把更多的精力投放到创造社会价值增量的行业和公司上面。

因为我们内心觉得这个资本市场不是一个零和的赌场，它是一个企业创造价值，投资人去分享收益的市场。社会在向前发展，哪些行业、哪些公司正在创造巨大的价值，未来还会创造巨大的价值，我们必须要把更多精力，更多时间，更多的研究花在这个上面。

独立思考

我们需要独立思考，“Think Different”。一定要和其他人的想法不一样，要勇于站在大多数人的对立面，勇于挑战权威，但要尊重事实。好的投资人必须不断回顾，不断客观地拷问自己，去学习，去往前推进。我们看到即使是在投资界十分成功的人士，他说的一些话好像是基本常识，但在中国也不一定合乎国情。巴菲特说汽车行业是一个差的行业，但过去十几年，中国汽车行业的资本回报率在 25% 左右，盈利持续增长，它处于成长期，是一个回报很好的行业。

我是理科出身，因为 TMT 行业的研究做得好而进入投资岗位。在 2005 年开始做基金经理时，对钢铁这样的夕阳行业有天然的抵触情绪和偏见。事实上从 2001 年到 2007 年，钢铁行业处于成长期，几乎所有公司的盈利增长都超过 10 倍。A 股市场从 2 200 点跌到 1 000 点的时候，钢铁行业却是一个正回报的行业。因为偏见，我忽视了钢铁行业的高速成长期，对组合的表现造成不利的影响。我们需要不断地回顾，去看看是不是因为下意识的偏见导致认知与现实世界发生了重大的偏差。

2005年、2006年金融改革时，银行业做出了巨大的转变。国有大银行改制的时候，邀请一些国有企业参加，而企业却是避之不及的态度，社会普遍的共识是中国的银行就是垃圾。最后是美国的大金融机构积极参与了中国银行业的股份制改革，获得了巨额回报。而许多当初不看好中国银行业、也不愿意买净资产的人却跳出来说金融部门、监管部门在卖国。那些说银行被高估和贱卖的，往往是同一批人。

评判别人，批评市场很容易，但拷问自己非常难。中国银行业其实经历了国企改革和股份制改制后，相比历史确实是脱胎换骨。朱镕基总理所主导的国企改革是中国国有企业生产率提高最快的阶段，那也是中国国有企业相互竞争最激烈的阶段，在那个时期，国有企业根本不像国有，比西方自由市场经济的私有企业竞争更惨烈。

我们甚至看到很多国有企业的员工为了争夺业务发生剧烈的、恶性的打架斗殴事件，甚至会有人命的伤亡，这是国有企业吗？大家真的是把这个企业当成自己的了？国有企业，垄断行业也存在恶性竞争，有巨大生产力的提高，很多悖论在中国都在发生。

从长远视野看超额收益的立足点

中国资本市场可能是一个持续存在缺陷和无效率的地方，这是我们获得资源的机会。中国是一个有广大参与者的资本市场，机构投资者占比很低，而且大多数参与者都有非常高的短期收益预期，这种预期一定会扭曲这个市场，不管是过去、现在，还是将来。而且即使是机构投资者，因为委托代理机制的原因、考核的原因，同样会形成非常多的扭曲，让机构投资者必须关注短期的业绩，很难做出一个长期的思考，或者长期的投资。

此外我们也会看到，当人工智能和机器学习在投资行业的应用越来越广泛的时候，收集处理市场短期信息的能力会大幅提高，也会让短期市场的有效性大幅提高。我觉得以量化为代表的交易方式，会在人工智能的帮助下迅速增加。构建模型的能力，收集市场更多非结构化数据的能力，也会提高很多。

这个过程都会让市场短期效率提高，但对企业的长期发展的影响仍然难以评估。**我们需要更长远的视野，对企业长期的发展做出判断，这是我们获得超额收益的立足点。**

中国是一个巨大的经济体，我们的产品需求或者服务，几乎都占了世界的 1/4 到 1/3，这样一个大国提供了很多的机会。我们看到过去 30 年，甚至过去 15 年，产业的规模变得非常庞大，中国有无与伦比的规模优势。同时大多数行业都走过了一个前所未有的陡峭的学习曲线，在很短的时间之内，中国企业的管理水平、生产率水平，甚至是研发的能力都经历了一个急速提高的过程，其中生产率提高的过程是最快的。

这个过程会给投资人带来巨大的机会，因为它浓缩了产业发展的时间段，会带来巨量的价值创造和价值增长，也会带来资本市场巨量的回报。现在来看即使非常多的产业已经成熟了，但因为有这样巨量的经济体，以及非常全的产业配套，仍然有很多新企业、小企业能够发展壮大，甚至成为一个个行业的巨头。

HARD THINGS IN INVESTMENT

不简单的投资

这是资本市场持续发展向前的动力，放眼未来，我们仍然有很好的机会。因为我们有学习的时间，可以选出赛道，发现优胜者，在长长的赛道上，享受优胜者创造的价值。这是大国的幸运，也是对中国投资人来说非常幸运的地方。

「本文为高毅资产首席投资官邓晓峰 2017 年 6 月在华泰证券 2017 年度中期策略会上的演讲实录。」

03

我所理解的基本面投资

▶ 卓利伟 / 2016.05

不确定性即风险

这是一个充满了不确定性的世界，人类面临这种不确定性既兴奋又恐惧，这个矛盾既激发了人类的理性思维，也激发了探索未知的热情。但对于金融市场来说，不确定性就是风险本身，不确定就意味着无法给出影响资产估值的无数个假设条件。为了这些假设条件，经济学家们做了无数的数学模型，但往往没有多少实际的指导意义，这被索罗斯称为“经济学家的物理学嫉妒”。其背后的主要原因是“理性的经济人假设”的基本前提是有问题的，即人们在大部分时候是缺乏理性的，而且在极端情况下总是疯狂的，要么是过度贪婪，要么是过度恐惧，这个疯狂还往往是反向指标，但更多时候是在中间状态反复摇摆。如何面对这些影响经济与市场变化的多变量，成为投资最为重要的课题之一。

投资的 *N* 种方法：你无法真正掌握 *N* 个变量

股票市场是一个多变量的复杂混沌系统，受宏观、政策、产业、企业、社会心理、大众情绪等多个因素影响，而且这些影响因素在不同时期的权重又不一样。**对于投资者来说，股市就像是一个多元一次方程，你难以找到、更加无法持续找到对**

的答案。面对这个不确定的复杂系统，很多投资者要么陷入不可知论，要么去寻找各种奇门遁甲之术，试图一劳永逸地获得成功的秘籍。

博弈交易者与信息套利者试图把握这个复杂系统中不同阶段的所有变量，比如市场热点、政策导向、“主力”意图（本质上的假想敌）、机构动向、资金流向、技术分析，等等。这些变量不仅数量繁多，而且在不同的发展阶段，主次关系也经常变化，还经常无规律地重复出现。一个人要在这么多变量面前掌握最终发展方向，几乎是不可能的，这是一个挑战个人智力的不可能完成的任务。从这个意义上来说，市场上有无数投资者正在试图用自己的大脑，做谷歌人工智能 AlphaGo 才可能做到的事情。当然中间有极少数高手，他们通过对少数最重要的变量进行长期有规律的把握，加上极其严格的自我纪律约束，做到了远超市场的收益。

另外，更由于互联网与自媒体的持续深入渗透，金融市场在近年来更加显示出类似于昆虫的“群氓效应”，即无论是权威意见还是小道消息，交易者群体总是可以在一夜之间达成共识，并以此迅速做出反馈，有时候这种反馈事后看来非常可笑。其实，这个灵敏的反馈机制并没有提高市场在本质上的有效性。更何况，无论小道消息还是权威意见，都可能是信息主体的某种主观意志或个人期望的体现，它本身并不一定是真相或事实。所以，信息套利方法的长期收益并没有很好的持续性，更何况，信息套利可能还存在很多合规问题。从过去十几年的业绩归因看，即使是由美国顶级聪明大脑打造的各种量化与对冲策略的基金业绩，似乎也不如人意。

多年前，我就非常清醒地认识到自己的局限性：我无法真正把握市场这么多的变量，也不具备与市场上这么多聪明大脑博弈的能力。从业时间越长，我就越清醒地知道自己真正懂的东西其实很少；**明白投资是要把自己真正懂的东西持续做到最好或次好，并且不断通过虚心的学习、保持婴儿般的好奇心来探索事物的本质，以此持续积累在更多领域的认知。**

那么，有什么办法可以从这些复杂纷繁的系统中提炼出最为重要、最为本质，并且有规律性与持续性的变量呢？我想，这个方法也许就是真正有深度的基本面研究。

基本面投资：把 *N* 个变量“降维”到最重要的 3 个变量

基本面投资要求以合适或低估的价格买入具备持续创造价值能力的企业，或者买入市价远低于企业实际价值的股票。基本面投资把市场非常多的变量提炼成了最为重要且长期有效的 3 个因素。

一是对企业价值的判断。这个价值既指企业当前的实际价值，也包含企业未来（比如若干年或更长期）最有可能的价值，前者是静态的，后者是动态的，真正的价值股与真正的成长股本质上没有矛盾，关键是对未来价值的判断。当市场估值明显低于当前企业价值时，可能这是一个不错的投资机会，但如果这家企业长期创造价值的能力是持续贬损的，这个低估反而可能是一个长期的陷阱。如果一个市场估值低于企业实际价值，更远低于长期最有可能的价值，那就是一个非常难得的投资机会。所以从这个意义上来说，**判断企业未来的价值远比判断当期价值重要，亦即对企业价值的判断更为重要的是，判断企业持续创造价值的能力，这个价值是一种持续增加的价值。**

二是产业大趋势的判断。判断企业未来价值必须建立在对产业大趋势的深刻理解之上，以及这家企业在产业中的地位、竞争力和优势是否持续提高，是否形成相当长时间的壁垒或护城河。在这个方面，**基本面投资者需要非常强的产业洞见，对产业的理解力甚至要超出企业主，企业主经常会过度关注微观，或因为自身情感立场、利益立场导致对产业的理解出现偏见。**就像腾讯公司的发展史，有少数超级优秀的投资者当年就是在马化腾减持的同时，买入了公司股票并持股多年，获得了上百倍的收益。

对企业价值的判断与对产业趋势的判断，两者之间相辅相成，又相互验证、互为因果，这种研究与学习过程使得知识与见地是可积累的，其方法是可复制、可融会贯通的。

三是系统性风险水平。即使我们在产业趋势与企业价值的分析上做得不错，仍然要非常重视系统性风险水平。系统性风险水平指的是股市的系统性估值在整个大类资产之间估值的比较优势程度及其趋势，这些大类资产包括现金、不动产、实物资产、实体企业投资、国债、企业债、股权，以及各种另类投资等多种投资方式之间的估值变化与资金流动可能。基本面投资者通过对系统性风险程度的评估，来决定整个组合仓位与风险敞口的程度。

HARD THINGS IN INVESTMENT

不简单的投资

基本面投资者对上述三个因素进行深度、前瞻的研究，是一个严谨的归纳、推理与实证的过程，其中实证研究最为重要。只有在更少的、更重要的变量分析上持续做到最好，才是提高投资确定性与大概率的最简单、最朴素的方法，也可能是最为有效的方法。这是执行上的“降维”，更是逻辑上的“升维”。

与其在10个不知道重要性权重的变量中做到6分的功力，还不如在3个最重要的变量上做到9分、10分的功力。在正确的路径上持续积累。

从对投资者个体认知能力的积累上看，基本面投资有着显著好于其他投资方法的优势。基本面投资聚焦于长期最为重要的少数因素，这些因素在不同研究领域、不同市场时期可以不断自我复制，使得投资者的认知能力可以在一个正确的方向上持续积累，让时间成为投资者的朋友。这个持续积累对个体来说是一个持续学习的报酬递增机制，威力会非常大。因为不同产业背后的经济逻辑、财务逻辑、商业模式逻辑，本质上是有规律的、可学习的、可触类旁通的。同样对企业的理解也是这样，“幸福的家庭总是相似的，不幸的家庭各有各的不幸”，不同的差企业有着多种死法，但优秀的企业总是具备伟大的共性，比如有某种类似使命感的文化与价值观，有优秀的公司治理结构和优秀的企业领袖，有为社会持续创造价值的商业模式，有持续的创新与学习能力，等等。

组合投资的意义：更多的研究是为了更少的决策

简单地说，一个投资组合预期收益率的表达式是这样的，$\sum E=P_1\times E_1+P_2\times E_2+\cdots\cdots+P_i\times E_i$，其中 P_i 是第 i 个投资标的获得预期收益率 E_i 的概率。要提高整个组合收益率的方法有几个方面：

◎ 一是大幅度提高 P

◎ 二是大幅度提高 E

◎ 三是同时提高 P 与 E

对于确定性（P）非常高的投资标的，可以容忍预期收益率（E）低一些。同样，如果预期收益率非常高，也可以适度容忍确定性稍微低一些，但必须保持在一定的水平。另外，如果一个投资组合的数量（i）大到超出了投资者的能力与精力范围，P 与 E 都会显著下降。**为了同时显著提高 P 与 E，适度的集中投资就变得十分重要。**

投资是一个“输家的游戏”（输者出局），大部分投资者在投资生涯往往进行了过多的交易决策。心理学有个非常有意思的结论是，过多的决策会导致决策疲劳，从而导致决策的准确性大幅度降低。过多的交易就会导致决策错误的概率大幅度提高，说不定某一次重大的错误就会抹掉你过去多年积累的业绩，甚至出局。优秀投资者反而很少做出决策，而更多的是决策之前对投资标的价值的判断。**真正的投资者应该更像是一个狙击手，狙击手应该珍惜每一次扣扳机的机会，每一颗子弹消灭一个敌人。**

对社会发展、宏观经济、产业趋势、商业模式、业务逻辑与财务的广泛涉猎，在少数重大问题、关键变化、重要领域与重点企业的深度前瞻研究，最后只在少量细分行业与标的上做出决策，这是一个“更多的研究是为了更少的决策”的认知过程与决策路径，是一种逻辑上的递进关系。**更少的决策是为了提高决策的确定性与决策的含金量。**

一个人难以在一个领域长期保持认知的优势，也难以在所有领域中保持认知的优势，更不可能每时每刻在所有领域上保持认知的优势，但我们一定做得到，在少数重要领域的相当长时间内保持认知的优势。真正的基本面研究就是要在不同阶段的少数重要领域持续保持优势，然后通过不断学习扩大这个优势。

当然，即使在这些严谨的基本面研究基础之上，我们仍然要考虑到自己的局限性，充分认识到自己的能力边界，并对市场本身保持敬畏。所以，适当的组合分散仍然是必要的，但这个组合的每一个标的都一定是建立在深度的基本面研究基础之上的，而且保持相对程度的集中度，与市场的行业分布保持显著的差异性与偏离度。这个偏离度就是基本面研究贡献的阿尔法值。

基本面投资适用于高波动的 A 股市场吗

任何市场在中短期看都几乎是无效的，市场总是处在某一种错误状态，只是这个错误的程度不同，或者说市场只是一个随机漫步的状态。而从长期看，即使是高波动的 A 股市场，基本面的作用也是非常有效的，甚至是最有效的。长期看，市场几乎只取决于产业的大趋势与企业主动创造价值的能力，甚至是系统性风险对企业价值的影响都没有那么大，原因是系统性的估值在长期只是一个波动的区间，这个波动可能只导致估值在 2 ～ 3 倍之间的波动，但企业主动创造的价值可能远远超过这个波动。所以，从更长期来看，前述 3 个变量也许还可以继续降维到 2 个变量。对于基本面投资者来说，如果中短期市场给出的定价错误的程度足够大，就可能是逆向投资的时候。当然，即使在这个时候，**我仍然更加倾向于那些能够持续创造价值的公司，即企业未来价值显著高于当期市场估值的公司，因为从逻辑上来说，市场错误定价的空间是有限的，但企业主动创造出来的价值可能会非常大。**

当然，市场的错误可能持续非常长的时间，在组合管理中我们仍然要保持操作上的灵活性，不指望一口吃成胖子，也不指望在市场最高点沽清。

HARD THINGS IN INVESTMENT

不简单的投资

好的基本面投资是通过广泛、深入、前瞻的研究，把市场众多的复杂变量减少到能够把握的少数几个最为重要、又长期有效的变量，并且只在少数领域做出最简练、含金量最高的决策，以此把投资的确定性与预期收益大幅度提高。同时，对于投资者个体的认知能力来说，基本面研究的能力可以在时间与空间上不断自我复制与持续积累，形成某种报酬递增效应。这就是基本面投资的本质。

另外，对我来说，研究产业、企业以及人（企业家及其团队），远比研究市场波动好玩，好的基本面投资能够参与、帮助产业进步或为企业创造价值，这个过程赋予了投资更多其他意义。

在这个纷繁复杂的世界，一切最终取决于自己的选择。有些东西，只有你真正坚持了，它才有价值。

04

行业周期的判断和投资思路

► 孙庆瑞 / 2016.11

投资框架：自上而下思考，自下而上选择

我的投资框架总结成一句话就是：自上而下思考，自下而上选择。自上而下思考就是从宏观经济和产业发展的角度来圈定行业范围，自下而上选择就是从人和机制的角度来挑选标的。

宏观经济层面主要从两个维度来看：一是结构变迁，以长期的视角找出受益于经济发展而不断壮大的行业；二是周期轮回，找出当前经济周期中最受益的行业。

产业层面主要看产业所处的发展阶段，在成长期和稳定期，伴随企业利润增长来获取投资回报的胜率相对更高。

自下而上选择的核心要素在于人和机制。在行业的不同发展阶段，对以上要素考虑的侧重点和要求有所不同，具体在下文关于成长期行业投资和稳定期行业投资的部分进行阐述。

成长期行业的投资思路

从供需角度出发，挖掘未被满足的强需求

张五常教授曾说过："用一条供需曲线可以解释一切。"我非常认同这个观点，因此思考问题也倾向于从这个角度出发。如果某个行业未来的需求很大而当前的供给又很小，这种未被满足的强需求都有可能成为诞生成长股的沃土。

发掘将要爆发的强需求

发掘将要爆发的需求，对于当前经济发展阶段的判断非常重要。

当我们国家处于工业化之前时，大部分行业的需求都没有被充分满足，可以清晰地看到轻工业的需求爆发，比如纺织、家电等。

当步入工业化时期，与投资相关的行业需求呈现出快速爆发的特征，尤其是在刘易斯拐点之前，资本的回报率显著高于劳动力，企业通过不断再投资实现利润最大化。因此现在所谓的周期行业，包括钢铁、水泥、煤炭等行业，在那个时候都是成长行业，增速很快。但是 2009 年我国为应对全球金融危机采取 4 万亿元刺激政策之后，大量产能的投放使整个周期行业的总供给超过了当时经济本身的总需求，大量行业出现产能过剩，竞争格局恶化。

工业化后期，尤其是刘易斯拐点之后，劳动力在收入分配中的占比逐步提高，那么拥有更多收入之后的人们有什么强需求未被满足呢，这就会为投资指明方向。这个阶段，即人们的吃穿用住行需求增长最快的阶段。在满足基本的生活需求之后，人们很自然地要追求精神方面的满足，因此娱乐需求会是一个未被满足的强需求。所以，2012—2015 年基于此重配了传媒。

当站在 2016 年年初观察娱乐需求被满足的程度时，大体上觉得已经演绎得相对充分了，不管是院线、移动端都得到了较大的发展，而且市场对内容增速的预期非常高，资金大量投入。再重新思考下一个强需求会是什么，大概率是环境和健

康。环境不难理解，雾霾、水污染等都给了大家直观迫切的感受，人们对更好环境的需求是强烈的。健康并非等同于医药，而指的是预防疾病和对疾病更好的治疗。人口老龄化、人均收入水平不断提升都决定了健康行业未来空间很大，不过目前还没有真正爆发。究其原因，首先是现在人的健康程度、健康意识、锻炼欲望要比之前高；其次是人口结构上，人口增速最快的 1962 年前后出生的那代人，现在 55 岁左右，身体状况还好，但是当他们到七八十岁时，即使再努力锻炼，年纪大了，健康需求也会非常大。

人和机制是成长期行业选择标的的首要考量因素

对于处于快速成长期的行业，如果未来能看到有很大的需求而当前供给又很小的话，那么该行业目前的竞争格局乃至生意模式都属次要考量因素，因为一切都在变化之中，远未到能下定论之时，首要考量因素是人和机制。足够大的需求会拉动大量要素投入，大量资金和人才都会进来，其中越是创新能力强、越是敢闯敢干的企业家，胜出的概率越大。

如何看待成长股的估值

当需求处于爆发初期，公司的增长就比较难预测，市场也很难给出与之匹配的 PE。如果需求释放进入中后期，市场隐含的增长又往往偏高，PE 可能会被高估。因此对于成长股而言，PE 很重要，但增长更重要。我们可以通过判断需求的满足程度，进而指导投资。当需求即将爆发或者刚开始爆发的时候，PE 高也没关系，匹配增长即可；当需求释放进入中后期，一定要看 PE，而且能参与的机会也相对较少。

当然，对估值的容忍程度还要与流动性匹配。在经济向上周期，流动性整体偏紧，会不利于 PE；在经济向下周期，流动性整体偏松，会更有利于高 PE，而且此时市场会倾向于给予经济相关性小的股票高 PE。

由己及人逻辑演绎，寻找模糊的正确方向

对于哪些行业未来可能做大，我们可以通过国际对比来做初步判断。但对于哪些强需求行业会在什么时间爆发，则需要敏感性和逻辑演绎。

在推演需求递进的过程中，很难做到精确判断，因为缺乏前瞻数据的验证和支撑，更多地要依靠逻辑演绎和逐步验证。方法就是从自己的角度出发，思考有哪些需求没有得到满足且未爆发，然后类推到全社会这些需求有没有得到满足，以及满足程度如何，最后找出那些人均满足程度不高、未来空间很大的强需求行业。这些逻辑的推演只能做到模糊的正确，找到未来总要爆发的正确方向，并以此为依据做配置，逐步验证。

稳定期行业的投资思路

稳定期行业的投资核心是找行业格局已经明朗的优势企业。稳定期行业的需求趋于稳定，竞争力强的优秀公司强者恒强，能通过份额和利润率的提升继续获取较为确定的利润增长。这类公司规模已经很大，企业家精神、合理的激励机制和组织管理效率最为重要，当然在不同的经济阶段和周期，能很好地为行业选择提供思考方向。

未来投资看好的行业

结构性行情继续。从 2010 年一季度高点算起，我国经济已经调整将近 7 年，最主要的下滑阶段已经过去，未来大概率延续结构性行情。中国是个大经济体，由于地区、收入、年龄等差异，人的需求呈现出结构性特征。所以 2016 年出现了很多结构性的机会，包括环保、消费品公司、周期性行业。

行业集中度提升。站在这个时点，即使不考虑周期的波动，未来大部分行业都会存在集中度提升的逻辑。优秀的企业由于高效管理、控制成本、不断扩大市场份额，将在行业格局变化中胜出。未来行业最后可能只有少数几家盈利，最好的企业

市场占有率非常高，竞争格局稳定，新进入者难以进入。这里面体现的是效率的差异，未来大部分行业都会出现这样最有竞争力的公司。

消费升级。比如消费品、健康、运动。健康和运动目前比较难挑标的，有点儿类似于 2010 年左右的传媒行业。但是，未来肯定会有很多机会。

看好环境改善。

制造业竞争力提升。如果中国成功跨出中等收入陷阱的话，一定是像其他亚洲国家一样，是靠制造业带动的，而且中国制造业的竞争力确实越来越强。

投资问答

HARD THINGS
IN INVESTMENT

研究员：您的思路主要是选择符合社会发展趋势的强需求行业，什么时间点介入呢？节奏如何把握？比如环保行业，逻辑上前两年也成立，为什么 2016 年买？

孙庆瑞：确实时间点上比较难判断，之所以现在选环保，是因为之前都在选传媒。2016 年年初传媒的数据或者行业需求其实都已经演绎到一定程度，那么除了传媒还有什么强需求呢？于是想到环境需求目前来说非常急迫，然后类推到所有人，也得到相同的结论。在所有的消费端都没有太大机会的时候，环境是个不错的选择。当然，环境演绎充分之后，可能就会选健康。

站在 2013 年之前的时点，娱乐比环保的行情好，因为环保受政府投资影响较大。但在 2016 年年初思考除娱乐外还有什么强需求时，想来想去觉得环境还是一个好行业。政府可能会多投也可能会少投，但是一定会投。而且环境的需求非常急迫，投资的压力也非常大。

研究员：2013—2014 年环保需求也非常大。

孙庆瑞：是的，没错，环保有很多细分领域，不同细分领域演进的程度是不一样的。

比如前几年的脱硫脱硝等。现在投环保，除了需求的紧迫性之外，还因为大气、海绵城市之类的细分领域的强需求还没有爆发。

基金经理：担心环保企业找不到商业模式，因为是个与政府有关的生意，很难有定价权，现金流很差，要垫资，又收不到钱。那么环境检测设备会不会好一些？自上而下的政府考核会加速环保政策的执行，快速提升环境检测设备的渗透，再加上物联网之类的助力，我觉得这个行业有大空间，而且有一个成熟的商业模式支撑现金流，有点儿像海康威视。

孙庆瑞：对。对环保行业而言，长期来看，如果说做环境工程的话，过完这个急迫需求的周期确实存在商业模式的问题。但是企业的价值就是现在非常需要它，因此会有钱投给它，订单和业绩也会很快出来。站在十年期的角度来看，确实存在商业模式的问题，但是短期来看不会。主要还是因为需求紧迫，需求大。只要是有需求，有钱投，就一定会有企业出来做这个事儿。

基金经理：PPP（Public Private Partnership，公共私营合作制）模式其实对企业来说解决了很大的问题。

孙庆瑞：对，PPP 模式可能很大程度上缓解了违约率、还款等问题，但还需要验证。

研究员：体育、健康这类强需求，您未来什么时候会配？是在这一波环保涨完之后吗？

孙庆瑞：第一，看到很好的标的会去配；第二，其他行业没得选，只能选体育、健康时会去配。但是现在很难选。此外还需要紧密跟踪行业变化，2016 年海绵城市启动前其实还是有很多迹象的，比如政府政策、官员的讲话都曾重点提到。

研究员：如何看家电、汽车等行业，为什么配？

孙庆瑞：家电、汽车等行业更多是行业格局变化，集中度的提升和自主替代，主要是优秀企业获取更多市场份额的逻辑。

研究员：看环保企业报表，尽管增长不错，但是现金流确实不好，担心生意模式是不是存在问题。

孙庆瑞：确实有一点儿，但 PPP 模式能改善一部分问题。另一方面，2015 年政府债务置换之后现金流改善，支付能力增强。

基金经理：强需求满足应该都是长逻辑，比如说 2014 年看好娱乐，现在包括未来几年都可以看好，如果又不太考虑估值的话，是不是就相当于在看好的阶段任何时间都可以买？还是说一直持很久？

孙庆瑞：不是的。前几年，随着智能手机越来越普及，移动端内容的需求非常大，需求的大空间是清楚的。为什么我会在 2016 年年初觉得，娱乐边际上增量无论是内容还是其他方面都可能过了最好的阶段呢，核心点是供给过大。首先看内容端，所有的钱都花在了买 IP 上，各种各样的公司都转型"烧钱"做影视剧，电影票房 2015 年 400 多亿元，一线城市包括大部分二线城市增长已经很慢了，主要的增长动力来自四五线城市，也就是说渗透率已经处于较高的水平。再看体量，全行业所有的媒体，包括内容、院线、游戏、IP 等，公司市值之和已经过大了，这已经不是之前需求不太得到满足的状态，而是不仅基本面演绎，连市场演绎也很厉害，过多的资金堆积在这里面，尽管需求端可能还有稳定的增长，但是供给增长过大过快，导致变成了红海。

基金经理：2015 年票房注水也比较厉害，网络售票补贴太多，一年光补贴就三四十亿元。

孙庆瑞：是的，尽管边际上很难精确地判断是不是还能再增长，或者需求是不是被充分满足，但是可以肯定的是，再在里面玩，赔率就不够了，娱乐大概率上演绎到中后期了，越来越接近不好玩的点了。

基金经理：2017 年 TMT 中有哪些比较好的行业？

孙庆瑞：要从硬件、软件、内容三个角度来看。在硬件部分，在总量端没有太大的机会，但是有结构性的机会。在软件部分，也是结构性的。在内容端，刚刚调整了一年，2015 年又有太多钱冲进来，应该还没有到有意思的阶段。

研究员：对于衣食住行这些传统行业里的优质公司，可能某个阶段增速放缓，大家担心天花板或者其他问题，被市场阶段性忽视，后来又体现出成长性，出现业绩和估值的双升，这类公司挺多的，机会也挺多的，这类机会您关注吗？愿意花时间去研究吗？还是把主要精力放在环保、健康等需求还没有被满足的行业上？

孙庆瑞：都愿意，每个行业都有机会，包括未来娱乐行业也会有机会，只不过是阶段性地变成了红海。长期看，行业结构性变化、市场占有率变化、细分领域变化都会出现差异，尤其是在需求端比较稳定的时候，这些都会提供较好的机会。

而且从需求满足程度很低的角度来看，市场可能越来越难，现在琢磨从全行业的角度去看选标的。比如行业里面原来有几千家公司，未来可能只剩下几十家，甚至几家。竞争格局稳定，不管有多少资金进来，什么时间点来，甚至环保政策松一点儿，都挣不了钱，只有最有效率的企业才能赚到稳定的毛利，而且市场占有率会不断提升，现在觉得在所有行业里找这种机会，也是挺好的。

过去已经有很多行业跑成这样了，比如家电行业。但是大部分行业都还是比较粗放的，供给端调整起来也是大家一起调整。也有很多公司还认为这是个周期问题，来来回回不死心，也就带来了集中度提升的空间。如果未来这一部分的机会被挖掘出来，我觉得还是比较好的。

基金经理：请教一个组合管理的问题，从研究到组合管理的转化需要有三个要素，方向、空间、节奏。您刚才更多地是从方向和空间角度去论述您的投资理念，那么您的节奏如何把握？

孙庆瑞：过去，公募的节奏是配置那些行业空间最大、需求马上要爆发、行业内最优秀的企业，因为即使配得最多，也不超过 10 个点，如果不太在乎回撤的话，由于市场因素或者需求还没有到达爆发点导致的回撤可以等，对你的影响不大。如果组合配置里面都是三到五年后需求肯定会爆发的行业标的，长期看肯定会跑赢指数的，就不用太在乎是不是这个时点爆发，短期的因素或者节奏的问题就无论是组合还是自己心里的影响就比较小。在私募追求绝对收益的时候，回撤就会产生很大影响，选择的时候需要特别注意，在强需求还没有被市场预期起来的时候配置好就比较安全一点儿。

研究员：希望得到研究员什么样的支持?

孙庆瑞：把行业供求状况、竞争格局、优秀的公司讲清楚就好。比如总需求端比较稳定的化工行业依然年年有牛股，所以只要梳理清楚，都会有很多机会。

研究员：消费、环境、制造业，这些行业您觉得潜在需求比较大，按照您以往的经验，从哪些角度可以观察到这些需求开始爆发?

孙庆瑞：环境领域，我们精准到海绵城市、江河治理，2016 年就应该是需求爆发的一年，又通过 PPP 这种方式，演绎得较强。制造业的竞争力其实也是，自主替代合资，其实都是由于自身制造能力提升，或者在本土市场，对本土需求更了解，调整更及时，导致市场占有率提升，未来还有更多的制造业进入全球竞争行列，都是可以看得到的。健康方面，暂时还没有看到，主要是我觉得现在的人都非常注重运动。过去经历医保全覆盖，目前面临医保资金压力越来越大的问题，在行业层面看得比较难受。20 世纪 60 年代是人口增速最快的时间段，这一代人目前 50 多岁，又注重锻炼，所以这部分人的健康状况应该是比较好的，但是再过 10 年或者 15 年，早晚有一天这样的问题会暴露出来。所以，短期看行业端压力比较大，但是长期看还是有机会的。

研究员：过去 10 年医药板块确实都非常牛，包括收入和利润增速都很快，其中一个最主要的逻辑是医保覆盖率的提升。从 10% ～ 20% 提升到目前接近 100%。从医保覆盖率的角度来看，行业其实已经整体完成了，目前遇到最大的问题是整个行业没有优秀的供给。但需求还是很旺盛的，比如各种癌症、糖尿病、慢性病。由于之前的政策和制度导致行业充满了大量无效需求，又占用了大量医保资源，比如某些辅助用药、中药注射剂等，很多仿制药也是，这些都是很不合理的，根本原因还是政策不当的激励，比如说抢首仿或者无效的剂型创新。所以未来的机会一定属于能生产出好药的企业，或者可以优化现有药效的企业，比如做一些较好的剂型可以改善临床的效果。这些是未来的方向，需求端很旺盛，关键是能不能出现优秀的供给，出现有定价权的供给。

「本文为高毅资产董事总经理孙庆瑞 2016 年 11 月与高毅资产研究员团队做分享讨论的实录，当时的部分市场观点现在并不完全适用。」

05

逆向投资核心方法

► 冯柳 / 2016.10

在 A 股目前持续低迷的市道中，如何抓住稀缺机会以实现较好生存，成为市场参与者关注的话题。《上海证券报》就此专访了知名的价值投资人冯柳，听他分享投资方法。

Q 逆向投资的核心要素是什么?

A 核心是在负面思考的时候买入，下跌只是负面思考的表象，但不是所有下跌都代表充分的负面思考，有时不那么充分的上涨也可能是另一种负面思考。

这个世界是复杂且充满变化的，我们挣的是角度和变化的钱，而不是纠正市场错误的钱。市场永远是正确的，关键是在其正确被反复证明后的逆向而行，一定要避开它的正确被展开的过程。

大部分事物都可以有不同的角度和理解，当负面被充分体现后，正面解读便可展开，即便暂时没有，但当其负面被显著呈现出来后，积极的变化也会自然而来。

Q “市场永远是正确的”这话怎么理解，它一会儿涨一会儿跌，到底是涨正确还是跌正确呢?

A 都正确，涨的时候是往好的方面想，跌的时候是往坏的方面想，每次涨跌都是一个角度和思维过程，理解市场就是去理解它在涨跌中的思考及侧重，然后将其融入到自身的研究中。市场是集体智慧的体现，它可以帮助我们完善视角，同时获得时间感和进程思维，因为市场在不同信息和状态下给出过非常多的定价、预期和思维过程，这里包含了极大的多样性和逻辑性，了解这些对我们的投资是非常有益的，可以更全面客观地理解企业。

当然，“永远正确”只是一个强调，因为角度、维度的原因，必然会伴随某些方面的不正确，但你必须先认识到它的正确，才能理解不正确。另外，**我们不能用事后的结果去评判事前的市场，那是完全不同的信息基础和可能性，它的正确只在当下。**

Q 集中投资的核心要素是什么?

A 是确定性，也就是概率。但由于你觉得确定的别人也会这么觉得，这就会降低“赔率”。这两点一般会相反，但偶尔也会有不同框架下的一致，因为我一向把“赔率”放在概率前面来思考，所以会分散买很多个股票来跟踪，只有发现两者统一的时候才会重点集中。

Q 挖掘股票的策略是什么，选股的核心标准是什么?

A **好的生意模式同时符合可预期、可展望、可想象这 3 个要求，**可预期就是要搞明白 1 年内的业绩和估值情况，可展望就是要能大致推断出企业未来 3 年的发展路径，可想象就是要能对 10 年后的未来有所期盼，可以很模糊，但得有想头。前两条决定企业的业绩及可持续性，最后一条决定能否在估值上升的情况下表达业绩。

另外，要界定好是战略性还是战术性的投资，战略性的就买热点、买龙头，买大家最想要的好公司，贵点儿都可以；战术性的就是买冷门，博弈打法，拣大家暂时不要但基本面并不差的公司，在价格的保护下等待变化产生。

Q 在挖掘拐点型公司方面，您有哪些心得体会?

A 我比较喜欢去抄底，但对拐点型公司没有特别喜好。我把下跌分为杀估值、杀业绩（经营节奏）和杀逻辑。杀估值的最好，因为跌下来后导致其下跌的因素就解除了；杀业绩的其次，但只要针对经营节奏和变化进行投资也是很好的机会；最要小心的就是杀逻辑的，这个一般不建议参与，很难抄对。

当然这三种杀跌有时会混在一起，有可能从杀估值开始，然后业绩节奏变差，最后发现原来是逻辑改变了，这就比较悲剧。所以一定要借助市场的智慧进行判断，用复杂去化解复杂，万不可自作聪明。这个市场最不缺的就是聪明，个人力量在复杂体系面前是微不足道的，要弃智和谦卑，用常识、信仰以及运气去面对。

Q 您用的是集中持股、不控制回撤、不做对冲的方式，当遇到市场波动时，怎样应对？能否总结一下方法，并举个例子来说明？

A 我不去应对，就在里面不动，对我来说波动不是风险，虽然会稍微影响心情和机动性。**其实很多市场风险都可以通过选股来化解，我大部分收益都是在熊市中完成的，把个股想清楚就好了。**当然碰到2008年那样的系统性熊市就会比较受伤，但即便重来一次，我还是会选择不躲避。

这样看上去有点儿蠢，但可以让我处于一个简单的心理及思维环境中，降低投资的复杂度，很多人其实都是在各种纠结中错过机遇，却没有如愿规避掉相应的风险。市场的方向简单但过程复杂，正是这种简单与复杂结合的特点，才会导致人们做出那些自以为聪明的举动，只有承认自己不具备挑战复杂的能力及心性，把系统性的损失当作理所应当的义务来面对，就能平静下来做好个股，自然能够更坦然地面对波动及考验，同时获得超越他人的情绪与心智力量。

Q 如果市场长时间不认可您买入的股票怎么办，会考虑止损吗？

A 在股市里时间是最不值钱的，方向和可能的变化才有价值，所以我不太追求效率，长时间的等待是我一直以来的经历，这并不影响回报。

不过因为这个世界是复杂且充满很多可能性的，很多事情即便你做对了，也可能会有不好的结果。结善缘开恶果的情形并不少见，何况有可能是真的错了，所以，**有一个提醒和纠正的机制是必要的，但这与耐心等待和坚持并不冲突，区别就在于有没有感到意外和不理解。**

Q 您是如何理解博弈论并结合投资实践的?

A 我会做一个划分，首选高关注度、低购买度的，估值容易抬升；回避高关注度高购买或低卖出度的，这个估值有下行压力；低关注低购买或高卖出的，估值虽低但提高缓慢；低关注度高购买或低卖出时，估值不容易有大变化。关注度可以从报告以及交流热度上得知，购买度可以从图形阶段及筹码结构上得知。

Q 您持股集中又长期投资，换手率应该很低吧?

A 不低，我只是主仓不太动，但有很多小仓会经常调整，这是我与市场保持连接的方式，我的静是来源于动的。**在我确立主仓前，我会与很多股票建立连接，反复试错，反复开仓，通过增减来感受自己的内心。**

投资要听三个声音，一是企业的声音，就是了解企业基本面；二是市场的声音，就是借助市场智慧完善认识；三是自己内心的声音，这是获得角度感和进程感的方式。

毕竟主仓事关重大，长期持有的过程中又会碰到许多考验，极端情况下一定会放大自己内心的缺点，倾听和体会的过程就是通过增减不断假设和变换角度。每个人都会有仓位思维，都会有被屁股影响的时候，这些都是很自然的人性，不用去对抗它，利用好自己的情绪，引导它的变化，从而获得更多层次的思考与总结。

「本文为高毅资产董事总经理冯柳 2016 年 10 月接受《上海证券报》采访的访谈实录，记者安仲文整理。」

06

在经济变化的主航道上投资

► 王世宏 / 2017.11

回首过去，我的投资生涯已满20年了。这20年来最大的体会之一就是，要在经济变化的主航道上投资。总结这些年积累的一些体会，就是通过创新、生意、组织以及潜在投资回报率等基础要素来构建投资系统，投资遵循以下路径：

◎ 创新促使新生意诞生或者原有的生意快速整合，从而实现高增长率；

◎ 具有强大护城河的好生意能实现高资本回报率；

◎ 创业者推动创新不断出现，并创造好的组织和商业模式加深护城河，为客户和投资者创造价值；

◎ 合适的价格使得投资具有较高的内部收益率。.

投资生涯回顾

学习的阶段

1995年恰逢国债保值补贴的高点，国债的收益率高达20%，同时股市非常低迷。虽然感觉股市可能有机会，但我到了1997年年初才入市。初入股市，我基本上把在中国能够找到的翻译过来的投资书籍全部读了一遍，包括罗杰·洛温斯坦的

《巴菲特传：一个美国资本家的成长》、彼得·林奇的《战胜华尔街》、伯顿·马尔基尔的《漫步华尔街》。后来还读过约翰·肯尼斯·加尔布雷思的《1929年大崩盘》、乔治·索罗斯的《金融炼金术》。我大学的毕业论文写的是《马克思主义哲学在中国股市中的应用研究》，**思考价值决定价格、供求关系、量变到质变以及新生事物是不可战胜的这些规则的具体应用**。尽管书都读了一遍，价值型投资、成长型投资的逻辑和思路也都学习了，但还是未能知行合一从而稳定地在股市上赚钱。

1998年毕业，面试的时候需要做一个几分钟的演讲。我准备的题目是《如何运用巴菲特的方式来投资》，阐述了**要投资资本开支小、护城河深、长期有高资本回报率的公司**。按照这个方向去找，1999年的时候只能找到个别白酒公司。1999年和2000年可以看到PC和互联网的热潮兴起，PC和程控交换机实现了进口替代。2000年年初，我读了吉姆·罗杰斯等人的书籍，了解到石油的投资已经严重不足，意识到未来若干年石油领域有很好的投资机会。后来我又学习了迈克尔·波特的《战略管理》，感觉里面讲的每条原则都是对巴菲特护城河的良好诠释，按照这些规则可以发现，当时IM（即时通信）软件的护城河非常高，未来会出现很强大的公司。

知行合一的阶段

2001年年底我到北大读书，再次系统地学习了西方经济学和发展经济学等学科，理解了**产业升级的路径：新产品的逐渐规模化生产导致价格降低和居民收入提升，当收入提升到某个阶段使得价格收入比较合适的时候，某类商品就会有一个需求爆发增长阶段，这种需求爆发按照消费升级过程逐次发生。**

2002年我根据消费升级，判断中国汽车消费将会大规模增长，对汽车上市公司进行了深入研究，随后的大涨证实了我的判断。对于汽车股的研究和投资使得我自己在研究上把产业发展与产业结构结合起来，构成了完整的投资研究框架，同时也实现了知行合一，从此实现持续稳定地获取投资回报。

2005年到了泰康，我开始系统性地集中做房地产行业的研究和投资。从宏观上把房地产行业的规律研究清楚，从微观上寻找可以不断通过创新来加强自身竞争力的地产公司，同时把估值计算清楚，在估值低点买入、估值高点卖出，获得了高回报率。通过大规模地把中国优秀公司筛选出来进行研究，**我深刻感受到不同生意的优劣：**

◎ 拥有高增长、低资本投入、强网络效应和规模经济护城河的是高资本回报率的生意，如垄断的互联网公司是超一流的生意；

◎ 拥有中等增长、低资本投入、强品牌护城河的是中高资本回报率的生意，如白酒是一流的生意；

◎ 拥有中等增长、高资本投入、中等规模经济护城河的是中等资本回报率的生意，如银行、地产是中等偏上的生意；

◎ 没有护城河导致低资本回报率的生意，是差的生意。

这种划分方法和巴菲特在2007年年报当中的划分一致。长期来看，最好的生意应当有年化30%以上的收益率，一流的生意应当有年化20%以上的收益率，中等偏上的生意应当有年化15%以上的收益率，差的生意年化收益率在10%以下。无论护城河丧失还是增长放缓，都会降低回报率。

2007年到了高瓴资本，我开始深入学习看生意和看公司。之前10年主要是自己摸索，现在则是在指导下学习。**每一个生意来了都先分析生意模式，仔细分析供求关系，研究每个公司在供应链上的竞争力，推敲在不同的假设条件下生意和公司的发展，由此强化自己在变化当中投资于伟大生意和伟大公司的投资理念。**即使在金融和地产这样的投资当中，我也努力投资于不断创新、加深护城河的公司，把握住了这些行业过去10年主要的投资机会。

构建在创新和护城河基础上的投资框架

在学习过程中，我逐渐形成了自己做投资的核心理念：基于变化的环境投资于创造出伟大生意的伟大公司，换言之是投资于同时具有伟大创新和强大护城河的公司。创新是价值创造的基础，护城河是保证投资者可以赚钱的关键。下面围绕如何寻找伟大的生意，详细展开论述。

创新是价值创造的基础

创新是价值创造的基础，价值是通过技术、产品和商业模式创新创造出来的。因为人类的进步和经济的发展是由经济增长带来的，而经济增长又是通过无数产品被发明、无数商业模式被建立，从而满足用户需求、实现巨大销售达到的。可以说，创新带来了巨大价值。

所以，对于基金来说，投资成功的第一要素就是要投资于创新。通过对人类历史各类成功创新的分析研究，可以对创新进行以下定义："创新是以已有但没用过的技术再造新的产品和生意，与现有商业环境结合，创造出 10 倍不同于以往的体验和效率。"从这个意义上说，成功的创新是那些能够充分利用成熟技术，尤其是以前未曾使用的技术，实现重大的产品和商业模式创新；大幅度地改善体验和提高效率，从而创造价值的创新。

每一代创新都是从新的能源和材料开始，构建新的动力机器，构造新的主机硬件，构建基础设施网络和操作系统，在此基础上开发出新的应用，利用新的技术架构提升效率，改造传统生意，这个过程会经过几十年的时间（见表 6-1）。

表 6-1　创新的历史

	动力	材料	动力机器	主机	系统	应用	效率提高	代表公司
水利	水	镁	水轮机	纺机	运河	制衣	纺织	
蒸汽	煤	镁	蒸汽机	机车轮船	铁路网	邮政	港口、航运	
电力	电	钢	发电、电动机	电器	电网	电报电器服务	食品、纸	X，SIE，GE
石油	石油	化工	内燃机	汽车、飞机	路网、机场、油管	化工，药	食品、纸	FROD，BOING，埃克森美孚，菲利普·莫里斯
电子	电	晶体管	显像管交换机	电视、计算机、电话	电视网、固网	媒体	零售	IBM，MOTO，AT&T，ABC，沃尔玛
PC	电	芯片	CPU	PC	windows 固网	软件、互联网	媒体、零售、金融	英特尔，苹果，微软，谷歌，VISA，SAP，亚马逊
MOBILE	电	芯片	CPU	iPhone	ios，移动网	App	交通、餐饮、媒体、金融	高通，苹果，Facebook，TC，Uber，Airbnb
AI	计算	data	CPU	ECHO 无人驾驶车	siri, Autopl	App	制造、运输、零售、金融	NVDA，特斯拉，亚马逊

在创新过程中，新要素转化为生意有几个阶段：科学发现、要素具备、产品研发、组织设立、生意达成。不同的要素重构形成新的产品和生意。每一代创新都是由多个技术新要素促成的，并由优秀的企业和企业家予以组合开发出优秀的产品。

同时，新技术的应用会对原有产业产生巨大的影响，从而构筑新产业或者将原有产业彻底颠覆：机器使得消费品可以标准化生产，公路、铁路和船只使得消费品能够运到各地，电话、电报使得跨区销售网络可以建立，电视使得消费品牌得以塑造，计算机使得跨区域管理得以实现。每一次的应用替代都带来了巨大的生意机会。

真创新 VS. 假创新

判断真创新还是假创新的标准，是新技术的应用是否可以给一个行业带来本质的变化。如果是硬件产品，可以通过功能判别；如果是应用产品，则要看体验和效率的提升。

标准一：产品或者服务体验是否完全不同。

对于创新而言，没有巨大的体验差异是没有意义的。何谓巨大的体验差异？蒸汽机对于人力的替代，火车和汽车对于马车的替代，力气大了 10 倍以上，速度提高了 10 倍以上，运载能力提高了 10 倍以上；电报、电话使得传输距离提高了无数倍，传输速度提高了无数倍；电视传播的信息量是报纸和收音机的无数倍；电脑的运算速度是人脑的无数倍；互联网使得信息量、商品量以及可以联系的人的数量扩大了无数倍。体验一定可以用数字来定义，例如力量大了 10 倍，速度快了 10 倍，数据量大了 10 倍，可选择商品量多了 10 倍。10 倍的意思是说，这是一个本质的差异。

标准二：效率是否完全不同。

效率不同可以体现在消费端，比如价格下降了 90%，或者时间缩短了 90%，这大体上也是可以用金钱衡量的。如果是价格下降了 90%，那一定需要整个效率有 90% 的提升。效率提升也可能源于材料的替换、动力的变化或者运算能力的提升。最终是类似体验，消费者的成本显著低了。例如云计算。

效率的体现需要成本的显著降低才有用，比如线上流量成本刚开始比线下低，后来就比线下高了，那些基于实现流量成本低的模型都失败了。如果一个创新没有彻底改变供应链，没有将流程和管理优化，没有显著应用新科技或者新科技组合，那么基本上没有价值。一个产品、一个服务、一个交易，一定有主要环节和主要成本，一定要对这个主要流程的效率进行大幅度提高和改善。

真创新带来新生意

| 真创新 |

每一次真正的创新都要求产品的体验或效率有大幅提升，进而推动新产业的诞生。每一代新产业基于硬件提供的生产力大幅度提升，相对于原有的产业发生质的变化，才能够彻底替代原有产业。

计算机最初是使得组织可以变大的管理工具，然后才是一种娱乐工具，在互联网时代可以作为零售平台、金融平台、IT 服务平台、媒体平台。优秀的互联网电商平台和云平台类似，所做的都是在提供无穷选择、优秀体验，并不断提高效率、降低成本、维持最低售价、清除竞争对手。

| 新生意 |

判断一个生意的可行性，就是判断一个生意组合的各个要素的可获得性，以及组合本身的可实现性。很多时候，一个要素突破，这个要素和其他要素结合，新的产业就开始了。要找到是什么要素突破了，这个要素可以和什么要素结合，新要素可以显著提高哪种商业的效率，新硬件或者新要素的新功能可以用来做什么。

判断一个新生意是否可行，有这样几个思路：原有的生意为新的生意奠定基础，之前构造的产业基础为之后的产业创造实现条件；要有新的基础要素，例如基础的零部件出来，整机才有条件形成；新产品都是把各种新出现的有利技术要素恰当组合实现，每一代产品都是当时的要素组合，一旦革命性的要素出现被重新组合到新产品中，就会形成新的产业突破；产品就是穷尽不同要素组合、不断试验的过程；新产品可能有多种技术实现路径，很难提前判断哪种路径会赢；新产品的研究是否成功具有高度的不确定性，何时成功也具有不确定性。一方面可以先投重要的要素，如果新产品成功必然会用；另一方面要不断观察判断产品的进度，快速投资。

例如，AI 时代数据是资源，计算是能源，硬件提供新的功能。新的生意基于三者的组合：AI 时代广告与营销结合，再进一步和交易融合，与金融融合；媒体、零售和金融再一次重整；机器人、无人机、无人驾驶进一步替代人，对于传统的制造运输产业会产生重大影响；大数据和云计算是 AI 时代的基础设施，新的产品和生意假设在其基础上。

| 投资新生意就是投资真创新 |

投资具有时代属性，任何时代的投资人都是在投资属于本时代的好生意上获得成功的。一些生意在今天看来未必是好的生意，但在当时由于体验和效率远优于旧有产品，需求大幅增长，供应不充足，也会创造高收益率。例如，18 世纪时纺织业就是好生意，19 世纪时铁路运输也是好生意，100 年以前汽车制造也是好生意。反过来，曾经是好生意的纸媒以及电视媒体，今天都不是好生意，100 年以前最好的生意固定电话网络，今天也不再是最好的生意。

世界是变化着向前发展的，创新会不断替代旧的产品或生意。对于投资来说，只有投资新的生意才能获得长期超额收益率。新的动力和材料的突破带来基础，主要动力机器的突破带来转折，主机的出现代表新时代的来临，基础网络和操作系统与用户的保有量相关，既是好生意，也是主要的投资对象，应用需要具体识别是运用新技术可以大幅度提升体验和效率的，最后利用新的技术改造传统的好生意也是不错的生意。例如，综合超市对百货店的替代一直持续到了 PC 时代，电商对于综合超市的替代从 PC 时代开始到移动时代仍难以完成，需要延续到 AI 时代。

主流创新一般与这几个领域的新生意相结合：动力的提供方一般为公用事业生意，材料生产方往往是重资本的生意，动力机器往往有技术含量，是技术密集型的生意，主机在早期需求旺盛而技术没有扩散的时候是技术密集型的生意，后期竞争加剧，沦为较差的生意。无论是早期的基础设施网络还是近期的操作系统，一般都是所处时代的好生意，系统上具体的应用多数是消费品的生意，往往也是轻资本的生意。生意被改造、效率提升，多数时候带来新旧产业的更替，少数时候导致行业内的优胜劣汰，最终赢家的规模经济显著提升、领先优势扩大、带来高资本回报。

因此，对于创业者，要善于分析新的要素能够给哪些产品带来革命性的体验和效率变化，然后设计好的产品、生意模式和组织。对于投资者，要时刻关注各类新产品的诞生，关注哪些新产品能快速被接受，开始出现迅猛地渗透，同时分析是否带来价值链的本质变化以及生意的属性如何，找出可以建立最强大组织的最优秀的企业进行投资。

| 如何寻找好的创新 |

创新就是不断产生新想法，不断试错直到成功的过程：新的科学奠定基础，新的要素技术出现，然后重新进行组合，提供一个从来没有过的强大功能。当有了新要素的新平台出现，再基于新平台做一个新的或者体验效率大幅度提高的应用。新要素出现而且具有一定规模的应用经常是基础，因为可以让新产品稳定且便宜，当然有时候是直接应用终端带动要素原件。

好的创新，对于新要素的利用越充分，与已有产品的差别越大，新体验越强大，成功程度越高。新产品、新作品都符合这个规律，游戏也是。

好的创新是否还处在快速渗透过程，有一些检测标准：

◎ 产品已经推出并广受好评；

◎ 该项业务的收入超过 100% 增长，对于主要公司的收入和市值已经可以有贡献；

◎ 业务符合边际成本递减原则；

◎ 业务具有规模经济，达到一定规模以后可以盈利，而且可以有很高的投资回报率和内部收益率。

投资于好的创新，要聚焦在主航道上的赢家，主航道上的赢家能带来较高的收益率。例如，移动互联网刚开始是电商，然后是滴滴、美团、Uber、Airbnb这样的基于LBS（位置服务）的公司；接着是由于数据具有无限下拉属性出现feed流，feed流的公司包括社交网络以及今日头条，然后是feed视频流的公司，如快手。这其中，LBS是个特殊功能，基于特定功能将出来几个好生意；feed流是手机特定的，基于feed流将出来替代的公司；视频是必然的，基于视频将出来媒体公司；AI是渐进的，各个公司逐渐前进。然后渐渐地，AI在电脑、手机、汽车乃至电视、音箱等一切电子设备上体现出来；有Echo这样的新硬件也有老的硬件，原理都是强大的计算能力加上获取用户日益多的大数据，帮助用户决策以及执行决策，会有特定的硬件公司和原有的PC、移动公司加入。但这不是主要的，重要的是强大的计算能力、大量的数据积累；可以接触用户获得数据、足够理解用户进行精准推荐；以及获取用户的信任，实现较高的推荐达成率。

| 创新的特征 |

创新的特征包括创新实现的区域、创新实现的可能性以及创新的强度。

◎ 创新实现的区域包括在现有主流创新领域的附近运用现有的资源，运用新的技术，创造出新的产品，挖掘新创新领域。

◎ 创新实现的可能性包括与现有主流发展领域的联系节点，与已经出现尚未应用的技术的联系节点，与现有基础设施渠道的联系节点，与客户兴趣的联系节点，以及这些节点之间彼此的潜在联系数量和联系强度。新的技术要素应用越多，产品创新性就越强；与原有成熟的技术以及应用系统交叉性越多、越强大，与原有的基础设施联系越紧密，就越容易获得支持；与客户的兴趣点联系越紧密，就越容易获得强大的反馈从而成功。

◎ 创新的强度通常取决于现有成熟技术的应用程度和新要素的应用程度，以及二者的结合程度。创新中软件功能优于硬件功能，硬件功能为软件功能的实现提供基础。

本质上，出现新的技术要素后，要将新技术要素和原有产品、系统重新组合，然后观察想象可能出现的所有排列架构，最后观察哪个架构实现了系统硬件的完美整合、软件的完美整合以及与用户的完美互动，哪个参数进一步实现了整个系统的最优化。

护城河是价值实现的基础

前面围绕如何寻找好生意探讨了创新，下面是对于好生意的另一要素——护城河的体会。护城河首先要经得起时间的检验。价值实现最终要用时间来检验，时间是好生意和好企业的朋友！

所谓好生意，就是规模收益递增的生意，一般而言具有网络效应、品牌效应、产品黏性、规模经济。从用户端来说需要边际效用递增，一般需要有网络效应和品牌效应；从企业端来说需要边际成本递减，一般需要有规模经济。最好的生意同时具有用户收益递增和企业成本递减的特性，差一些的生意可能只具备一方面的特征。

20世纪50年代之前，好生意通常是具有规模经济的生意，那时候主要估值方法是市净率估值法，投资的方法是找到具有规模经济的生意，在低市净率的时候买入。

从1950年到1990年，好生意通常是具有品牌的生意。由于电视、网络、媒体的传播，现代化渠道的出现和生产的规模经济，品牌大量出现成为好生意。典型的是以品牌作为护城河的消费品生意和以专利为护城河的医药生意，投资的方法是寻找持久的品牌，在价格除以现金流贴现结果低的时候买入。

1990年以来，好生意通常是具有网络效应的生意。无论是电商、互联网还是云计算，护城河都是建立产品和用户的黏性，尤其是用户和用户之间的联系网络。网络效应的存在使得大公司相对于竞争者的优势比品牌时代和规模经济时代强大很多，也使得大公司还能够不断快速成长，投资的方法是找到可以构建强大网络效应的生意，在用户扩张的早期，在整个网络的价值被较大低估的时候买入，大部分时候价格除以现金流贴现结果仍然适用。

创新与护城河的关系

第一，创新比护城河更重要。创新指的是本质完全不同的产品的竞争，例如互联网和电视、报纸的竞争。护城河指的是产业内部以及相邻产业的竞争。创新是质的竞争，护城河是量的竞争。套用一句时髦话“降维打击”，在降维打击面前，护城河没有用。所以，护城河为核心的投资一定要在创新很难发生的领域，例如食品饮料。

第二，先看创新再看护城河。首先考虑是否是创新，即选择、体验、成本效率有没有10倍提升，然后考虑护城河，考虑联系的节点数量、密度、强度。后者是生意成功且持续长久获得价值的本质。

第三，创新和护城河是相互统一的。创新和护城河的本质都是体验和效率的差异。

从创新来说，产品体验相较于之前产品有巨大的超越和效率成本的节约，这是高速增长的前提，直到替代了旧的，以及新的基本都用了。

从护城河来说，相对于竞争者，产品要有体验和效率上的巨大差异，确保用户继续留着。

从面对新的创新挑战来说，在面临新产品开始挑战的时候，要通过完善的设施、便捷的操作、长久使用形成的习惯或者巨大的网络以及品牌实现防御。必要时候进入新的领域，和新的技术或者新的要素结合以后，相对于新的竞争者提供更好的体验或者更低的成本，可以把以新模式出现的竞争者消灭掉。越是系统性建立起生态系统的生意，新的生意模式越是难以进攻。如果旧有的生意系统吸收新的要素可以快速加强生意模式，那么可以获得再一次快速发展的机会。

企业家和组织推动价值实现

生意是由人做出来的，投资就是投资人！一个可以反复创新的企业和组织可以为投资者创造无数的价值。只投资于创业者本人运营的企业，只投资于创业者本人全力以赴的企业。多数时候，只有创业者本人才能应对各种困难，不断提升企业的高度。伟大的企业家被证明可以做出来一个又一个伟大生意。这样的伟大企业家很少，发现一个都可以给投资带来巨大的财富。

对于一个伟大企业未来几年是否可以投资，最重要的就是看其过去几年是否有重大创新出现。一个重大创新可能会有10年以上的渗透期，可以为未来几年带来巨大的投资收益。反过来，如果过去几年都没有重大创新出现，不但未来收入难以增长，还容易受到挑战。

衡量一个人、一个企业是否不断探索出重大创新，并且能够以优秀的生意模式实现，这是选企业最重要的考虑要素。对于组织发展的历史我们要有一些思考，这些思考将有助于我们判别不同产业的组织形式是否合适。

规模化和差异化促成更大的生意

当今世界出现了越来越多的巨头。在互联网领域，巨头的市值屡创新高，苹果的市值8 000亿美元，腾讯的市值超过3 000亿美元；在地产领域，2017年最大地产公司的销售有可能达到6 000亿元人民币，这是全世界地产公司第一次实现这么高的销售额；在服装领域，10年前还只有阿迪达斯和耐克是大公司，2017年已经有了ZARA和优衣库；教育领域内出现了学而思和新东方这样超过100亿美元市值的公司。

巨头出现的主要原因是规模收益递增。以往规模不能做到很大的原因是随着人的增加，规模收益是递减的，很容易达到规模不经济的点；对于消费者来说，规模意味着差异性的丧失。前者意味着组织能否内部拆小或者大规模的时候仍然容易管理，后者意味着是否可以柔性生产和销售。随着分工、流水线、柔性作业、软件、互联网以及人工智能的出现，使得人的管理难度减小以及人逐渐被替代，数据越来越成为生意的驱动力，企业的规模可以跨越管理边界而扩大，各个生意的集中度都会有不同程度的提升。

◎ 组织的第一次扩张，是亚当·斯密时代的分工出现，分工和专业化提升了效率。

◎ 组织的第二次扩张，来自于福特T型车，通过流水线连续生产，超大规模的制造业出现。

◎ 组织的第三次扩张，来自沃尔玛和丰田，以柔性作业作为标志，体现制造业的柔性生产和服务业的标准化运营。

◎ 组织的第四次扩张，来自于软件企业和利用管理软件扩张的企业，例如Windows和Office的全球普遍使用；对于其他企业，则是ERP在全球范围内的使用，这极大地扩张了组织边界，超大企业有了出现的可能性；软件可以替代人，导致边际成本递减；利用软件既可以提供标准化服务，也可以提供个性化的服务。

◎ 组织的第五次扩张，来自于PC互联网和移动互联网的应用，一方面是出现FANG（Facebook、亚马逊、Netflix、谷歌）和BAT（百度、阿里巴巴、腾讯）这样的全球互联网巨头，因为网络效应而不断扩张；另一方面传统产业可以运用互联网的远距离通信、实时沟通技术大幅度优化管理，尤其是服务业的管理；对于客户来说，互联网在产品服务方面提供了无穷无尽的个性化选择。

◎ 组织的第六次扩张，来自于人工智能对于人的替代，管理人是不容易的，人工智能替代人会极大地扩大组织边界，大部分工作要么被人工智能替代，要么被机器人替代；千人千面对于需求的理解以及个性化产品服务的设计；大量的人被解放出来提供差异化的工作；共享经济成为主流经济以后，网络效应在实体当中延伸进一步加大组织规模。

对于互联网时代尤其是人工智能而言，规模的扩大来自于消费者的千人千面，这既包括平台可以聚合现有的所有的商品和服务组合，也包括可以根据需求定制客户需要的所有商品；实现的基础又是平台拥有所有的用户数据，能够对用户的行为实现准确分析，知晓每种行为偏好应当配合何种产品；硬件软件化使得可以根据需求直接制造产品或提供服务；硬件网络化使得可以根据需求随时满足且相互共享实现最大的利用率；组织智能化减少了管理的层级以及需要管理的人，智能软件化带来的人员减少使得大部分针对人的管理职能消失，少部分还需要人的协调，但是组织已经可以更加扁平和缩小；训练和推演不断加强使得决策速度和有效性得到改善。这一切最终使得从创意、设计、研发、采购、制造，到营销、交易、仓储、配送、售后等各个环节，实现软件化、网络化、智能化、共享化。

企业的运营是场景、数据、运算、制造、服务的过程。企业能够做多大，取决于所有差异化的需求当中满足的比重，所有差异化的供给可以形成的比重，以及所有差异化的需求满足和供给形成的共享程度和规模化的程度。最终规模化和差异化能够共存的程度，对于所有需求满足的程度，以及竞争对手之间在规模化和差异化上的对比决定了组织和生意的规模。未来由于大数据和人工智能的发展，只有规模化才能实现差异化；由于大众需求日益个性化，只有差异化才能实现规模化。

举例来说，基本上通用软件的生意都只有一个，类似社交乃至电商网络的生意也是一个，人工智能领域依赖于不断产生的大量数据的生意可能也只有一个，这种生意的共同特征是可以产生或弱如软件或强如社交软件的网络效应。软件只有通用才能共享，搜索需要大家相互优化找出最佳搜索结果，翻译中最佳翻译结果的选取上传带来价值。如果生意需要人与人的交互来优化或者达成，那就容易形成强的转换成本而具有唯一性形成垄断。如果只是自己使用和别人无关，那么不太容易形成唯一的垄断。

搜索引擎的集中度会远高于新闻推荐的原因是消费者对于搜索质量的要求很高，只会选择搜索质量最好的，而搜索质量和用户不断使用密切相关，所以搜索引擎几乎只有第一可以存活。但用户对于新闻推荐的质量要求较低，用户的兴趣爱好和其他人没有明显的关系，容易实现迁移。

未来对于每个产业的分析判断，很重要的是要观察是否有场景可以接触客户，接触当中是否产生数据，是否足够智能可以分析应用数据，是否能够智能定制个性化的产品，是否具有个性化产品服务过程，是否可以根据每个人的反馈优化产品服务。

比如，有些场景天然接触客户，产生大量数据，然后就可以利用这些数据做很多生意，最初是广告，然后是娱乐乃至电商。有时候除了数据还需要运算能力，所以有了云计算；有时候还需要配送，所以有了外包的物流；有时候还需要有支付的能力，所以有了各种支付；每个场景当中所需要的各种基础设施做起来以后都成了新的生意。

总之，要看每个生意当中是否都会接触不同的客户，都有不同的需求，在长期成本允许前提下根据个性设计产品满足个体需求；同时是否每类个体需求又可以汇总起来实现规模化的满足。

具体结合产业特征来讲，信息产品行业相对容易，因为信息生产的边际成本为0，只要找到了差异化的需求，然后配对差异化的供给就可以了。因此信息产品行业会软件化、互联网化、智能化，实现较高程度的整合，每个领域有一两个就可以了。

而对于有实体商品的领域，差异化的需求在场景中以数据的形式产生，但是供给的差异化成本较高，需要平衡差异化的成本上升和差异化带来的价格提升。而随着制造柔性的上升，只要规模化厂家愿意差异化，可以更好地实现个性化的定制。根本的障碍在理解个性的需求上，不过这个问题会随着数据的不断积累而有所改善；企业的规模也可以越来越大。

场景和数据是前提，可标准化和规模化是基础，各类生意的最优规模边界都会不断扩大。多数品类未来领导者的份额都会比之前更大。规模化和差异化未来相互促进将成就越来越大的生意。

另外就是规模化带来的效率丧失：生意和组织的关系，不同类型的生意适合于不同的组织。在最近组织扩张的过程中，出现了类似阿米巴组织这样一种形态。大的组织通常容易产生官僚病，但是贝佐斯创新了组织形式，明确提出了两个披萨原则：如果两个披萨还不能喂饱一个团队，那说明这个团队的人太多了。国内一家大型互联网公司也是在公司内形成很多小的组织，来管理不同的产品。另一家基于电商的大型互联网公司则是另外一种体系，每个生意重新建立起来一个独立的大组织，有各自不同的激励体系，使得新业务的团队能够充分被激励、干劲十足。后者的组织非常适合自上而下完成使命，前者的组织非常适合自下而上自主创新。

坚持投资在经济主航道上

从多年投资的体会以及学习产业的历史、公司发展的历史和投资的历史来看，我们不仅要投资有伟大创新和强大护城河的伟大公司，更要投资在经济发展的主航道上的伟大公司。

主航道的变迁

从全球来看，20 世纪 50 年代到 80 年代是消费品投资的好时期，驱动的因素包括：消费品的标准化生产；电视网对于品牌的推广；超市渠道对于品牌产品的推广；计算机的应用带来全国化和全球化管理。当时的投资机会包括消费品的品牌、电视网和娱乐、连锁超市和其他连锁店，这些在当时高速增长且拥有护城河的行业中的领导公司。

从 20 世纪 80 年代开始，摩尔定律成为主要支配定律，运算速度和带宽传输速度的不断发展，以及和一些新要素的结合带来了新的生意：

◎ 1986 年到 1995 年应当投资 PC 时代的 CPU 及软件公司；

◎ 1996 年到 2005 年应当投资从门户到电商再到搜索的 PC 互联网公司；

◎ 2006 到 2015 年应当投资硬件和移动互联网公司，如智能手机、社交网络、云计算公司。

从中国来看，2003 年之前是基础设施的投资时期，好的投资是港口、机场、电力和移动网络；2004 年以后是消费品和医疗的投资时期，随着收入上升消费升级，众多公司如白酒、白电、中药创造了优秀的回报；互联网行业从 2003 年开始一直是好的投资对象，2010 年之前是 PC 互联网投资时代，而 2011 年之后是移动互联网时代，创立了平台或生态系统的互联网公司提供了优秀的投资回报率。

诚然，任何行业任何时候都会有投资机会，但是主航道上的行业投资回报更好。这些行业通常在不断创新的高速增长期，而且处在护城河不断加宽的过程中。如果创新者是行业自己，消费者是年轻人，在他们逐渐长大成为主流消费者的过程中，护城河是加宽的；反过来，如果行业中有了新的创新产品，或者新的年轻消费者对于其他消费品产生偏好的时候，护城河是缩窄的。处在主航道上的生意由于增长快速且护城河加宽，估值大多会上升，会带来优秀回报，反过来估值则会下滑，我们需要分辨周期才能有不错的回报。

如何判断主航道的生意

如何判断一个生意是否处在主航道上？这个问题可以分成两个问题：一个新生意是否会成为主航道生意，以及一个成熟的生意是否还会继续留在主航道上。

判断一个新生意是否会成为主航道生意，有 5 个要点：

◎ 一是新生意的体验或者效率要有数倍提升；

◎ 二是这个生意要有足够的规模，小生意不可能成为主航道生意；

◎ 三是这个生意必须要有足够的增长速度，在如今这个时代要符合摩尔定律；

◎ 四是生意还要在商业上可行，可以在现在或可预见的未来产生卓越的资本回报率；

◎ 五是第一批消费者已经在使用并且体验满意，能引领更多的人使用。

2001 年的时候已经有纳米技术了，后来还有过 3D 打印、电动车、物联网、机器人、可穿戴设备等，但这些生意的问题是要么体验没有实质性改善，要么成本太高。如果只是体验好成本高，成为符合摩尔定律的生意只是时间问题，几年以后生意会成为现实，如果不符合摩尔定律就很难成为主航道生意。

最近几十年从大型机到 PC、到软件、到 PC 互联网再到移动互联网都有摩尔定律的驱动。除非发现某个领域的速度超过摩尔定律揭示的 18 个月翻倍，否则，**主航道上的生意仍然是摩尔定律驱动的生意，也必须以数据或信息的分析处理作为生**

意价值链的核心。在最近的互联网创业大潮当中，信息效率的提升能够显著提高生意供应链效率的项目基本都取得了成功，反过来信息效率不是本质的生意都很难取得成功。信息效率指的是可选商品服务增加了无数倍，挑选商品或服务的准确度和速度增加了无数倍，实现服务的时间缩短了无数倍，体验本身的感受加强了无数倍，服务的价格大幅度降低。例如，叫车软件提升了消费者快速叫到车的体验，到店 O2O 帮助消费者更好地识别哪个是优质餐馆，算法推荐新闻使得信息加倍而且更准确。

判断一个成熟的生意是否还在主航道上，有两个标准。

第一个是渗透率是否足够高。通常一个生意从 0 到 1 处在主航道上，从 1 到 10 也处在主航道上，但是从 10 到 100 就未必在主航道上了。拿中国来说，渗透一线城市主流人群的过程是从 0 到 1，渗透二线城市主流人群和一线城市非主流人群的过程是从 1 到 10，渗透二线以下城市是从 10 到 100 的过程。

第二个是增速是否显著放慢。主航道生意应当有 30% 以上的收入增长，如果低于这个速度，通常不再是主航道生意。 好的生意都有强大的护城河，该生意的资本回报率应该同样处在较高的水平，高于 20%。

正在崛起的新的主航道

新的主航道要符合之前说的特征：已经有产品，且第一批用户体验满意带动快速传播，体验或效率成倍提升，增长快速，符合摩尔定律，资本回报优秀，生意具有天然的垄断性。正在开始的主航道包括以下几个领域。

| 1. 流媒体 |

移动互联网均以流媒体的形式出现。2016 年，美国主要社交媒体的整体人均使用时长超过 50 分钟，流媒体广告收入增速超过 50%；中国流媒体广告收入的增速在 80% 以上。移动互联网的市场仍然在快速增长，随着大数据，尤其是人工智能技术的应用精准程度不断提升，拥有用户数据的搜索引擎会占据越来越多的广告份额。

|2. 云计算|

和移动互联网同时起步的云计算快速成为全球的IT基础设施，美国主要厂家在2017年四季度的增速开始放慢，但是中国主要公司的增速仍然超过100%。应用软件的丰富性和规模经济是云计算的核心，也注定了这是个主航道的生意，这个领域中国市场份额会集中在几个大公司上。

|3. 娱乐|

娱乐包括小视频、直播以及游戏。从2015年开始，大的游戏公司开始把PC重度手游搬到移动端。未来游戏生意的增速仍然会是GDP增速的2倍以上，长期来看，VR游戏会带来游戏生意的大规模增长。2015年开始，美国和中国社交网络上的小视频有几倍的增长，提升了人们对于这些公司的投资收益率的预期。2016年年初开始，手机直播的观看量快速增长，我们相信这是一个基于社交的生意。2016年到2017年手机直播领域赢家的收入增速在100%以上，基于日益丰富的内容生态，未来仍然会持续高增长。

|4. 互联网金融|

我们从2015年下半年开始观察到了手机线下支付数量的快速增长。相信在长期，互联网金融的巨头会在支付、理财产品销售等方面取得巨大的市场份额，互联网金融也会成为大互联网公司的主要生意。

|5. 新能源车|

在新能源车领域，企业具有一定的品牌效应，但主要还是依靠规模经济。虽然软件和操作系统的优势目前还明显低于智能手机，但是领先厂家在早期可能具有类似福特T型车的规模经济优势，从而获得巨大的市场份额。

|6. 人工智能|

随着数据的积累、运算能力的增强和算法的改进，机器学习的训练和推理出现了快速增长。未来终端的数量会快速增长，每个终端的存储空间快速增长带来数据的增长，运算量几乎是以数据的平方来增长的。无论是用在云上的数据中心，还是用于无人驾驶汽车、智能安防以及机器人，都对人工智能芯片提出巨大需求。首先是GPU的运算速度有几十倍的提升，现在TPU在推理上表现出了与GPU的竞争。由于在未来几年内主要是训练需求以及语言的通用性体现的黏性，GPU仍然会占据人工智能芯片的主导市场，同时在安防、无人车等领域的应用会带来广泛的投资机会。

| 7. 教育 |

中国的教育产业具有品牌特征，优质的教育资源具有稀缺性。而对于教育产业本身来说，只有实现教材标准化、培训体系标准化以及授课过程标准化，才能够实现有组织、有质量的扩张。中国教育目前还处在非常分散的状态，产业集中化整合的过程当中可以提供较高的回报率。

| 8. AR以及VR的应用 |

人工智能改造物质世界，虚拟现实和增强现实改造精神世界。未来精神世界的消费占比不短扩大，而VR和AR的应用将会是主要的推动。

| 9. 区块链的应用 |

2017年比特币的上涨贯穿全年，未来区块链的应用价值会不断提升。区块链在各个领域的应用将推动金融业在各个领域的创新发展。

| 10. 生物医疗领域 |

尽管彼得·泰尔认为生物医疗领域长期以来体现的是逆摩尔定律，但是重要的创新只会迟到而不会缺席，重要的生物领域创新最近开始加速，将会带来较多的投资机会。

| 11. 中国在全球迅速扩大份额的领域 |

这些领域包括自主品牌汽车、核心电子元器件、创新药等领域。中国自主品牌汽车逐渐占据越来越大的份额，在新能源车和无人驾驶领域，有可能在全球都处于越来越重要的市场地位。中国的电子元器件占据了日益重要的市场地位，在显示器件、镜头等人工智能的关键领域不断扩大份额，带来大量的投资机会。计算芯片速度的不断加快，使得医疗领域的创新加快，生物制药成为重要的新投资领域。这些产业的成功，既是中国经济继续快速增长的推动力，也能带来较好的投资回报率。这些生意的研发过程也是基于人工智能和大数据驱动。

创新为全社会带来巨大的价值，拥有强大护城河的好生意会为股东带来高资本回报率，而优秀的创业者和组织则驱动一个又一个创新做成了好生意，最终在合理的价格买入为投资者带来超额收益率。

将投资与时代发展的趋势相结合

投资本质上是看投资者的逻辑框架和世界运行规律的契合程度，以及投资者对于世界的理解和世界实际运行的契合程度。

尽可能将自身的投资逻辑与自然规律、社会发展规律和经济规律相吻合。这些规律都是现成的，都可以拿来充实自己的投资框架；投资逻辑和经济运行规律的契合程度越高就越合理，越有可能创造长期的高收益率。

尽可能将自身的投资过程和经济的实际运行过程相吻合。世界怎么变化，我们就怎么投资。我们今天的投资就是为了反映世界未来和现在之间的变化，投资的成功程度取决于对未来世界理解的正确程度。

找到经济变化的趋势，判断哪些是不断创造价值的伟大生意和伟大公司，长期投资在这些领域，就可以获得较为满意的投资回报率。

在长期投资过程当中，坚持发现、研究、投资主航道上引导创新且具有高护城河的公司，为投资者创造长期的高回报率。

「作者王世宏为高毅资产董事总经理、基金经理。」

07

学习把最重要的事情做到极致

▶ 卓利伟 / 2017.01

学会研究最重要的问题

做研究，最为重要的是时间管理，我们每一个人最稀缺的就是时间。研究工作面对的是非常复杂并且非结构化的海量信息，时间的稀缺性与信息的无限性就会派生出两个问题。

第一，时间是每个人唯一稀缺的资产，要研究最重要的问题。我一直说，我们研究的应该是大问题，要把握的是产业与企业的大方向，并在判断与决策上获得大概率上的正确。概括起来就是：大问题、大方向、大概率。

无论是资深的分析师还是刚毕业的初学者，都要学习站在产业的最高处、最前沿，以企业老板的角度去思考大问题。不管你在一些细枝末节的问题上做得多么完美，其价值也是有限的。大问题上的模糊准确远远比小问题上的完美精确更为重要。

第二，在正确的路径上持续积累。解决效率问题的第一步是要树立科学、合理、正确的研究方法，然后通过不断地学习，持续优化这个思维框架与方法体系。要在正确的路径上持续地积累，守正出奇。不能在丛林里的羊肠小道上奔跑，而要找到穿越丛林的阳关大道。在正确的道路上即便像乌龟一样爬也能爬到终点，而在无方向的丛林里奔走却可能一直迷失。在正确的道路上，持续积累的力量将非常强大。

四个维度，思考什么是重要的问题

我们怎样思考？什么是最重要的问题？我的总结是，研究一个课题，可以通过四个逻辑框架去思考，即宏观逻辑、产业逻辑、业务逻辑与财务逻辑。

维度一，宏观逻辑。这不仅包括宏观经济因素，还要从社会思潮、群体心理，甚至政治经济关系等大格局去看问题。比如，在全球化和互联网的大环境下，传统商业的逻辑机会发生了很大变化，企业等各种组织的边界变得更为模糊，因此对竞争的理解就要从全产业链的生态去思考。再比如，这个时代商业的影响力、伟大企业家的影响力，都远远超过以往时代，可以说影响力即权力，因此社会、经济、产业的发展逻辑都与以往时代显著不同了。

维度二，产业逻辑。不同的产业在不同的发展阶段，其核心驱动因素与竞争要素是不同的，而且在当前互联网与全球化的时代，其变迁的原理更加与以往不同。比如，由于创造性破坏更为普遍，企业与用户的关系发生本质变化，技术优势与商业模式的生命周期也变得更短。

维度三，业务逻辑。判断一家企业的业务首先还是要看其战略布局、业务方向是否符合前述宏观逻辑与产业逻辑，是否符合社会大潮与产业大方向。即使一家公司的团队阵容非常强大，但如果是与这两个大方向相逆，其经营的难度还是会非常大，成功的概率还是很低。

维度四，财务逻辑。财务是对企业过去的经营行为进行数字化、结构化的总结与记录，这就好比数学是对其他自然科学最好的表达一样，通过这些数据，可以很好地分析与验证企业业务上的特征与问题。

这四个维度就形成了研究一家公司和一个产业之间相互验证、相互有勾稽关系的逻辑闭环。研究一个企业，微观上要看其是否有强大的自上而下的思维。在大逻辑上有严重瑕疵的公司，一方面其成功的难度很大，另一方面对其进行研究的难度也很大，研究的投入产出比就很差。

把握产业的本质、核心要素与关键变化

不同产业，其本质在经济学与商业模式上有着显著的特点。比如，水电行业的产能发挥与下游需求长期比较稳定，成本结构、产量、价格等指标也比较清楚，其本质更像是一个加了杠杆（高负债）的利率产品。传统零售业也接近于商业地产的租赁业务。动画行业更像是一个内容创意与计算机软件相互加强的 IT 行业。

研究一个产业，还要研究驱动其发展以及企业成长的核心要素。比如，芯片技术驱动了计算机的计算能力，才导致电信，媒体和科技（TMT）行业各个领域的硬件、软件与应用的飞速发展，技术路径选择与全产业链的生态竞争是相关公司最为重要的战略。再比如，消费品的核心驱动力是产品力，产品力越强的公司相对于渠道的谈判地位就越高，产品力在时间上的累积与空间上的传播才形成了消费者心目中的品牌。

研究一个产业的长期方向，在一些拐点时刻把握关键变化也十分重要。比如，现在这个时点的 TMT 行业，智能手机的普及与流量红利可能基本上已经结束了，移动互联网用户的使用时长开始接近天花板，增量的创新变得越来越难，更多可能是存量之间的替代竞争。而这些相对小的创新，也更容易被大公司进行早期并购。在这个背景下，理解相关的细分行业与具体公司的逻辑与方法都要和前几年有本质的区别。再比如，对于消费品而言，由于人口红利逐渐消失，商品普及和渠道渗透也已经结束等原因，大单品增长的时代基本上结束。现在的机会可能更多的是存量的结构升级与中小规模的品类创新，这对基数特别大的公司来说就不是好事，因为其产品创新的边际贡献比较有限，业绩增长就比较困难。但对一些非常具备创新能力、能够深刻理解消费者的中小公司来说，可能反而是不错的机会。

从时间、空间、人，看企业的核心能力

从时间、空间、人这三个维度研究产业与企业，也是说明很多本质问题的重要角度。

好的商业模式要顺应社会大势的发展，顺应人性的良性发展，为社会贡献更多福利，这样的商业才是可持久的，是时间的朋友。

一个好的企业除了做时间的朋友外，同时还不能做规模的敌人。大部分商业活动，随着规模扩张，一般都会出现效率递减，或者说空间（规模、地域、管理幅度、多事业部等）与利润之间可能有一个最优解或次优解，超过这个最优解的空间拓展，反而会导致规模不经济。比如依赖厨师的餐饮公司就是规模的敌人，凡是实现了有效连锁扩张的餐饮企业，几乎都不是依赖厨师。流程标准化是服务业规模化的前提。好的商业模式应该在时间与空间上具备不断复制与持续优化的系统能力。

人是一个重要的维度，其中最核心的是企业家精神。一家企业的核心竞争力本质上是公司治理结构。好的治理结构则是企业家与核心团队的思想成果，这在相当大的程度上取决于企业家的心胸、情怀、战略，以及团队的执行力；取决于企业家持续的学习、分享与创新。创始人、企业家、治理结构，是一家公司最终的核心竞争力，伟大的企业家与优秀的治理结构才会激发每一个人的正能量与创造力，好的组织与好的商业模式应该充分激发人性善的一面。只有人，才是创造价值的终极源头。

企业的核心能力能够构筑针对竞争者的可持续性壁垒。比如，强大的系统能力形成可持续的成本优势与规模优势，强大的研发能力形成技术或产品创新上的持续领先，优秀的产品与服务形成很好的品牌与用户黏性。这些结果上的核心竞争力，本质上都来源于企业家的远见胸怀与优秀的公司治理结构。

从四个逻辑简单分析四类行业

消费品行业

从宏观逻辑与产业逻辑看，消费品行业有几个重要的因素需要关注。

第一，消费的人口红利基本消失。中国特殊的人口结构（尤其是计划生育政策的结果）与过去20年在生产与渠道上的快速扩产，商品普及与渠道渗透基本完成。未来消费的顾客数量与人均消费量几乎没有什么增量，甚至反而会出现下降，大单品的增长时代基本结束。

第二，中产阶层人口与互联网一代人口的占比会在未来几年迅速提高。存量市场的结构升级与品类创新将有很大的机会，体验、服务、健康、审美等需求将成为购买决策的重要因素，但创新的边际贡献会递减，对大公司来说边际贡献不会太大。

第三，企业与消费者的关系。从过去的企业导向，到现在的消费者导向，消费者才是最终最有影响力的引导者，但好的企业既要深刻理解消费者又要超越消费者。对企业来说，最重要的是要和消费者建立高效互动的沟通模式。现在的IT技术可能会帮助他们做到这一点，用大数据记录消费行为的全流程，从而深度挖掘更多有用的东西。实现流程更加优化，供应链效率更高，并在这些数据的基础上不断启发有效的创新，带来更多产销对路的产品。过去厂家大多生产品质凑合的、消费者也凑合购买的商品，以后应该生产更多更为精准的产品。

第四，品牌与产品力。互联网的普及基本上消除了信息不对称，消费者的认知能力大幅度提高，消费者相对于企业的谈判地位上升，品牌忠诚度的挑战更大，但同时优质品牌获得更多市场份额的效率会更高。其间更为确定的是，渠道的价值被大幅压缩，差的品牌被迅速淘汰。从这个意义上来说，产品力（广义上包括服务）的价值将更容易得到体现，持续的产品创新能力、有效准确的传播（代替传统意义上的形象代言与广告）、与消费者的良性互动等，将变得越来越重要。

在这样的宏观逻辑与产业逻辑下，观察企业微观的业务和财务数据，与过去相比侧重点就有所不同。比如，我们就需要研究一个老品类的毛利率是否在提升或维持，新品类的占比是否有所提高，新品类创新的边际利润是否提升，总量上的市场份额是否提高等。对消费者的观察还要看客户量、客单价、复购率等多个维度的业务数据与财务数据，以验证企业是否具备持续的学习与创新能力。

服务业

从宏观逻辑上看，在商品消费普及基本结束的背景下，体验消费与服务消费的占比将持续提升，这也符合宏观经济意义上人均 GDP 达到一定水平后的居民消费倾向的特征。同时，商品与服务的融合也越来越普遍，对于消费者的认知来说，"服务即产品，产品即广告"。在当前的宏观经济背景与中产阶层占比快速提升的条件下，服务业的发展空间仍非常大。

从产业逻辑上看，马斯洛需求层次理论认为，在生理需求、安全需求等生存需求满足后，社交、尊重、爱等归属需求以及自我实现的心灵需求就会大幅增加。所以，服务业最重要的是站在用户的角度，建立更好的体验、口碑，以及由此递进的用户黏性，提升消费者在功能需求、体验满足、情感共鸣与文化认同上的总效用。

顺着上述两个逻辑，研究服务业企业的业务与财务，有一些重要的维度：

◎ 用户数量及其变化。这是一切的基础，尤其要研究可以产生交易或付费的用户数量。

◎ 用户的续单率（对应的流失率）与 ARPU（每用户平均收入）值。这是对口碑与体验最好的数据验证。

◎ 获得新客户的边际成本与边际利润。一家企业通过品牌、传播、广告获取新客户的能力非常重要，获取新客户是否有边际利润。比如，客户推荐率指标就是非常好的数据，净推荐值 (Net Promoter Score，NPS)=(推荐者数 / 总样本数)×100%-(贬损者数 / 总样本数)×100%。消费品也适合这个思路，对于优秀的产品或服务，老客户是最好的传播者。

◎ 客户的学习成本是否够低，转换成本是否较高。客户更容易进来，而且不容易离开。

当然，服务业是一个非常宽泛的概念，既包含传统的服务业，也包含基于互联网基础设施的各种信息服务业，但背后的核心逻辑原理是相似的，理解与研究的框架完全可以打通。但传统服务业与有互联网属性的新兴服务业在用户、流量或销售额、现金流、净利润等业务与财务数据的发展路径上有显著差别。传统服务业更接近于时间与空间上的线性增长，而有互联网属性的新兴服务业更表现出某种指数级增长的特征，以及由此导致的赢者通吃的行业格局，即极少数公司占据大部分市场份额。

制造业

从宏观逻辑看，制造业（包括广义的硬件）有以下几个要点：

◎ 中国制造业的总体能力仍较难被其他经济体所替代。经过过去 20 多年的积累，中国制造业全产业综合配套能力在全球仍有较强的竞争力，甚至这种竞争力还会进一步提高。

◎ 尽管中国的整体人口红利在逐渐消失，但工程师、高素质劳动者的人力资源红利仍可能维持较长时间。

◎ 中国有着非常庞大的本土市场作为很好的试验场，对于很多企业来说，其试错的成本就远比其他经济体低得多。

◎ 由于发达国家总体经济较为低迷，一些制造业企业的财务状况较差，这给中国的领导型企业带来了难得的全球化机会。

这几个因素给我国的制造业升级提供了较为有利的条件，但可能只有少数非常优秀的企业在这些方面能把握住机会。

从产业逻辑看，传统制造业的核心逻辑是产品与流程的标准化与规模化，从而达成在时间与空间上的自我复制能力。20 世纪后期，以日本企业为代表的精益生产充分体现了这个逻辑，这个逻辑在现在的中国还会适用一段时间，我国的白电行业也充分说明了这个逻辑。

另外，在计算技术、大数据与云计算飞速发展的现在与未来，过去难以规模化的非标准产品也可以在相当程度上实现全流程的数字化改造，并可能实现个性化量产。这在一些细分行业，如定制家具、制衣等原先非常难以实现行业集中度的行业，已经开始出现，以突破非标品“规模是敌人”的可能。当然这个过程的摸索过程会较长，研发的前期沉没成本会较高，难度也远远高于标准品的产能复制规模化，但成功以后的壁垒也会更高。因此，这方面的研究在长期战略上要重视，在投资时间上要严谨、有耐心。

从业务逻辑与财务逻辑看，无论是产能复制式还是个性化量产式，制造业有两个因素非常重要：

◎ 广义产能规模（财务逻辑上包含固定资产、无形资产、商誉等因素，业务逻辑上包含制造、研发、营销等一线人员的数量）的扩张是否带来正的边际利润。好的扩张还会带来边际利润率不断上升，从而有能力提升公司总体的资本回报率水平。

◎ 规模扩张是否能带来长期竞争力的显著提升。比如，对有壁垒的核心技术的掌握，终端的规模在品牌上的持续积累，并因为品牌导致的产品溢价与份额提升。总结起来就是，在空间上形成规模与成本优势，在时间上积累品牌溢价。

TMT 行业

从宏观逻辑看，技术进步是经济长期增长潜力最为重要的因素之一。过去几十年，TMT 行业集中了人类历史上最大规模的技术进步与商业模式创新，也是全球过去几十年最为重要的增长动力。科技革命，尤其是过去 20 多年的互联网革命，完全重构了全球经济格局、产业演进和人类生活方式。

但从另外的角度看，**也许技术进步的速度已经超过了宏观总需求的增速，再加上创造性破坏的特征，在过去 10 年显示出经济总量低增长与低就业的效应。**科技革命加上现代金融技术与资本的力量，又使得初次分配更容易集中到技术精英与资本（股东）身上，普通劳动者的所得报酬并没有显著提高，全球包括发达国家的贫富分化继续加剧，也许这也是 2008 年金融危机的深层原因之一。就像《人类简史》中论及的，普通民众，无论作为劳动者（更可能被机器与数据替代，机器生产率的提升空间可能大于人），还是作为消费者（报酬提升很少，消费弹性降低），其经济价值可能仍将持续贬损。

从产业逻辑看，TMT 的技术演进路径、技术成果的商用普及，以及由此带来商业模式的创新路径尤为重要。技术与商业模式的领导者将由于“报酬递增原理”，其领先优势与市场份额在相当长的时间里持续扩大，行业集中度迅速提高。无论是硬件，还是软件、服务，都显示出这个特征，比如芯片、显示、存储、应用软件、流量平台、社交网络等各个细分行业都是如此。所以，在同一个细分行业，不同公司的命运可谓天壤之别，产业的中观研究尤为关键。

站在现在时点看，智能手机的普及与流量红利基本上结束，新的技术进步需要跨越到下一个 S 形曲线。大级别的技术创新可能需要较长时间的探索，大数据、云计算、下一代智能终端的形态（AI、AR/VR，难以形成几亿元量级的标准化大单品，更可能的是硬件、软件、内容、服务的融合）与前 20 年的发展逻辑相比，又将有新的变化。

从企业的业务逻辑看，TMT 行业的技术路径选择错误的成本非常高，错误的选择会是灭顶之灾。经典商业畅销书《追求卓越》中所提案例的一些“伟大企业”，现在不是在惨淡经营就是已经不复存在。**主流技术的领先性所主导形成的全产业链研究尤为重要。**

从财务逻辑看，技术导向型的企业，其收入、利润、现金流的变化，不像传统制造业那样呈线性变化。对于技术研发型的企业来说，最先增加的可能是技术人员与研发费用，然后才是收入，净利润与现金流更为滞后。对于商业模式创新的服务型企业来说，最新体现的可能是流量与用户，然后是收入的增长，最后是净利润与正的现金流。

对上述四类行业的分析，区分并不严格，这些粗线条的大逻辑只是简单说明了一些重要的共性与规律。很多产业本身可能具备多个特征，当然这些特征会有显著的主次关系，对于具体的细分行业还要做更为深入的分析，并形成严谨的逻辑框架。另外，**在目前的经济与产业背景下，跨学科、融会贯通的研究越来越重要。**

研究的三个环节：归纳、演绎、实证

研究或认识一个问题包含三个环节，即归纳、演绎、实证。三者之间是互相促进、相互验证的过程。

第一，归纳。我们要把碎片化的信息进行格式化，先解构再重构。按照矛盾的主次关系，我们要知道哪个是最重要的，把次要的先放一边。归纳的过程中，我们不仅是信息的传递者，更是信息的整合者，要搞清楚问题的逻辑关系与主要矛盾。

第二，演绎。在归纳的基础上提出最有可能的几种假设，就像研究科学史，整个科学史就是一个假设演绎法的推演过程。我们对过去的信息、理论进行归纳后，提出几个最有可能的假设，再通过实证研究进行验证。演绎需要一种有逻辑的、突破线性框架的创造性思维，提出假设的过程中需要一定的理性想象力。没有想象力的话，过去的互联网公司都没法投资了。

第三，实证。科学家在研究自然科学时需要做实验去验证假设与推理。100 年前爱因斯坦提出引力波猜想时他自己都怀疑，然后全球最著名的一批科学家花了 100 年最终证明了引力波的存在。实证研究的结果，有时候可能会彻底否定之前的几个假设，却获得了新的答案。在实证的过程中还可以启发更多新的思维，这是实证研究意外的收获。在找桃子的过程中可能找到了苹果，这也很好。在研究 A 问题的时候，有时候会获得研究B问题的思路。

当然对做博弈的投资人来说，他们可能只做了归纳与推理，或者在逻辑和推理上可能比别人稍早一步、更强一些，他也能赚到智力优势的钱，但很难持续获得成功，过程也会比较复杂。但对基本面研究来说，我们要努力把这三个环节都做好。我们要做的是把通常60%确定性的理解提升到90%以上，事实上60%确定性的判断几乎是没有决策价值的。

通过更有效的实证研究，也许掌握的只是比市场多10%的有效信息，却可能让你对问题的理解力、基础信息的处理能力提升一个档次，从而把研究的确定性提升到显著高于大部分人的水平。这可能就是创造阿尔法价值的过程。

优秀研究员的个体特质

要做好研究与投资，我个人认为从业者需要一些显著不同于其他行业的特质。某家公司在校园招聘上提到三个词：求知欲、诚实、独立。我认为这是非常棒的总结。

第一，求知欲/好奇心。求知欲/好奇心才是一个人内心最深的自我驱动力，是一个人内心的底层代码，我称之为"无压力与无任务情况下的自我驱动力"。假如在没有考试压力、没有考核压力、没有人给你布置任务的时候，你都会痴迷于研究某一个有意义的问题，那么在天性上，你就非常适合做研究工作。

第二，诚实。实际上，大部分人包括我自己，在这方面都做得远远不够。诚实看起来是很简单的要求，但实际上非常不容易做到。人总是更容易接受，甚至强化对自己有利的事情，有利于证明自己观点的论据，得到他人认同的东西。当有人对抗自己时，大部分人会逃避或抵触，这对投资或研究问题是不利的。我们要严格培养自己的自省和纠错能力，最重要的是要知道自己错在什么地方，让自己每次错的成本越来越小，并且不断减少错误的次数。投资不应该抱持悲观或乐观的看法，而只能有客观的看法，对研究对象要客观，对自己的认识更要客观与诚实。对自己能力边界的认识必须非常清晰，要知道，你一直不敢面对和逃避的重要问题，总会在某一天找上门来的。**“如果你不够真诚，那么你终将成为自己的牺牲品”**。

第三，独立。如果我们讲的东西都是别人的二手资料和二手观点，那就没有多少价值。独立的思考与判断，最重要的好处就是能够进行清晰的归因分析，并逐步积累属于自己的可以持续优化的思维体系。另外，无论是多么权威的意见，也要经过严谨的独立判断，而非直接引用，否则创新思维就不可能发生。

正确的心态，必要训练时间与放下经验

《异类》一书中说，人们眼中的天才之所以卓越非凡，并非天资超人一等，而是付出了持续不断的努力。**1 万个小时的锤炼是一个人从平凡变成专业的必要条件。**对于刚毕业的年轻人来说，不管做什么工作，都要经过 1 万个小时的职业训练，才会有一个从量变到质变的过程，得有 5 年左右的时间才能成为专业选手。如果你天赋高，每天的有效工作时间又比别人多 20%，那么你成长的时间就会缩短。对于学生期间学习很好的“学霸”们来说，入行不久经常会有一丝迷茫，会比较着急，这就需要树立正确的心态。有记者采访 NBA 巨星科比，问他为什么能如此成功。科比回答说：“你知道凌晨 4 点钟的洛杉矶是什么样子吗？”

对资深的人，我们反而需要强调先放下一切经验。在这个互联网和技术进步深入改造全社会的时代，很多传统的思维方式反而会成为研究很多问题的绊脚石。我们需要放下过去的成见，以归零的心态去面对这个世界。从业时间越长，有的时候在某些方面更容易犯错误。从这点来说，对于某些自己非常笃定的观点，反而要更为刻意地重视反方观点。要感谢那些和自己反复对抗的人。

一个研究员要做到成功，必须要有属于自己的独立判断的成功案例和错误案例。正是那些刻骨铭心的成败，帮助自己成长。

日常工作的建议

建立属于自己的智慧圈

不管是资深的还是刚从业的研究员，都要学习逐步建立属于自己的智慧圈。研究一个重要课题时，要找到3个以上的行家里手成为朋友。这样就站在了3个巨人的肩膀上。为什么是3个？因为如果是一个行家，即使是企业家自身，也可能因为自我立场（利益立场、情感立场等）的偏见导致错误的判断。芒格曾说过，“立场导致偏见”。假设每个人有5个重要课题，每个课题有3个朋友，那就收集了15个人的观点。每个人的背后又有几个朋友，这样的智慧圈就非常厉害，这有点儿类似互联网思维，也是一种认知盈余。每个人的大脑是无边界的，智慧圈也是无边界的。我们每个人不可能成为很多领域的专家，但可以通过不断向很多专家与更强的人学习，经常进行深度的思想分享，互相启迪思维来提高认知。

广泛的学习与阅读

投资研究工作本质上就是学习，向同行学习、向同事学习，也向书本学习。除了眼前的、当下的任务，还要进行广泛的阅读，对长期重要课题的深度阅读与前瞻思考非常重要。广泛的阅读、独立的思考、深度的讨论与互动是做研究工作必不可少的。

构建属于自己的研究体系

要按照自己的方式，建立属于自己的行业和公司研究的逻辑框架与方法体系。对于年轻人来说，需要把基础的工作做踏实，因为只有在做基础数据时，才会将自己的思考融入其中。要通过持续的学习、不断的积累来持续优化与修正这个体系。

结构化研究文档

怎么提高日常工作中的研究效率？建议把自己的工作底稿进行结构化记录。比如对于一家重点研究的公司，可以把各种重要信息放在一个 Excel 表格里，把各种要素进行有逻辑的数字化表达。过去调研的东西，阶段性思考的东西，都放在这些文件里面，然后不断更新。下次拿出来讨论、编写与输出的时候，就非常方便。几年后，这些沉淀下来的研究成果是非常有价值的，还方便对自己过去的研究进行复盘。

投资问答

HARD THINGS IN INVESTMENT

Q 研究员覆盖的行业与公司数量通常较多，如何高效利用时间？怎么快速决定在哪些上面花时间？有些短期机会，不一定是大牛股，属于经营节奏的改变，怎么让研究员做好时间分配？怎么预判一个行业或公司值不值得看？对于一些市场短期的很多热点，研究员怎么很快判断是否值得深挖？

A 对于研究工作的时间、精力分配，我个人觉得应该将 70% ～ 80% 的时间花在重要问题上，而把较少的时间花在短期变化的公司上。要把大部分时间花在一个产业最重要的大方向和最关键的变化上，以及在这个逻辑下几家最重要的公司上面。每个人在漫长的职业生涯里，一定要树立做重要事情的思维，才可能磨练这个能力，而且越早明白越有利。如果一直忙于做短期的事情，那么思考长期重要问题的能力就难以积累。人们通常容易忽略短期不紧迫而长期十分重要的事情，反而忙于应付短期紧迫、长期价值不高的事情，这属于本末倒置。

研究一个课题的出发点一定要是这样的，当然具体问题具体分析。其实很多行业与公司用排他法就可以判断。长期趋势明显向下、行业底部难以判断、总体估值又不低的行业，基本上就不要看。那些在自己熟悉的领域都没有做出成绩、团队也没有更换的公司，如果说要在一个全新的行业做到如何如何，这基本上就是吹牛。如果一家公司说自己的技术如何先进、如何前沿，而它的产品毛利率很低、人均收入很低，那么基本上就是假的。这些简单的常识判断就可以排除很多公司，对于这些类型的公司，无论涨得多么牛，都不是我们研究的对象。就像前面我说的，研究的目的是要把高价值的事情、重要的事情的确定性提高到非常高的水平，才有真正的决策参考意义。

Q 假设某个行业年底复盘的时候发现，属于我们认同的基本面驱动的牛股有很多，我们如何要求研究员把握这些公司?

A 举个例子，中国制造业升级的公司分散在各个行业，假设 20 家公司需要研究。其实这 20 家公司在经济宏观、产业中观与企业微观层面一定会有一些显著的共性，依据这些逻辑假设我们深度研究了其中的 5 家公司，最后在 3 家公司上重仓买入，并获得非常好的收益，我认为这个投资就非常成功，或者说买入的 3 家公司的收益率好于 20 家公司的总体收益，这就是成功的投资。至于没有投其余 15 家公司，逻辑上根本没有关系。如果要让一个研究员在一年内对 20 家公司进行非常高质量的研究，其实是非常困难。**把 5 家公司研究到 90 分，远比把 20 家公司研究到 70 分要容易得多，而 70 分的研究是没有阿尔法价值的。**

Q 如果要研究好 5 家公司，那就需要把那 20 家公司都研究好啊?

A 这个在逻辑上不矛盾。研究这 5 家公司时，肯定也要研究其余 15 家公司，在对这 20 家公司进行比较之后，按照重要性原则选出 5 家公司进行真正深度的研究，对这 5 家公司的研究一定要做到显著好于同业。另外，通过一些方法从这 20 家公司中挑出要重点研究的 5 家公司并不难。前面谈到的四个研究逻辑、对产业核心要素和关键变化的判断、对企业家精神与公司治理结构的理解，都是挑出某个领域少量重点公司的研究方法，至少在很大程度上可以达到排除法的效果。

Q 哪些机会是一定要把握的? 哪些机会是错过了不行的?

A 前面也说过，代表了社会、经济发展重要方向与产业关键变化的东西要把握住。但我还是认为，在这些行业中，代表性公司可能有 10 家，如果研究员能够抓住 3 家并形成投资实际贡献，这就很好。如果要求把 10 家都抓住，可能实际上投资实践的确定性反而是降低的，可能在过程中患得患失，不敢重仓也不敢较长期持仓，还是要把这 3 家公司的研究确定性大幅度提高。如果在这些代表重要方向与关键变化的 10 家公司中，一家都没有抓住，那一定是研究方法体系有问题。

回过头来看，其实市场中基本面驱动的牛股非常多，大部分投资者对很多公司不是没有研究过，而是研究的深度不够，才会在投资的过程中患得患失，错过很多机会，或者中途下车，最后收益率不够理想。另外，组合的股票只要超过一定数量，其风险的分摊就有显著提高，业绩的波动其实是不大的，这个逻辑非常简单。

对于研究员来说，不管研究什么行业，都要学会亲手去建立一个属于自己的思维框架和研究体系。通过这个体系有逻辑地去发掘机会与管理时间。

Q 研究了好公司，但估值较贵怎么办?

A 这个主要是基金经理需要考虑的，和研究员的关系不大。这是对整体估值的考量，包括大类资产之间的估值比较和行业之间的估值比较，更包括不同产业生命周期、企业成长轨迹、不同业绩增长逻辑下不同公司之间的估值比较。

不同行业、不同公司的估值是否贵，最终还是按照长期的自由现金流贴现的思路来思考，即判断未来的价值，而不是简单地按照当期的 PE、PB 等指标，深度的基本面研究可能是判断未来价值最为可靠的方法。

如果组合中所有股票的估值都比其他资产（如债券类资产）明显贵了，那自然是整体卖出股票的时候；如果 A 公司股票明显贵于 B 公司股票，那就要把 A 换成 B。当然，好公司估值低的时候通常不多，但 A 股市场较大的波动性却经常提供了市场错误定价导致的投资机会。进行了前瞻性的深度研究，自然就不会错过这些机会。对于研究员来说，要持续研究与跟踪前面所说的最重要的公司，这才是关键，市场总是会提供我们买入机会的。

Q 应该把多少精力花在对重要东西跟踪上，多少精力花在找新的公司上?

A 作为基金经理，我会把更多的时间花在对产业大方向、关键变化以及重点公司的持续研究方面，与产业界朋友交流，与研究员讨论，同时自己也对相关问题进行广泛的阅读与思考。而对于新标的，更多想法也是来自上述的研究与阅读过程。其实，产业与公司的变化在短时间内不会那么显著，所以真正重点研究的新公司的更新速度也不会那么快。当然，我还会将一部分时间花在一些似乎与当前工作没有直接关系的阅读上，喜欢看各种书。

Q 很多机会不在目前的覆盖范围之内，怎么把握和分配时间?

A 这类似于上一个问题。要广泛地阅读，通过与自己的智慧圈交流，获得启发。实际上，只要持续保持对重要问题的研究，保持与产业界持续的交流，保持有前瞻性的阅读，新的机会与灵感一定会有的。很多想法是在过程中产生的，不是闭门造车出来的，“为者常成，行者常至”就是这个意思。

Q 您平时一天的工作时间是如何安排的? 您平时会看哪些东西? 对于广泛阅读，您有什么推荐?

A 对基金经理与研究员来说，这肯定有所不同。我自己的时间分配大约是这样的：首先，主要的时间还是花在研究上，这方面内容主要是产业中观上的重要逻辑验证，以及相关重点公司的跟踪，包括调研，与研究员、产业专家或投资圈朋友讨论，阅读公司公开信息，自己也经常会做一些重要数据的格式化与积累，其中可能特别重视的是对关键问题的深度讨论与思考。其次，阅读也会占用较多的时间，会在一个阶段集中阅读自己认为与未来重要课题相关的一些素材，以及一些最有影响力的企业家的言论；也会花相当多的时间阅读与短期投资关系不大的东西，比如哲学、心理学、科学史等书籍或文章；也阅读各个领域一些很好的写手发表在新媒体上的文章，这些文章带来的启发其实很多。另外，我自己特别重视与产业界朋友的互动与学习，包括一些非常有意思的创始人，与他们交流总是会获得非常大的收获。

对于研究员来说，我建议把更多的时间花在建立与持续优化自己的研究体系，以及培养判断产业大趋势与关键变化的能力上，并能够对其中最重要的少数公司做到业内一流的研究水平，不要把时间花在碎片化的细枝末节上。对于新入行的人来说，要先从一个重点领域入手，学习做深的方法，并把这个方法逐步拓展到其他领域。

HARD THINGS IN INVESTMENT

不简单的投资

总体来说，不管是基金经理还是研究员，或是刚入行的年轻人，都要形成思考大问题的习惯。研究大问题、大方向，做大概率的事。对于小问题，即使判断正确，作用也很小。人生最缺的就是时间，时间是每个人唯一稀缺的资产，要把时间和精力放在最重要的地方，要学习把最重要的事情做到极致。

「本文为高毅资产首席研究官卓利伟 2017 年 1 月和研究员团队做内部分享讨论会的部分纪要。」

经得起时间检验的投资思想

《格雷厄姆：华尔街教父回忆录》推荐序

▶ 邱国鹭 / 2015.09

巴菲特曾经说过，他的投资方法是 85% 的格雷厄姆加 15% 的菲利普·费雪。格雷厄姆在投资界的地位非常崇高，在他所著的《证券分析》1934 年出版之前，人们对价值投资和基本面分析知之甚少，证券分析作为一个行业几乎是不存在的，因此他不仅被认为是价值投资之父，同时也被认为是基本面分析之父、证券分析之父。

这本自传是格雷厄姆对自己一生经历的精彩回顾，读起来更有启发意义，有助于人们了解他投资方法产生的背景和原因。有些人把格雷厄姆的价值投资方法简单地归结为片面强调低估值的“烟蒂投资法”，其实他们忽视了格雷厄姆的投资思想产生的大背景是在大萧条之下，当时美国 1/4 的人失业，人们在为一日三餐发愁的时候，品牌、成长性、定价权只能是空话。所以格雷厄姆强调现有资产、现金流和盈利所能提供的安全边际，而不是虚无缥缈的成长，这一点放在他所处时代的历史背景之下，就很容易理解了。每个投资人的投资理念、分析框架都不可避免地带有他所处时代的烙印，所以这本自传有助于读者更深刻地理解格雷厄姆的投资思想。

格雷厄姆的思想博大精深，奠定了价值投资分析框架的基石。相比于巴菲特和索罗斯的投资方法，格雷厄姆的分析框架更加可学。

第一，格雷厄姆的分析方法更多的是基于公司现有的资产、利润和现金流这些看得见摸得着的东西，而不需要很多对于市场方向的预判，也不需要对于行业未来的洞察力。对于绝大多数人来讲，对市场和行业未来的预判能力是很难获得的，所以格雷厄姆的方法更容易学。格雷厄姆强调的基本面分析，是不以人们的情绪变化而变化的，这些分析是基于已经现存的资产、利润和现金流，尽管难免有“后视镜”的缺憾，但至少不像对未来的预期一样，会因为市场情绪的变化而剧烈波动、一下子从天堂掉入地狱。格雷厄姆把市场的波动形象地比喻成一位情绪起伏巨大的市场先生，他每一天都会走到投资者面前，根据自己的情绪好坏，报出一个高低起伏、变化无常的价格。巴菲特曾经说过，市场先生应该是来为投资者服务的，而不应该是投资者受他的驱使。这点对习惯于追涨杀跌、跟风炒作的 A 股投资人来讲，更有启发意义。因为人们对于未来的看法都是善变的，风和日丽的时候大家对未来都无比乐观，市场动荡的时候对未来又无比的悲观，这一点在 2015 年夏天的市场巨幅震荡中体现得淋漓尽致。

第二，格雷厄姆的分析方法是基于每个人都能够拿到的财务报表和财务分析，并不需要同管理层进行近距离的接触和沟通，他甚至认为许多管理层会刻意地误导投资者。其实大多数投资者并不具备跟管理层进行深度沟通和交流的条件和能力。而财务分析对于大多数学过金融或者会计的人来讲，相对更可学。

第三，格雷厄姆的投资更强调安全边际。安全边际最核心的一点是，足够低的价格。在大起大落的中国股市中，安全边际的重要性在于，它能让投资者以一种比较良好的心态，去实现长期投资和价值投资。格雷厄姆先生说，一个称得上廉价的股票标准是：价值至少要比价格高出 50% 以上。每个人的投资方法都有时代的烙印，格雷厄姆提倡的以净营运资本的 2/3 的价格去购买股票，这样的股票在大萧条时代是有很多，而在现在这个时代确实比较少。但这并不表示他这种以低估的价格去购买资产和上市公司的思想已经过时。《证券分析》和《聪明的投资者》数十年来历经多次再版，期间历经多少牛市和熊市的市场起伏，至今仍然被专业投资者和业余投资人奉为经典，历久弥新，这说明格雷厄姆的价值投资的思想是经得起时间检验的。

这本自传对于有志于投资的专业和业余投资人都有重大的启发意义，它不仅帮助我们更好地了解格雷厄姆的生平和他的投资思想，而且也有助于我们理解美国资本市场曾经也是经历过一段像如今的 A 股市场一样的草莽时代，也是通过不断的大浪淘沙，机构投资者逐步替代个人投资者之后，才慢慢地走向成熟和理性。

用资本创造价值

《3G 资本帝国》推荐序

► 邱国鹭 / 2017.06

3G 资本和“巴西三剑客”是投资界的传奇，虽然他们在中国鲜为人知，但提起他们投资控股的百威啤酒、亨氏食品、卡夫食品、汉堡王和提姆霍顿咖啡，却都是妇孺皆知的世界级企业。

在 2015 年伯克希尔·哈撒韦 50 周年股东大会上，投资者对巴菲特提出的第一个问题就是关于 3G 资本的：“伯克希尔·哈撒韦与 3G 资本已有多次合作，而 3G 资本收购公司后往往大幅裁员。这让股东对这种合作感到担心，并怀疑伯克希尔·哈撒韦的道德水平。”巴菲特答道：“一家公司雇用的员工不能超过必需的程度，这根本不是道德的问题，是工业发展趋势。”的确，3G 资本在所收购企业的成本削减和效率提升方面，一直是不遗余力的，这也是为什么他们能从一家巴西投资银行起家，发展到掌控一个 3 000 多亿美元食品饮料帝国的秘诀之一。

巴菲特曾说过：“我们一定要找由优秀的管理层管理的公司，因为我们自己无法提供优秀的管理层。”3G 资本的做法似乎比巴菲特更进一步，他们不仅能够发现价值，还能通过控股企业，派出自己的管理层去经营企业来释放价值，同时在这个过程中提升效率、创造价值。一定意义上讲，这是把价值投资提高到了一个新高度。在今天的中国，有很多公司即便手握知名品牌和优秀产品，也难以充分发挥这些既有的优势。像这种拿着金饭碗讨饭的公司，在中国市场中并不鲜见。然而，由于多方面的制约，我们这些投资人还不具备类似3G资本的这种价值释放和价值创造的能力。因此，从这个意义上说，这本书更值得我们学习。

3G资本投资的公司虽然丰富多样，但都具有共同的特点：拥有非常强的品牌、非常深的护城河，其原有的管理层经营不善、机构臃肿、效率低下、成本高企。3G资本通常会介入公司管理，派出自己的人才，同时输出自己的文化，通过成本的削减、效率的提升来释放公司的内在价值。它寻找的公司多是遭遇短期经营问题，具有优质品牌的企业，而这正符合价值投资的真谛。

在参与控股公司的运营中，3G资本很擅长的一件事是寻找标杆，找出差距，之后缩小差距。雷曼等人做投资银行时以高盛为标杆，做零售商店时向沃尔玛学习，做啤酒时向百威学习（以至于在若干年后并购百威）。他们的文化中有一句话："如果你能够向全世界最优秀的企业学习，为什么要从头开始呢？"向优秀的行业标杆学习，这比自己从零开始摸索要容易得多，但真正能够做到这一点的企业并不多。他们在收购了巴西的博浪啤酒之后，看到销售终端、分销体系没有效率，于是就向百威啤酒学习成功的经验。他们的思路是在全世界范围内寻找最佳的经验和做法，然后加以效仿，持续不断地提高。随着时间的积累，他们每一年都比上一年做得更好。这是一个真正的学习型组织，具备足够的力度和深度。长期来看，它能不断地自我改善，日积月累，做时间的朋友，这是一种非常强大的能力。

这本书也提供了一个管理学的极佳案例。3G资本采用"零基预算"（Zero-Based Budgeting）机制，以各种有效的方式削减成本。3G资本所有高管出差均乘坐经济舱、住三星级酒店，无独立办公室。三位合伙人都在世界富豪榜排名前列，却过着极其简约的生活。这本书也阐述了如何给员工树立远大的目标，如何采用"低工资、高奖金"机制，每个人的奖金与其目标完成情况直接挂钩。达到目标与未达到目标的员工所得的奖金存在天壤之别，这极大地提高了员工的主观能动性。3G资本特别善于用人，招聘的是最优秀、成功欲望最强烈的人，特别是出身贫寒、没有任何背景、希望通过努力工作改变自身命运的一群人。只看贡献，不看文凭，不看资历；扁平化管理，通过资金、提成和持股分红充分让员工分享企业成长的果实。我们在打造高毅资产这个平台型私募基金管理公司的过程中，在选人、用人和利益分享机制方面也大量参考了 3G 的经验，取得了很好的效果。

我上一次近距离接触 3G 资本，是 2015 年。当时，我陪同自己十分敬佩的一位投资人，在曼哈顿拜访了 3G 资本的 CEO。当时 3G 资本公司所在的办公大楼的一层大堂及周边设施正在修整，布满了脚手架，在曼哈顿众多高楼大厦中显得其貌不扬。从它的办公室向外远眺，风景很美，但室内装修却非常简朴。只有会议室里摆满的各式各样的罐头、饼干、啤酒、咖啡等消费品，才让人意识到这是一家掌控几千亿美元食品饮料帝国的资本集团。

拜访完 3G 资本，令人不禁感叹：这群人真的是“Think big, think long,think deep”（想得大，想得远，想得深）的典范，所以他们能够以非常有限的资源，做出了一番伟大的事业。Think big，他们从卑微的起点，充满梦想，大手笔收购了如此多的世界级企业。Think long，他们始终秉持“十年磨一剑”的心态去投资，在啤酒这个行业中精耕细作二三十年，终于在全世界独占鳌头。更核心的是 Think deep，这是 Think big 和 Think long 的基础，他们能够透过现象看本质、思考透彻，才能不仅限于财务投资，而是通过获得控股权对企业进行经营管理。

这本书还有一个优点，即译者是百威英博公司的亚太区高管，熟悉 3G 资本的运作与思路，因此翻译质量远高于一般的译本。通常，翻译作品存在一个问题——译本不能够充分展示原著的思想和语言艺术，但本译本很好地保留了原著的原汁原味。这本书的确很精彩，已经很久没有遇到一本让我能够一口气读完的书了。本书很可能是近几年来最好的商业作品之一。

希望有一天，中国的资本市场也能涌现出一批像 3G 资本这样的投资机构，不仅发现价值，还能创造价值，以资本的力量促进实体经济良性整合、提升效率、健康发展。

快乐投资的源泉

《跳着踢踏舞去上班》推荐序

► 邱国鹭 / 2017.11

投资可以是很煎熬的一件事，也可以是很快乐的一件事。对于巴菲特而言，“跳着踢踏舞去上班”其实很好地描述了他每天的工作状态，因为他在生命中的每一天都只做自己喜欢的事，只和自己欣赏的人一起工作。不论资本市场如何千变万化，他只做自己擅长的事，投自己看得懂的企业。懂得取舍，是快乐投资的源泉。

投资中的每一个选择都是取舍。能力圈本身就是一种取舍，不熟不做是“舍”，在自己熟悉的领域中出重手则是“取”。避开瞬息万变的行业和复杂的商业模式是“舍”，选择有持续竞争力的简单生意是“取”。避开繁星满空、百舸争流的高度竞争性行业，在月朗星稀、胜负已分的行业里买赢家，“不数星星、数月亮”，又何尝不是一种取舍?

所谓取舍，先“舍”而后“取”，只有放得下才能拿得起，对于职业投资人而言，只有把短期排名压力放下，长期的优秀业绩才能拿得起；只有把短期的股价波动和当下的热点主题放下，企业的长期价值才能拿得起。

股市中获利的方式很多，但是，对于长期投资者而言，本质上投资的利润来源只有两种，一种是企业成长带来的内在价值增长，另一种是股价从低估回归到合理带来的估值提升。在喧嚣纷乱的股市中，能够静下心来关注投资的本质，平心静气地去挣企业低估的钱和企业成长的钱，而不受股市中各种噪音、各种诱惑的干扰，这也是一种取舍。

取舍有时是一种守拙，就如同曾国藩“结硬寨、打呆仗”那样，用一套稳定的打法，不急于求成，在自己的能力圈内用自己熟悉的打法打自己擅长的仗。即便巴菲特因此错过了一些高科技的投资机会，也并不妨碍他在过去 50 年创造了令他人望尘莫及的可持续的高收益。

有取舍之后自然有聚焦，把资源和精力聚焦在自己擅长的领域里，少下注、下重注。古今中外的许多兵法书，如果非要找一个共同点，就是“集中优势兵力打歼灭战”。做投资，深度比广度重要，对少量的公司有很多了解的人，投资决策的准确性往往远胜于对很多公司有少量了解的人。毕竟，只有对所投公司基本面的深度研究和对其所在行业内在规律的切实把握，才有可能建立起自己的比较优势。“弱水三千，但取一瓢”，投资成败的关键是你对所取的那“一瓢”到底有多深的了解。

迄今为止，我只为三本书做过序，它们分别代表了价值投资的三种流派。第一本是《3G 资本帝国》，3G 资本擅长通过并购来控股品牌消费品企业，主动介入公司的经营管理，削减成本、提升效率来改善企业的盈利能力，这种积极行动主义的投资方式（Activist Investing），不局限于发现价值，而是直接参与到创造价值、释放价值的过程中去。第二本书是巴菲特的老师格雷厄姆的自传。格雷厄姆关于“市场先生”“安全边际”和“买股票就是买企业”的基本思想一直是价值投资的基石，他的投资更注重低估值带来的安全边际，强调便宜是硬道理，赚企业价值被市场低估的钱。第三本即《跳着踢踏舞去上班》，收集了过去半个多世纪很多关于巴菲特的优秀文章。巴菲特早期的投资方式深受格雷厄姆的影响，以买便宜货为主。投资生涯中后期，巴菲特更注重企业的质地、生意的属性和管理层的能力和诚信，长期持有优秀的企业，做时间的朋友，赚企业内在价值增长的钱。

以上这三种投资方式，都是价值投资的康庄大道，都有集大成者。但是，第三种方式也许是最快乐的。之所以快乐，是因为你知道时间是你的朋友，你知道在等待的过程中，你所投资的公司的内在价值正在与日俱增。

快乐也来自于投资的社会意义。资本是稀缺的社会资源之一，把资本投给自己尊敬、欣赏和钦佩的企业家，让优秀的企业有更低的融资成本和更充足的资源，知道自己的投资优化了社会资源的配置，这也是快乐的源泉。

愿本书的每位读者都能够快乐地投资，快乐地生活。

HARD THINGS IN INVESTMENT

实战篇

投 | 资 | 人 | 说

HARD THINGS
IN INVESTMENT

邱国鹭

投资宁可数月亮，也不要数星星，星星那么多你总是数不过来，但是月亮只有一个。挑选到真正有价值的股票关键在于两点：第一，选择好的行业；第二，在这个行业中找到最有竞争力的公司。

邓晓峰

价值投资根本的出发点，是看我们投资回报来源是哪里。如果是企业持续地创造价值，投资人去分享收益，这才是价值投资的方式，才是基于基本面的投资。

孙庆瑞

宏观经济的层面，主要从两个维度来看：一是结构变迁，以长期的视角找出受益于经济发展而不断长大的行业；二是周期轮回，找出当前经济周期中最受益的行业。产业的层面，主要看产业所处的发展阶段，在成长期和稳定期，伴随企业利润增长来获取投资回报的胜率相对更高。

冯柳

我把下跌分为杀估值、杀业绩（经营节奏）和杀逻辑三个阶段。

邱国鹭

从 0 到 1 的过程充满不确定性。而在 14 亿人的大市场中，我们还有很多“从 1 到 N”的机会。

卓利伟

从 1 到 N，要看持续的、系统的好产品（或服务）的供给能力 。

08

投资中的变与不变

▶ 邱国鹭 / 2017.05

现在有一些非常优质的股票在市场起起伏伏中创新高，其背后真正的驱动力量是什么呢?

可以说，市场的驱动力量每天都在变化，在资本市场中唯一不变的就是变化本身。那么，我们该如何看待市场中的变化? 在我看来，最重要的是看这些变化是否可持续，譬如它是一个长久的变化，还是一个暂时性变化。

最近很多人提到“价值投资的春天”，也许它是可持续的。我们经常想买一些优质公司，但又希望买得便宜。那要在什么时候买呢? 很简单，要在优质公司碰到短期困难的时候买。典型的是，过去一两年表现最好的基本是白酒和家电这两个行业。2013 年、2014 年白酒碰到“八项规定”，在基本面和股价上都遇到了很大的调整，但可以看到白酒的商业模式、品牌和在用户心中的地位，以及作为中国人社交的催化剂作用是没有变的。特殊经营期面临市场质疑的时候，其实就是优质企业碰到了短期困难。

面对变化怎么能够做到处变不惊? 我觉得其实还是基于对基本面的深入研究，要真正认识行业规律以及事物变化本质。**面对很多变化，经常问自己的第一个问题应该是：它是一个结构性变化，还是周期性变化?** 周期性变化，企业盈利短期可能会翻几倍，例如大宗商品猛涨的过程中，很多企业从微利到利润翻了 5 倍、10 倍，但它只是一个短期冲高。对变化的性质有一个定性，这是很重要的。

高毅资产更关心的是长期变化，建议寻找结构性机会。汽车行业是所有行业中最苦的行业之一，它在中国的竞争是非常激烈的，但是在过去一两年我们看到一点结构性变化是自主品牌的崛起，当然我不是在推荐大家买，因为很多个股股价已经翻两三倍了。当我们以 3 倍的 PE 买今后 3 年利润年化 40% 的增长，而这个利润水平是可以持续的，这个成长不是周期性的，是结构性的。例如 JDPower 的调研数据显示，2005 年进口品牌车每 100 辆有 190 个质量问题，国产品牌车每 100 辆有 380 个质量问题，两者差距是 1 倍；2015 年已经缩减到进口车 98 个，国产车 120 个，只差 22%。

目前我们在电子化方面是遥遥领先的，国产 18 万元的车就可以带自动停车功能，自主品牌现在都是大屏幕，音乐系统都是跟手机相连的，绝对满足了汽车消费者的需求，其中 70% 是“80 后”“90 后”的小镇青年。合资企业不太知道中国的小镇青年想的是什么，“80 后”“90 后”根本不知道输出功率、扭矩等专业名词，车就是要够大，符合小镇青年“装酷”的需要。目前 15 万元以下的 SUV 车基本上是国产车的天下，中国的 SUV 过去 5 年年化增长 50%，而且部分国产品牌的汽车净利润率在 10% 以上，这是许多海外品牌都达不到的。

另外一种我们认为可持续的变化是，中国的龙头将成为世界的龙头，中国冠军将在世界领先。这种变化是可持续的，但我们又希望它是不变的。为什么是不变的？我希望它的行业地位是不变的，投资中很讲究先发优势，短期领先的，过一两年又不行了，这样的行业和公司会让我们时刻担忧。

我们总是建议找结构性机会，比如消费升级。例如一家卖鸭脖的公司，卖得比谁都贵，但是卖得比谁都好，有 20% 的净利润率。还有小龙虾这个品类，在中国一年是 1 000 亿元的市场。这如何标准化？但是突然有一个行业龙头解决了可标准化的问题。如何做到质量控制？全球西餐快餐连锁店巨头在全世界有 36 000 家门店，但如果在深圳开 3 家中餐馆，到第三家时口味已经不如第一家了，怎么实现可复制？这是连锁店最重要的问题。我们研究定制家具，它怎么颠覆传统家具？它解决了存货问题，定制家具都是零库存，先下订单才去做，而且一块板会通过电脑切割成许多块，可能是装在不同的家具上，极大提高了材料的使用效率，这种产业链的再造是可持续性的变化。包括定制服装，一个客户，8 个摄像头来扫描，10 秒钟完成量体裁衣，而不再将尺码分为 M、L、XL 等，一件衣服有 2 000 个尺寸，量身定制。做衣服的时候，一块巨大的布，一个机器同时切割，这种属于产业升级和消费升级。

别人总问我：你看好什么？过去 5 年我看好产业升级和消费升级，消费升级是需求端，产业升级是供给端。看好什么行业？三大类行业：先进制造、品牌消费、金融地产。你会发现这三大类行业既有定价权、行业格局很清晰，而且总有机会，在商业模式上就决定了它能否实现长远发展。

很多事情想清楚了，你就会发现我们投资的东西是可持续变化的。有些市场结构的变化是不可逆的，暂时性、周期性的变化是可逆的，于是我们就要寻找这种不可逆、结构性、可持续的变化。

投资中的变化

目前市场上大致有以下几种变化。

第一，市场环境变化。你会发现有一些非常优秀的企业成长起来，你首先有投资标的了。

第二，有一批很成熟的投资经理人。他们有十几年的优异业绩和长期价值投资的理念，我们希望高毅资产也是其中的一部分。

第三，最重要的近期变化是监管变化。我认为监管的变化很多是属于以扶植价值投资、长期投资为导向的，其实这才是正确的做法。当然，也有一些非议，但是大方向是对的。两三年前，很多企业家的创业精神被创业板的泡沫毁灭掉了，只要讲一个故事市值就多 50 亿元，这就把那些本来很有创业精神的企业家都引导去讲故事、炒概念了。现在好了，你真正给高估值、大市值的是行业龙头，它们有利润增长、有现金流支撑，这才能够真正支撑实体经济。

第四，客户导向的变化。最近我们收到了机构投资者的委托资金，一批批的机构客户，一批批的企业家，现在开始认同价值投资，他们的委托资金我们都要求有锁定期，这些大的家族锁定期有 3 年、5 年，最高的锁定 8 年。开始你没有稳定的资本，在 A 股做不了价值投资，因为有的客户 3 个月之后就赎回了，你没有办法替他挣钱就没有办法创造价值。但是现在有一批客户想明白了，参与短期市场是没有意义的，愿意做长期投资。所以投资标的、监管人、管理人、客户都在发生结构性的变化，这是有利于长期投资、基本面投资、价值投资的，这也是一种变化。

投资中的不变

万变不离其宗，我是不太善于变的人，总是守在熟悉的领域中，但是发现几年下来回报率不差，主要还是投资理念与方法没变。总结了一下，这些万变不离其宗的理念与方法，简单来讲有 4 个。

第一，便宜是硬道理，要有足够的安全边际。市场从 5 000 多点跌到 3 000 点，为什么很多价值股还挣到大钱？最关键的是估值便宜，因为足够便宜才有足够的安全边际，特别是在市场大幅波动的时候。

第二，我们一直在找行业格局相对清晰、相对容易研究的行业。投资宁可数月亮，也不要数星星，星星那么多你数不过来，但是月亮只有一个。所谓“月亮”，是指在门槛较高的行业里，经过激烈的市场竞争与行业洗牌后笑到最后的企业，也就是大家常说的寡头。而“星星”则是在行业门槛较低、集中度低的行业里，百花齐放，存在参差不齐的各种企业。做好投资就是要找寻门槛最高的行业里最好的公司。

第三，商业模式、行业属性研究透，要有对行业的洞察力。你一定要明白定价权的来源。大多数行业是一个赢家通吃的游戏，例如家电是一个很苦的行业，为什么两个龙头都能够做到两位数的利润率呢？很简单，虽然家电是制造业，但经过激烈市场竞争后形成了寡头竞争的格局，因此这两大龙头拥有类似消费品的定价权。

第四，逆向思维和独立思考。A 股总是不时冒出各种热点，但追逐市场热点往往很难获得满意的回报，投资机会常常出现在被市场冷落的角落。要分清其中的变与不变，核心的原理万变不离其宗，寻找有不可逆的结构性变化，这种我们是应该参与的，而且在相对早期的时候知道这个变化受益的赢家是谁，在胜负已分的行业中找到赢家，关注安全边际，长期持有，跟企业一起持有，赚成长的钱。

「本文为高毅资产董事长邱国鹭 2017 年 5 月在《中国基金报》“第四届中国机构投资者峰会暨财富管理国际论坛”上的演讲实录，《中国基金报》记者项晶整理。」

09

“从 0 到 1”的陷阱和“从 1 到 *N*”的机会

▶ 邱国鹭 / 2016.05

A 股是愿意相信奇迹存在的市场，对很多新鲜事物，不管它到底有没有确定的未来，不管八字有没有一撇，只要能提出新的概念、炫的创意，A 股很容易给予其几十亿元的估值。美国 PE 和 VC 界有一个词叫“独角兽”，所谓独角兽是估值达到 10 亿美元的初创企业，但现在 A 股 2 800 多家公司里，已经很少有市值 10 亿美元以下的公司。有的传统企业可能主业做得一塌糊涂，但只要出 500 万元设一个手游公司，市值就可以增加 10 亿元到 20 亿元。500 万元可以增加 10 亿元到 20 亿元的市值，这个 500 万元的含金量得有多高？很多投资者或者说投机者，一直在不断寻找风口，他们也不去想风到底有多大，能不能持续，而只是单纯认为“只要是在风口中，扁担都可以开花”。但是，**只要时间拉长，投资者最终会发现扁担是开不了花的，从 0 到 1 的过程并不那么容易。**

从 0 到 1，是美好还是陷阱

中国有句老话，万事开头难，要实现从 0 到 1，其实中间有很多坎坷。我们也可以看到，A 股 2010 年开始炒电动车、充电桩，按照当时的研究报告，现在应该满大街都是充电桩、电动车。当时 Google 眼镜出来，大家觉得 5 年内纽扣、手表都可以测血压，但是 5 年过后，这些都没有发生。有个直辖市 10 年前曾经出了一个分布式太阳能的规划，当时提出的目标是5年后实现10万个分布式太阳能，但5年后只实现了8个。比尔·盖茨说，人们总是高估新技术出现的第一个五年，但会低估第二个五年。而A股市场在过去几年里的表现，对盖茨的前半句预测体现得非常充分。

2010年，我们花了很多精力研究手机支付NFC，每个人都成了科学家，争论着是采用13.56M标准还是2.4G标准，但5年后，胜出的是扫码支付，而不是NFC，和当时想的完全不一样。有的时候，从0到1的过程充满不确定性。但是现在A股中很多东西要转型，很多不在乎有没有能力，但跨界真的这么好跨、转型真的这么好转吗？资本市场对跨界经常没有区分，大多数只是追逐概念，只要够新、够炫，越模糊越好，大家搞不懂最好，一旦搞懂了，这个股价就不涨了。

不是说天使投资和VC投资不能做，而是说要以什么样的价格投。天使投资和风险投资对某种新概念的估值可能是5 000万元、5亿元，你在二级市场对同样的项目投资估值可能是50亿元、100亿元，你的门票是别人的10倍、100倍，回报率怎么可能一样？有人说没关系，估值做高了，鼓励创新，有什么不好？其实是不好的，因为每个人都有一个圈子，企业家也有，一旦企业家发现炒概念就可以赚到钱，不用做什么事也可以挣到钱，很多企业家就不做实事了。

有一家上市公司，过去10年的年资本回报率在25%以上，是市场中少有的优秀企业，2015年年中要做定增。我和该公司的董事长交流，他已经不讲主业了，跟我讲了定增要投P2P、O2O等5个新的战略发展方向。其实他的主业已经是中国龙头，完全可以通过产业升级去挑战世界龙头的，放着“从1到*N*”的机会不做，却去追逐“从0到1”的概念，我真的很痛心，痛心优秀的企业又少了一个。

资本市场中，基金经理其实身负的是中国40万亿元股市的资源配置问题，奖励什么样的上市公司股东行为，这直接关系中国的未来。责任感要从这个高度上去认识，而不只是炒概念、赚快钱。

很多从0到1的东西，是在早期，像2010年炒作的风能、太阳能并不是没有未来，只是说在五六年前炒作太早，一下子炒几百亿元估值。电影和游戏，过去每年都有 50% 的增长，但是有的电影公司过去两三年股价还跌了 1/4，这不是基本面不好，只是之前透支太多未来。现在券商研究所、基金公司研究员，整天搞科普，各种前沿概念、各种尖端科技，最好有点英文字母，比如 3D 打印、VR、P2P、O2O，最后发现上门洗车这个模式就没有未来。

这种情况很多，其实 P2P 几年前就说颠覆银行，后来发现自己把自己颠覆了，4 000 多家跑路了 1 000 多家，剩下的多数日子也很难过。他们没有弄明白事情的本质，就像金融的本质是风险管控能力，而不是技术多炫。同样，**投资的本质不在乎你懂各种新鲜的名词或者雕虫小技，而是用合理的估值买有价值的东西。**

从 1 到 *N*，背后的机会与力量

市场从 5 200 点到现在 2 800 点，跌了将近一半，但是我们发现组合中的不少股票最近创出新高，比如有些白酒和家电股票。很多东西你感觉它真的有很大创新吗？没有。你觉得它真的有石破天惊的新东西，有大的变化吗？没有。其实，它本质做的是从 1 到 *N* 的发展。中国有 14 亿人，其他国家从 1 到 *N* 最多只有几千万或者 1 亿多，中国从 1 到 *N* 可以是 14 亿。A 股很不好的现象是炒作，从 0 到 1，你说是不是真的能做成？炒作的基金经理不懂吗？那些研究员不懂吗？他也知道这是炒作，只是因为盘子小，好操作，而一旦一家公司搞到市值 500 亿元、800 亿元，你会发现它的估值又会迅速回落到理性估值。

中国的空间很大，美国的大公司动辄几千亿美元估值，中国的公司只要发展得好，几千亿人民币的估值完全不是问题。但为什么企业做到 1 000 亿元市值大家却只愿意给它 10 倍估值？很多股票很好，从 1 到 *N* 的空间无比大，但市场只愿意给 8 ～ 12 倍的估值。我们一直在说做投资一定要“胜而后求战，不要战而后求胜”，要等行业中胜负已分之后再挑赢家。像三大互联网巨头，10 年前完成从 0 到 1，行业里面没有人可以挑战它们的地位，之后市值仍然增长了几十倍。**我们说的从 0 到 1 的“1”要么是唯一，要么是第一，再差也是最好之一。不要在行业还是百舸争流、**

万马齐奔的时候，就给予每个股票80亿元、100亿元的估值，这样做，时间不是你的朋友，多数结局会很难看。

另外，我们说的“1”是专一，华为28年只做一件事，不会像部分A股上市公司那样什么热就做什么。有的上市公司要同时在N个领域内挑战世界巨头，有的时候，某个明星花几百万元注册一家公司，成立几个月就作价几亿元卖给上市公司。这些其实都是很稀奇古怪的事，但大家却习以为常，觉得本来就应该这样。然而这是不对的，不应该这样。市场定价是根指挥棒，能够指导企业家和管理层的行为，这是作为职业投资人最大的价值。我们应该让我们的资本，和靠谱的企业家、靠谱的管理层在一起。

我们发现最近有一批从1到N的股票表现很好，它背后有两股很大的力量在推动，一个是消费升级，一个是产业升级。其实，我们认为很多行业的发展是有路径依赖的，是讲究厚积薄发的，总想跨界从0到1，这是不现实的。100次天使投资，可能只有一次成功。硅谷做过统计，2 000个VC项目，扣除前面8个，后面1 992个不赚钱。硅谷的初创企业需要做成行业领先才能成为10亿美元的独角兽公司，但部分A股公司只需要有个概念说要做这个事，市值就马上多出20亿元，这是不正常的。

另一方面，消费升级正在推动很多行业“从1到N”的进化，比如我们看消费品，在乳业，高端奶占比过去几年飞快上升。在饮料业，原来饮料都是靠渠道下沉，都是渠道下沉到三四线城市，但最近中低端饮料的日子不好过，但那些有产品创新、在一二线城市卖5元一瓶的高端饮料，销量却非常好。泡面、火腿肠也不好过，但是中高端白酒却屡超预期。还有在线视频，原来大家不愿意付费，现在愿意，你会发现这是消费升级的快速推动。

很多消费企业，只要有产品创新的能力，随便一个单品出来就可以卖50亿元，有10亿元的利润。当然，这也要看可持续性，2015年也有一下子卖得很好、又一下子不行的公司，如鸡尾酒。仔细想想，在中国，公司如果能符合消费升级和产业升级的趋势，其实从1到N的机会是无穷的。有的公司过去5年，它的员工减少一半，但是利润增长 1 倍，很传统的制造业，人均创利多 3 倍，靠的就是自动化、机器人的应用，这就是产业升级的力量。这个情况下，我们觉得，从 1 到 *N* 的机会才是长期价值投资可以把握的。而且这种时候，行业已经洗牌了，先发优势这么明显，护城河又宽又深，不管是品牌还是在人们心目中的地位，都是不可战胜的。在这种情况下，它只有 8 ～ 10 倍的市盈率，把它当债券都会比买公司债好得多。

港股也是这样，分化得很厉害，比如我重点关注的某只港股 2015 年才 8 倍市盈率，2016 年一季度利润却增长 200% 以上，所以并不是说低估值、高增长不能兼得；我关注的另一只港股曾经才 4 倍市盈率，2016 年前 4 个月销售收入翻了 1 倍。这不是说找不到好的东西，包括 A 股也一样，只要仔细看，A 股还是有一批股票，基本上在 15 倍以下估值，行业遥遥领先，没有人挑战，有些人觉得这些没有意义，但我们觉得它还有很稳定的 10% ～ 30% 的年增长，这种从 1 到 *N* 的机会，才是长期投资的主线。

过去 3 年，特别是 2013 年和 2015 年的上半年这两个时间段，其实有很多烂公司被炒作起来，很多纯粹概念性的、不带一点基本面的东西被炒作起来。我们觉得过去 11 个月，这些股票都被慢慢打回原形，而且这些公司的估值压缩没有结束，反而是真正的行业龙头，有竞争力、估值合理的公司，我们觉得有机会。最近市场已经开始分化，不再是同涨同跌，真正的好股票开始表现了，这个时候就是“从 1 到 *N*”的投资机会。

「本文为高毅资产董事长邱国鹭 2016 年 5 月在《中国基金报》“第三届中国机构投资者峰会暨财富管理国际论坛”上的演讲实录。《中国基金报》记者吴君整理。」

10

新牛市背景下的风险与机会

▶ 邱国鹭 / 2015.04

这是一个新牛市！为什么这么说呢？因为这个市场有以下 7 个新特点。

第一，“新经济、新产业”。互联网 +、O2O、P2P、移动医疗、农业信息化等各种新概念层出不穷，尽管标的股价到最终可能都会 020[①]，但至少大家现在还在享受这个过程。

第二，“新工具、新市场”。例如新三板、ETF 期权、中证 500 股指期货、沪港通等机制陆续推出，未来有望推出深港通、实现资产证券化。

第三，“新股民、新机构”。很多人说，这轮牛市是“90 后”和“85 后”的第一次牛市，很多年轻散户入市，机构中现在也有很多“80 后”的基金经理。2014 年我面试了许多研究员，但后来发现，很多研究员在我们多轮面试过程中就被原单位提拔成基金经理了。现在我们看到一个合适的人，就马上办入职，因为不知道两个月以后他是不是也变成基金经理了。年轻的基金经理没有历史包袱，投资的“道”不亲身经历是难以真正体会的，所以他们对风险的控制意识没有那么强。高毅资产管理在招聘基金经理时参考一个标准——“七年八年，数一数二”，就是希望基金

① 比喻“零 to 零”主义，即股价涨上去还会再跌回来。

经理们有七八年的长期经验和优秀业绩。

第四，“新政策、新导向”。“资金进入股市也不算是不支持实体经济。”这样的政策导向，与过去的确发生了很大的变化。

第五，“新传播、新媒体”。每个人的朋友圈中都有股神，晒业绩、晒涨停，而榜样的力量是无穷的，微信等社交工具加快了信息的传播效率，人的思维、观点同化趋势和从众心理会更强。

第六，“新杠杆、新风险”。目前这个市场，是中国股票市场历史上一次真正存在普遍杠杆的牛市。国外投资者常说：“底是圆的，顶是尖的。”为什么？高杠杆的市场一旦下跌，免不了会出现踩踏事件，市场的杠杆风险现在还没有得到足够的重视。

第七，“估值的新体系、局部的新泡沫”。新的估值体系很好理解，现在市场上有相当一部分股票的PE超过100倍，甚至也有些是PB、PS超过100倍的，这已经是“市梦率”“市胆率”“市傻率”的概念。局部的泡沫化也很好理解，中小股票估值很高，但是大盘蓝筹股虽然涨了一倍多，时至今日估值仍在合理区域。

2013年许多蓝筹股的市盈率只有三四倍，现在股价涨了1倍多，看起来似乎已经积累了很高的涨幅，但仍然是合理的，因为原来其处在很不合理的估值区域。

市场的分化很明显，现在有许多个股的PE乃至PB都超过了100倍，但我们无法预判泡沫何时会破灭。我认为，在高杠杆、高估值因素叠加下，这些股票最终会一地鸡毛。关键问题并不是泡沫破灭会不会发生，而是什么时候发生。高毅资产管理为什么要招聘有丰富经验的基金经理？因为我相信，每一轮泡沫都伴随着新经济、新思路的产生，只有经历过1999年的市场泡沫的人，才能深刻地理解这个市场的变化。

1999年纳斯达克泡沫时，我曾对自己的第一任老板说，科学技术确实进步很快，我当时的老板说：“科学技术进步再快，也没有华尔街的贪婪增长得快。”人性的贪婪可能会促使股票价格过度反映任何技术变化带来的好处，甚至3倍、5倍，但最终都会破灭，这个结果是必然的。现在中小盘股票的估值泡沫已经接近1999年时候的水平。1999年的“5·19”行情中，有许多个股出现几十个涨停，事后基本都打回原形。人性的贪婪、投机心态100多年来都没有改变，只是现在参与市场的股民、基金经理们变了。市场下跌时，尽管是10倍市盈率的蓝筹股也很可能出现下跌，但那是有底的、有安全边际的，那些100倍市盈率的股票，跌起来可能就没底了。

我们身边有很多人参与融资融券，高杠杆入市。个别银行的“90后”员工使用多张信用卡套现炒股。对于我们十几年一直在股市中沉浮的人来说，始终要对市场保持一份敬畏、一份清醒。市场在2 000点时，我是最乐观、仓位最高的基金经理之一，市场上涨到4 000点，我虽然不悲观，但是会对市场的局部泡沫化所积累的风险保持警惕。

高估值踩踏事件、小股票爆炒泡沫，除了之前提到的7个新特点，目前市场还有另外两个重要的特点。

一是市场正在形成巨大的“连通器”效应，国内外资本市场的割裂正在逐渐被打破，未来游资很难再关门恶炒一些资质很差的股票，而会选择具备基本面、有更确定上涨空间的股票。这个游戏的结尾其实已经很清晰了，只是很多人还不愿意在灰姑娘的马车变成南瓜之前退出来。高估值的小盘股已经不止两三倍的高估，一旦个股下跌，踩踏事件是不难想象的。

二是一二级市场正在打通，新三板就是一个很好的创新。尽管新三板的股价高估也很严重，但至少实现了上市渠道的打通，是注册制的部分实现。A股上市公司也不断收购各种非上市资产，医疗传媒、移动医疗以及各种P2P都是如此。而资金供给一旦停止，爆炒的风险就会暴露出来，泡沫破灭会很快。所以，对中小股票要注意风险。

至于这轮牛市走完没有，我认为还没有。这轮牛市的结束有两种可能，一种是货币再次收紧，另一种是经济硬着陆。但这两种目前看概率都不高。总体上讲，市场系统性风险不大，而本身蓝筹股的估值也合理。我认为，新牛市背景下，股市既有风险又有机会。当然，大部分人都愿意挤在高风险的小股票那一端，我想提醒大家，现在小股票风险的确很大，大家要注意规避风险，但同时蓝筹股还有机会。

「本文为高毅资产董事长邱国鹭 2015 年 4 月在《中国基金报》“第二届中国机构投资者峰会暨财富管理国际论坛”上的演讲实录。」

11

基本面投资在中国的实践

▶ 邓晓峰 / 2017.10

在资本市场里面，对于投资来说，首先要理解这个市场。中国的资本市场毫无疑问是一个非常复杂的生态系统，你以什么角度看它，它可能就以什么样的形式回馈你。

理解市场，理解经济规律

长久以来，大家都说资本市场是一个赌场，人们是以赌博、投机的方式，以很高预期回报率的方式在参与这个市场。但是还有另一个说法，依托研究公司的基本面，可以获得持续稳健的回报，不同的做法可能都会得到预期的结果。总体上看，是我们的行为方式或者价值观，决定了自己参与这个市场的方式。但是市场本身，这么多年来，真正反映的还是国家、产业发展的变化，以及公司的成长。我们可以看到，很多公司最后成了很高回报的公司，在全球都有非常高的市场占有率，极具竞争优势，这个过程总体来看，还是一个反映基本面的市场。

作为一名基金经理，首先要了解自己适合什么样的研究和投资方式。还要了解行业或者公司，了解资本市场本身运行的规律，以及其他参与者的行为。我觉得同样重要的，是需要理解经济运行的一般规律。尤其当市场有剧烈变化，有重大恐慌或其他高度不确定性的事件发生的时候，对于我们来说，在资本市场的应对是非常重要的。因为这会使你减少恐惧感，可以使你在资本市场关键的时刻，或者重大变化时刻，有信心做出独立的决策。

在资本市场上，考验基金经理或者投资人的地方，除了获得收益，还要看能不能获得超额的收益，业内称之为阿尔法。有一种理论叫有效市场理论，说市场已经高度有效，我们很难获得超额收益。美国是这样的市场，我们看到过去一年、三年、五年、十年，大概只有10%多的基金能够打败各自的基准。从打败基准的比例来看，专业机构在美国已经很难超越市场了。毫无疑问，这是一个非常高效的市场。这个过程是怎么形成的？很重要的一个原因是，现在信息传递的效率远高于过去任何一个时候，同时资本市场本身得到的关注也高于历史水平，有太多的人、太多的资源投入这个市场。当所有管理者更努力的时候，驱动这个市场本身能更早实现价值发现功能，也导致机构投资者更难战胜这个市场，这可能是所有市场发展到比较极端的时候的一个普遍现象，我们发现美国出现了这种现象。

中国有重大差异的地方是，第一，中国市场的参与者很多，有很多个人、机构，甚至不太理解资本市场的不专业的机构。因为这种多元的参与，使市场的效率没有那么高，给这个市场创造阿尔法提供了比较好的外部土壤。第二，即使是专业机构，因为公司治理、考核机制，造成投资行为出现非常大的扭曲，这种扭曲事实上会导致市场经常出现无效。

回过头来看，一些恍如隔世的情况会阶段性地经常出现，就人类本身来说，我们都有这些天然的弱点，知识可以积累，但智慧还是很难同步达到。因为这些原因，资本市场还会有阶段性、间歇性，甚至是很长一段时间非常多的无效率的情况出现。

2013—2015年，传统行业因为需求放缓，经营压力变大，进入调整阶段，互联网行业却飞速发展，日新月异。巨大的反差使传统行业的公司非常恐慌，全社会形成共识，需要向互联网转型。这种思潮折射到资本市场上，发展到极致，也形成很大的扭曲。大家一方面对转型的方向有过高的预期，另一方面却导致那些本身竞争结构比较稳定的行业容易被市场所忽视。同时我们可以看到，当互联网对各个行业的影响已经高度明确化，市场的不确定性下降了之后，过去这些行业被低估的部分，又在 2016 年、2017 年得到了资本市场比较大的修正。 这本身是一个市场阶段性没有效率，也会阶段性有效率的过程。

建立自己的坐标系

对于做研究或者做投资来说，我们总是希望自己能够发现这个市场无效率的部分，怎么做？从自身体会来说，我希望建立一个参照系，通过研究，能够对未来有所判断或者是预测。

我是在 1996 年本科毕业以后到深圳开始接触资本市场，当时市场是一个庄股横行的年代。研究生毕业，2001 年到国泰君安证券的时候，正好又经历了股票市场从一个庄股横行到做庄模式破灭的阶段。

从 2003 年开始，整个行业寻找一个可持续的方向，开始去关注企业的竞争力、公司的基本面，投资逐渐向国际规范靠拢，那是一个国内机构投资者最关注企业质量和竞争优势的阶段。 但是在 2007 年之后，随着股权分置改革完成，大股东成为上市公司股价影响最大的一股力量。2009 年以后，大股东对于资本市场的影响程度，到了一个史无前例的高度，甚至在短期之内产生很大的扭曲。

不同的阶段都有不同的事情发生，我自己的体会是，在这个市场上，还是可以通过做基础研究，发现公司的未来价值创造，从而得到持续稳定的回报，获得一个长期的超额收益。简单地说，选到回报率高的行业，找到非常优秀的公司，在合适的价格做投资。所有的投资，估值水平一定是最重要的，也就是价格，因为价格决定了回报率。再优秀的公司，价格过高也可能会给你比较低的回报率，甚至负回报率。

我们的投资，是希望面向未来，通过分享企业的价值创造来实现投资回报，这个过程需要我们去更多的判断企业的未来，这是我们做研究的根本目的。 我们研究过去，研究历史，是为了能够更好地、更大概率地去分析和判断企业、行业的未来发展。在这之前，我们在做行业研究和积累的时候怎么建立框架？我发现有一个比较好的类比的参照系，我们研究了当时美国标准普尔500指数的行业结构分布和利润分布。

美国是一个大国，中国也是一个大国，美国的产业非常全，中国的产业也很全，这是一个非常好的参照系。我们可以观察标准普尔500指数过去40年的数据，初步形成一个框架。可以看到，在一个大国里面，随着经济发展、产业成熟，不同的行业在不同的阶段有不同的分布。

金融行业永远是一个大行业，它关系所有的人，也关系整个经济活动的运行。在格林斯潘几次降息以后，美国金融泡沫时期，这个行业最高占到标准普尔500指数市值的22%，2012年大概是16%。医疗行业一直是一个非常重要的行业，占美国GDP大概15%以上，在标准普尔500指数的市值结构里面，它也一直是一个排名前三位的重要行业。

高科技行业是美国最大的一个行业，2012年占标准普尔500指数市值的18%，目前肯定更高，我估计大概是24%～25%。但是2000年之前，在互联网泡沫时，该行业占整个市场市值接近1/3。可选消费（也就是耐用消费品）和日常消费一直是两个比较稳定的行业，它的长期比例都是在10%。

美国确实是一个非常稳健的经济体，它的制造工业在GDP中的比重一直都维持在10%左右。虽然就业人群的比例在下降，但是过去40年来，总体上维持着比较高而稳定的市值比例，美国的制造业还是很有生命力和竞争力的。

像电信服务、公用事业、大宗商品、原材料这些行业，随着国家发展的成熟，这些行业在经济结构里面所占的比例是下降的。能源行业是一个很大的行业，这主要以石油和天然气为代表。但未来这个行业会不会发生大的变化，比如当交通电动化以后，汽油不再是重要的燃料，也许这个行业会发生重大的变化。

这些行业的利润占标准普尔500指数的比例，相当于做了一个市值加权。比如医疗行业市盈率长期高于整体是很容易理解的。至于电信和公用事业，我觉得是因为这些行业在美国处于稳定的状态，风险贴现比较低。而2009年之后，整个美国资本市场是一个长期利率下行，甚至走向一个超低利率的阶段，这个时候稳定的行业，估值水平容易略高。

金融行业的估值水平一般是低于平均水平的，主要因为这是一个高杠杆的行业，同时因为委托代理机制，用其他人的钱去冒险，导致金融行业的风险更大，所以必须有一个高的风险溢价。

有意思的是，科技行业的利润比例高于它的市值比例，我觉得背后的含义可能是，科技行业作为一个整体，确实有一个比较高的风险溢价，市场并没有给它更高的估值。或者说当公司比较小的时候，存在不确定性的时候，会有比较高的估值；当公司壮大了之后，估值会下降。当然从最近五年发生的变化来看，尤其是近两三年，美国最大的一批互联网公司在最大体量上实现了高速增长，这是一个前所未有的变化，因为互联网可以更广泛地接触到C端所有的人群。

消费品行业总体来看，是一个估值水平和整个系统市场接近的状态，有一些时候略高。能源行业长期的估值水平低于其他行业，我觉得主要原因是大家对于这种情况的可持续性抱有一定的怀疑。

我们做研究，本质是收集信息和数据，然后再分析处理这些数据。我们希望能够理解背后的商业逻辑，也希望自己能够有洞察力，能够预测未来，能够指导我们的投资，这个过程需要我们不断地用现实去检验和修正。

案例一：华为、中兴在全球兴起的原因

从20世纪90年代开始，中国通信行业的公司发展到今天，逐渐改写了全球的产业格局。2003年、2004年的时候我能够从研究岗转到投资岗，是因为我当时做的通信行业的研究。现在回顾当时的研究，有很多体会。2003年、2004年通信行业正在发生重大变化，华为、中兴为代表的公司依托一个庞大的本土市场，也利用

了中国特有的劳动力成本优势，迅速崛起。

通信行业是一个人力资本高度密集的行业，研发人员往往占到公司的1/3甚至更高，这个行业的一般结构是毛利率在30%～50%之间，研发费用大概占10%～15%（主要是人力成本），销售费用占10%（主要是直销为代表的高销售费用的商业模式）。

中国公司在2000年左右形成了结构性的优势。比如在劳动力成本上，中国的大学培养了非常优秀的大批工程师，加入到华为、中兴这样的体系。这些公司就可以中国的成本结构应对世界上最优秀的一批公司，包括有很多传奇的公司，比如以贝尔实验室为后盾的朗讯，曾被称为“诺贝尔奖的摇篮”。

因为这样一个结构性成本的劣势，这些跨国公司在中国被打败，在全球也被蚕食。它们失败的原因，在当时已经可以清楚地判断出来，首要一点是因为战略失误。从前通信行业是只有发达国家的少数公司能够从事的高壁垒行业，它们在中国执行教科书式的高定价的撇脂战略。这个高价格给了中国公司机会。我们知道，早期不管是华为、中兴、大唐还是巨龙，产品性能较差，但是海外供应商的价格太高了。国内公司走性价比路线，以较低价格销售产品，还是有非常高的利润。然后用所获利润去研发、去改善产品。我记得在20世纪90年代，程控交换机一线大概卖1 500元到2 000元。因为这么高的价格，所以国内的公司能够有切入的机会，等到国内的公司逐渐成长起来之后，出现了新的情况。这些公司大力招聘优秀大学生去做市场和研发，两条腿都走得很好。它们在市场体系中最紧密地贴近运营商的需求，然后传导到研发体系，这样就变成了不只是有一个成本优势的公司，而是变成了一个更理解客户需求的公司。

跨国企业的中国分部是由职业经理人管理，考核机制决定了他们更在意短期的财务指标，无法做出战略决策和整体性考虑。他们在中国的研发基本上只是形象工程，最多只是全球产品的小修改，无法把中国客户的需求发展成为产品定义。20世纪90年代的时候他们有巨大的性能优势，中国的公司只能做价格竞争。但是2000年之后，中国公司的产品性能逐渐赶上来了，而且能够更理解客户的需求，把客户的需求融入产品开发中去。我们能提供更好的产品，通过这个途径不断把竞争对手赶出中国市场。我觉得归根到底，这是一个创业型的公司与一个职业经理人竞争的结果，他们应对不同的市场，做出了不同的选择。

下一步，像华为这样的公司，它们非常有进取精神，未来可以扩展到全球市场，虽然这条路非常漫长，但是它们一定能成功，根本原因是从前所有的跨国企业在其他国家的市场也是一个高定价的业务模式。当中国的公司走出去之后，会成为发展中国家解决通信问题的最好的合作伙伴，为客户提供巨大的价值。在发达国家市场，它们会成为运营商降低成本最主要的伙伴。华为首先在 2001 年、2002 年开始了这个进程，中兴可能更晚才作为一个运营商约束华为的棋子，被引入了跨国运营商的供应链体系。

我们可以从逻辑上面分析这个过程。2003 年的时候，跨国公司和中国公司的收入规模差别很大，但是从人力资源的分布来看，研发人员基本上都在 1 万人左右的量级，这个时候已经没有差距了，虽然中国公司的研发费用只有跨国公司的 1/10。通信行业的公司，基本上都是把 10% ～ 15% 的收入拿来做研发，但是因为当时中国工程师的工资低，基本上一年 20 万元到 30 万元，而国外要 20 多万美元，这就是一个结构性的竞争优势。当然现在不一样了，中国互联网巨头的人均年薪也都到了 20 多万美元。15 年前，虽然从销售收入的规模来看，中国公司显得弱小，但是从一个体系来看，已经和跨国公司在同样一个量级了。

2003 年的时候有很多知名的公司，但是后来，朗讯 2006 年被阿尔卡特以 134 亿美元收购，朗讯的市值在 2004 年有 150 亿美元。2000 年的时候，朗讯为了收购 ASCEND 公司花了大概 200 亿美元，当然那个时候朗讯的市值是 1 000 多亿美元，跌下来了。后来阿尔卡特朗讯在 2015 年又整体被诺基亚以 166 亿美元收购了，收购之后诺基亚目前整体的市值也只有 300 多亿美元，收入只有 200 多亿美元（见表 11-1）。

产业结构发生了巨大的变化，全球的价值链在发生巨大的转移，这是过去 15 年通信设备行业发生的事情。整个欧美通信设备行业，除了思科因为受益于美国封闭的市场不让我们进去，中国的公司已经完全主导了这个市场。现在全球通信设备行业的玩家只剩下爱立信、诺基亚、华为、中兴4家公司，所以有人说中国是发达国家的粉碎机，我们其实可以从通信行业看出来，这可是孕育了无数诺贝尔奖的行业，也曾经是高科技行业的代表，当然后面已经成熟了。

表 11-1　通信设备商对比

公司名称	市值（亿美元）2004/5/28	收入（亿美元）2003年	市值（亿美元）截至2017/10/24	收入（亿美元）2016年
思科	1 512	198	1 701	492
朗讯	153	86	134亿美元被阿尔克特收购（2006年）	
北电网络	160	98	破产（2009年）	
阿尔卡特	185	164	166亿美元被诺基亚收购（2015年）	
爱立信	443	164	211	245
摩托罗拉	463	271	MOTO解决方案市值146亿美元、MOTO无线以12亿美元被诺基亚收购（2010年）、MOTO移动以125亿美元被谷歌收购（2011年）后以25亿美元出售给联想（2014年）	
诺基亚	641	375	352	236
Utstarcom	35	20	1.1	0.8
华为		27		751
中兴通讯	20	20	170	146

案例二：市场对中国银行业存在误解

银行业本质上是一个资产负债表的生意、重资本行业，有资本金的需求，要放贷款必须有资本金，这是一个杠杆率的约束，这个生意很古老。

中国银行业背负了特别多的负面看法，广为流传的有：

◎ 中国银行业暴利，这个行业的利润占比过高，整个上市公司利润的一半是银行的。

◎ 中国银行业的高利润来自于政策保护、竞争不充分，都认为中国的银行业利差过大，在利率市场化之后，一定会有急剧下降。

◎ 中国企业的坏账很多，目前银行的坏账没有反应，远远低于实际的情况。

作为研究者，我们要客观地分析数据，寻找背后真正的答案。

首先我们看银行业，甚至是金融业利润占比的问题。对于第一种看法，我觉得坐标系选错了，因为我国主要的银行基本都上市了，所以上市银行的利润基本等于行业的利润，而中国企业有很多公司在海外上市，同时其他非上市企业的利润比例也很高。

我们用一个简单的数据来对比，整个银行业 1 年的利润大概 1 万多亿元，而我们光规模以上工业企业的利润在 2016 年其实超过了 6 万亿元，如果考虑房地产还有 1 万亿元的利润，中国银行业的整体利润占中国企业利润的比率大概是在 15% 以下，这是一个合适的比例。中国银行业的利润占整个金融业利润的比例非常高，这是我国的融资结构或者资产分布所决定的。

对于第二种说法，我们看一下息差，从中国和其他国家的息差对比来看，我们处于中等水平，所有的发展中国家的利差一定远远高于中国，发达国家只有那些陷入低速增长的接近零利率的国家，利差才低于中国。

我们应该更深层次地去想，银行的利差是怎么决定的，本质上它反映资金的回报率和信用风险，应该和 GDP 的增速（名义 GDP 的增速）是相关的，它其实应该和社会的回报率是相关的。从这个角度来讲，其实中国的银行利差是一个偏低的水平，或者整个中国的利率都是一个偏低的水平。

我们可以看到，改革开放之后，一直到最近，中国的金融结构是鼓励借钱的人在占持有存款的各方的便宜，这是一个国家鼓励制造业或者说鼓励投资的一个结构。当然，我们可以说这是成功的结构，因为其他发展中国家的 GDP 增速比较高的时候，利率一定都很高，只有中国是一个例外。我们研究了所有的东南亚国家、拉美一些国家，以及中国台湾、香港，在它们的目前阶段和曾经的高速增长阶段，银行利率都在一个比较高的水平。而中国确实是金融扭曲，这个扭曲是鼓励借钱的人扩大再生产，收入分配上不利于拥有存款的人。

银行为什么赚钱，很简单的一个指标是成本收入比。将中国和美国的银行做一个对比，我们是一个持续下降的阶段，远低于美国银行业的水平。和全球其他国家的银行做一个对比，我们也是最低的。

为什么？我们看到，过去10年，银行业的劳动生产率在迅速提高，银行的资产增加了4倍，员工增加了40%，单人对应的资产是一条30度角的斜线，一路往上走。所以我们会发现，中国的银行如果和发达国家的银行做对比，我们人均的资产对应是接近的，但是我们人均的工资是有差异的。虽然中国银行业的工资水平总体比较高，但是低于国外同行。国外银行业基本上将1/3的收入付给员工，中国比它们低了18%。这本身构成了一个巨大差异的基础，这是中国银行业能够持续有一个比较好回报的原因。

中国的银行，1元的资产，银行的净利差和中间业务收入可能产生300多个BP的收入。员工成本大概40～50个BP，其他费用大概40～50个BP，还有200多个BP的拨备前利润，提100多个BP拨备的话，回报率还是挺高的，资产回报率还是能够做到1%的。

对于第三种说法，全世界最极端的例子是日本的银行。我们研究日本银行的历史，尤其是从20世纪90年代经济泡沫破灭之后，到完全消化它的资产问题这段期间的历史。从1994年到2005年，整个日本银行业经历了完整周期，累计处理了91万亿日元的不良贷款，占整个贷款的18%，这就是日本的代价，日本银行业的代价。

反观我们自己，2011年温州首先爆发了金融危机，因为钢铁贸易、国家宏观调控，加上大宗商品的损失和房地产，整个温州出现了很大的问题。经过5年时间，温州的银行出现了根本转变。从2011年到2016年，温州累计处理了不良贷款大概1 400亿元。而在2016年6月份，它的贷款余额是7 800亿元，基本上18%的贷款被处理掉。如果我们按照清收比例30%、损失比例70%来估算，温州贷款的12%损失掉了。这是一个参照，我们做研究需要有样本和参照，这个是坏账周期的结果，对于我们未来的判断至少有了一根标尺。

我们统计最大的 8 家银行，到 2016 年，它们已经累计确认了 3 万亿元表内贷款的坏账，基本占贷款余额的 6.5%，拨备大概 5%。毫无疑问，我认为坏账过程已经过了大半，即使我们考虑中国的银行体系经历十几个点坏账的极端情况。2016 年以来，随着大宗商品价格上涨，我们看到银行业已经摆脱了坏账周期的高峰。

我们怎么判断银行的位置？一是判断资产质量周期，坏账周期。二是要更深一步理解银行业务的特点。在经济发展的早期工业化阶段，也即基础设施投资的高峰阶段，整个社会的贷款需求是以企业、政府为主的对公业务，这个时候的银行一定是对公业务主导的银行。我国银行业的发展一直走在这样一个轨迹上面，当它做到极致的时候，生产率最高的时候，也会面临挑战，因为发展到一定程度之后，你会发现企业的贷款需求下来了，而变成消费者成为主要的贷款需求的增长方，比如房贷、消费贷。其实，银行的业务模式本质上和我们经济发展的阶段是要去匹配、去适应的。

这几年一个很大的变化是，以腾讯和阿里为代表的互联网公司，开始利用自己接触客户的手段，实际上是改变了银行业的游戏规则，甚至是降低了银行业发展零售业务的天花板。传统的银行受这两家公司的冲击非常大，因为它们有最低成本的零售获客的手段。最近一家叫“趣店”的公司在纳斯达克上市，成立才几年，市值已达 100 亿美元，它本质只是一个阿里流量的贩卖者，但已经可以看出，传统的消费信贷会受到互联网公司的重大冲击。

我觉得我们可以旁观企业的竞争和兴衰，观察行业的变迁，看到经济的发展，体会到经济的脉搏。当然，这个行业也是一个可以高屋建瓴、纸上谈兵、眼高手低的行业，它是一个比较简单而纯粹的工作。本质上，你需要收集数据，需要去自己分析，然后有更多的不同想法，最后得出一个结论。

未来超额收益可能存在于巨大争议中

我们来看看美国标准普尔 500 指数最大市值的 10 家公司的变迁，体验一下时代的变化（见表 11-2）。

表 11-2　　标准普尔 500 指数市值前 10 大公司变迁

市值排名	1980	1985	1990	1995	2000	2005	2010	2015	2017
1	IBM	IBM	IBM	GE	GE	GE	埃克森美孚	苹果	苹果
2	AT&T	埃克森	埃克森	AT&T	埃克森美孚	埃克森美孚	苹果	AlphaBet	AlphaBet
3	埃克森	GE	GE	埃克森	辉瑞	微软	微软	微软	微软
4	Indiana 标准石油	AT&T	菲利普·莫里斯	可口可乐	花旗	花旗	伯克希尔	伯克希尔	Facebook
5	斯伦贝谢	GM	荷兰皇家石油	默克	思科	宝洁	GE	埃克森美孚	亚马逊
6	壳牌	荷兰皇家石油	百时美施贵宝	荷兰皇家石油	沃尔玛	沃尔玛	沃尔玛	亚马逊	伯克希尔
7	美孚	杜邦	默克	菲利普·莫里斯	微软	美国银行	谷歌	Facebook	强生
8	California 标准石油	阿科石油	沃尔玛	宝洁	AIG	强生	雪弗龙	GE	埃克森美孚
9	阿科石油	贝尔南方	AT&T	强生	默克	AIG	IBM	强生	摩根大通
10	GE	西尔斯	可口可乐	微软	英特尔	辉瑞	宝洁	富国银行	富国银行

20 世纪 80 年代，IBM 和 AT&T 排在前列，它们分别是一家计算机公司和一家电信公司，后面基本都是石油公司。因为 20 世纪 70 年代能源危机以后，石油价格当时很高。1985 年 IBM 还在第一位，GE 上来了，到很高的位置，杜邦作为一个化工品公司走出来了，贝尔南方是美国的一家电信公司。我们可以看到，除了西尔斯是零售公司以外，其他还是以石油公司为主。

20 世纪 90 年代的时候已经有了一些变化，百时美施贵宝是一家制药企业，默克是制药企业，我们可以看到消费逐渐走到了前面，可口可乐也是消费公司。到 1995 年的时候，更大的变化是微软、强生出现了，菲利普莫里斯是一家烟草企业。

到 2000 年互联网泡沫的时候，互联网企业或者计算机行业的公司，更多的走到了前面，同时我们第一次看到金融行业的公司走到了前十大。美国 20 世纪 90 年代开始放松金融管制，在这之前美国的金融业也是一个受约束和管制的行业，分业经营、分州经营，没有巨头。90 年代，格林斯潘的管制放松推动了美国金融行业大规模的并购重组，我们可以看到金融行业开始出现在前十大公司里面。2005 年，花旗银行、美国银行、AIG 都出来了。

2010 年，金融危机之后，苹果公司第一次走上了前台，谷歌也出现了，IBM 下来了。到 2015 年，互联网企业更多走向了前台，能源公司的数量还在，消费品行业的公司仍然在这个行列里。

目前，互联网企业排名靠前，前十大公司分属四个行业：互联网、消费品、医药、金融。

所有这些行业本质上都是一个最广大的用户的行业，比如能源，本质上所有人都要用，虽然它是一个 B 端的业务，但本质上是一个 C 端的业务。互联网企业更是前所未有地接触到客户，银行业或者金融业本质上也是一个接触到所有用户的一个行业，所以我们看到要成为最大的行业，或者说要成为最大的公司，首先要选择在特定的行业里面。

中国所有的行业曾经都是成长性行业，很短的时间走完了发达国家一两百年走过的路，但是所有的行业都会成熟，当它渗透到一定水平的时候，所有行业都会变成成熟的行业。这个时候，竞争结构和市场占有率就会变成一个行业主导的因素。在成长的阶段拼的是冒险精神，成熟阶段拼的是卓越的运营和有效的管理。

而且，我们看到中国的发展一定带来劳动力成本的上涨。劳动力成本的上涨一定会持续的，因为这是国家进步的表现，我们必须要接受劳动力成本的上涨和工资的上涨，企业能够适应这个变化就能够生存，不适应这个变化，就必须被迁移出去。

我们可以看到，进入稳态之后，行业的回报率会发生重大的变化，标准化的产品往往回报率比较低，个性化的产品往往回报率比较高，品牌会出现溢价。这时候你会发现选择比努力更重要，你在一个比较惨的行业里面，可能只能得到一个比较低的行业的回报率。

这么多年来，或者加入 WTO 以来，中国企业的内部竞争和外部竞争都是非常残酷的，即使国有企业的竞争也是非常残酷的。这种激烈的竞争，我觉得就像一个生态系统的自然进化和演化，大家疯狂地抄袭、疯狂地投入，拥有强大的野心或冒险精神，最后的结果会导致相当多资源的浪费，或者是产能过剩。但是整个行业的生产力水平提高了，剩下的公司也会代表行业最高的生产力水平，份额向它们集中，这本身就是社会生产力水平提高的一个过程，也是收入水平整体往前走的必然过程。当然，这个过程总体上促进了社会福利的增加，也能够代表劳动者报酬的提高，但不一定带来股东的回报。比如这几年光伏行业的发展，短短十年不到的时间，发电的成本降低了 60% ～ 70%，但是每个环节都不挣钱，因为产品太高度的标准化。

如果我们站在现在的时间往未来看有哪些机会，整个市场会从一个渗透率的故事走向一个市场占有率的故事。当渗透率足够高之后，必须从其他人手里面夺取更多的份额，这个时候拼的就是企业的运营能力了，而且必须从中国走向世界，以中国这样一个庞大的母国市场为基础，利用在中国市场上面得到的高生产率水平，在其他国家去扩展，走向全球化，这是公司下一步的机会。到落后国家复制中国的经验，这是一个机会。

正如过去几十年来，发达国家在中国曾经走过的路一样，发达国家的投资在中国的实现一样。在 2003 年到 2005 年，我们很不看好自己国家的银行的时候，美国、欧洲为代表的这些巨型跨国企业参股了中国的银行，并得到了超额的回报。在这之前，我们没有自信，但是成熟经济体知道，银行是整个国家经济的一个投影，这个国家在发展的时候，银行一定会受益的。

我记得一个很有意思的情况，当时建设银行找一些国内公司作为股东的时候，以净资产入股，部分国内公司经过慎重考虑没有同意，认为风险比较大。但最后结果是，美国的银行作为股东参与进来了。此后迎来了中国经济的发展，迎来了银行业回报率的提高，迎来了市值的上涨。这时有非常多的人跳出来说，推动银行业改革的人是在卖国。其实之前说我们自己很烂的和说我们卖国的，可能都是同一批人。我觉得只是说事情发生了，你的态度在发生转变。

前述还是从历史经验的角度去判断，其实我们更应该考虑中国发展的经验，能不能在其他落后国家再变现一次。同时，未来的机会在于创新。要供给创造需求，新的产品才能提供新的需求和市场。其实互联网这个工具让小公司更容易发展成一个中型公司，而发展成一个更大公司很困难，因为满足一些细分的消费者、一些个性化的需求更容易。

从资本市场来考虑，当市场效率提高的时候，很难创造阿尔法，有可能会走向一个主动去创造阿尔法的过程。美国的3G资本其实走出了一条道路，它把企业完全收购，然后经过成本结构的调整，或者是其他一些改造转型来创造阿尔法。可能是因为资本市场的效率太高，委托代理的体制已经不能直接创造更多的超额收益了，必须自己走向前台，长期来看，这也可能是一个方向。

我们总体上面临一个巨大变化的时代，时代确实变了。从前在巴菲特的年代，投资还是少数人的事情，但是在互联网时代，每个人都可以参与。信息的传播速度非常高，固守在原来的思维模式和习惯里面，有可能会无法创造历史上同等水平的超额收益率。未来，超额收益有可能会集中在有巨大的争议或者巨大的不确定性的行业中。

这个市场简单的钱一定比过去更难赚，从研究员或者基金经理来说，有可能需要将自己的精力越来越多地投入到创造社会价值增量的行业上去，我们需要不断地学习，同时在资本市场里一定要独立思考，要藐视权威，用数据和逻辑说话，其他的都要抱一分批判或者怀疑的态度。

「本文为高毅资产首席投资官邓晓峰2017年10月在上海交通大学的演讲实录。」

12

深度研究，从市场认知偏差中发掘大机会

▶ 邓晓峰 / 2016.10

谈谈我的研究体会。

第一，时间更多花在增长型、体量大的行业上，是投入产出比相对高的做法。增量永远比存量好做，增长型市场的投资比存量市场的投资更容易、更轻松。体量大的行业犹如大海，无风三尺浪，机会更多。

第二，做研究时，需要经历由少到多，再由多到少的过程。刚接触一个行业时，资料会越看越多，比如需要了解行业发展的历史，了解发达国家先走过的路，发达国家现存的状态，了解我国所处的状态和阶段。要了解这方面的内容，相关著名企业的传记、创始人的传记、行业的传记都是最好的资料。这些资料可以帮助我们代入当时的历史环境，去了解产业、了解竞争，建立对行业的总体认知。

随着对行业的认知积累越来越多，开始逐渐进行抽象的总结，定义行业的属性，把自己对行业的理解提炼出几个指标或参数；然后与业内人士探讨，完善自己的体系；最后通过这些指标和参数去判断、预测这个行业的发展，并根据现实的情况去修正观察体系和重点指标。**先把行业变厚，再把研究变薄。**

第三，对优秀公司长期跟踪。成功的公司本身就是竞争选择的结果，成功是有

原因的。观察成功公司的商业行为，可以站在巨人的肩膀上，在最优秀之人智慧的阶梯上了解行业竞争、了解商业行为。世上的事情，知易行难。但作为投资人，纸上谈兵又是容易的，可以轻松进行思维上的代入和演习。我们可能做不到，但可以训练自己知道怎么做。对优秀公司的长期跟踪是行业研究的捷径。而且，优秀的公司在投资人的整个投资生涯中，提供的投资机会更多。即使在某些阶段投资人错过了，未来还会有机会。对优秀公司的研究和跟踪是一种积累。

第四，问题是研究的方向。市场永远有分歧，这些争议指出了研究的方向。如果研究能够回答这些问题，发现市场的偏差甚至谬误，机会自然就来了。

汽车与家电行业

10 年来，汽车与家电行业的资本回报率都很高，利润持续增长。从投资回报来看，家电行业特别出色，美的、格力过去 10 年的年化股东收益率约为 30%。汽车行业稍差，主要是标的的原因，因为国内汽车行业目前还没有走出像美的、格力这样具有竞争优势的公司，没有能够在产业上升的过程中一路走过来的公司。汽车行业是不同的公司在不同时间段提供不同的机会。这两个行业都是资本回报率高，估值水平低，盈利持续增长。从投资角度来看，这样的行业容易创造超额收益。

HARD THINGS IN INVESTMENT

不简单的投资

家电行业最大的优势是竞争格局清晰，长期看更确定；弱点是行业基本成熟，成长空间受限。汽车行业的弱点是竞争结构问题，战场的胜者没有确定，并且参与者太多，中国整车企业目前还不具备竞争优势；优势是行业足够大，市场还在增长，未达到渗透率见顶的阶段，市场有空间，行业回报高。

汽车行业在 2002 年和 2003 年经历了第一轮的快速发展，当时增速为 60% ～ 70%。但当时产能的增速比需求更快，导致 2004 年和 2005 年行业进入调整期。机构投资者看这个行业非常负面，一是因为在中国没有优势的自主整车企业，二是简单地认为这是一个属性很差的周期性行业。

◎ 汽车业重资产，巴菲特说过，四个轮子不是好生意。

◎ 美国三大汽车企业的市值都很低，中国汽车公司的市值空间在哪里？

◎ 中国车价虚高，高于国际水平，行业盈利不具有可持续性。

我们带着这些问题去看汽车业的发展历史，观察美国、德国、日本汽车业发展的过程，最后发现，市场的共识存在很大偏差。

第一，关于汽车业资产很重，回报率不高的问题。20 世纪初，美国汽车业作为一个新兴行业，外部配套不完善，大公司的主要零部件需要自供，早期的垂直一体化是一种优势。巴菲特观察汽车行业时，恰好看到零部件供应社会化之前的状态，这个阶段其资产特别重。但是在中国，整车厂和零部件公司高度社会化分工，整车厂资产轻，零部件资产重。数据显示，整车厂的固定资产周转率能够做到 5 ～ 8 次，甚至更高，这是一个很高的水平，但是零部件公司能做到 2 ～ 3 倍就非常不错，有的往往只能做到更低的水平。**以周转率来观察，整车行业实质是轻资产。**

第二，关于汽车业的大公司，尤其是美国的公司市值很低的问题。翻阅这些公司的历史，发现一个很有意思的现象，从汽车行业诞生一直到 20 世纪 60 年代，这些汽车公司基本都是当时美国分红最高的公司，我们看到 2000 年的时候，300 亿美元的市值是残值而非公司的现值。在整个发展过程中，这个行业创造的回报是很高的，尤其是 20 世纪 20 年代至 50 年代，汽车行业的分红往往排名第一。这也解决了中国汽车行业的公司是否有市值空间的问题。

第三，关于中国车价高，毛利虚高，生产率低的问题。早期我做了研究，统计了汽车行业所有公司（那时候主要是合资厂）2000 年至 2005 年的数据，计算了它们的固定资产周转率、毛利率，发现一个挺有意思的现象。5 年间，这个行业从高毛利率、低周转率，即高价格的盈利模式，转向了合理毛利率、超高周转率，即高生产率的经营模式。以上海通用为例，2002 年别克的车价虚高达 30 万元以上，毛利率超过 35%。但是它的周转率低，当时固定资产 60 多亿元，年销售额不到 200

亿元，固定资产周转率不到 4 次 / 年。到 2005 年，毛利率下降到 20% ～ 25%，固定资产周转率上升到 10 次 / 年。车价的降幅超过 30%，但固定资产周转率提高 150% 以上。扣除 5% 销售费用率、5% 管理费用率之后，还有接近 7% ～ 10% 的净利率，这是可以持续的状态。在盈利最差的 2005 年，上海通用的资本回报率仍有 25%，好的年景资本回报率是 50% 以上，甚至有时候达到 100%，这是一个回报超高的生意。现阶段，中国车价与国外的差距，基本集中在税收方面，我们有 17% 的增值税和按阶梯的消费税。

市场共识与实际情况存在明显偏差时，这种认知偏差会创造巨大的投资机会。尤其是这个行业本身的资本回报率非常高，企业持续创造的高利润，而市场给的估值水平又非常低时。行业估值不提升，企业的盈利和增长已经能为投资者带来足够的回报了。其实这几年家电和汽车的投资一直在走这个路线，这两个行业的估值都没涨，而市值和盈利都在不断上涨。

汽车行业更麻烦些，因为很多公司之前都是一个很小的母体，随后逐步收购资产，因而延续性和可比性没有那么强，导致股东回报没有那么高。但是，**如果行业本身仍处于增长期，渗透率没有到顶的话，这种低估值反而会成为“长期饭票”。**因为市场给的预期和估值是低的，但事实上行业的增长好于预期，部分优秀公司做得更好，经常出现爆炸式增长，机会就更突出了——低估值叠加高增长。研究员如果能够把这种大的行业跟住的话，就会发现有非常多的投资机会。下面，我们来总结一下如何对汽车行业进行跟踪。

第一，纵观汽车产业链，从零部件厂到整车厂到 4S 店，整车厂是核心，它是整个产业链蛋糕的划分者。整车厂对零部件厂而言是甲方，可以占款。对销售端而言，4S 店其实是汽车品牌的附庸。观察这个行业这么久，4S 店从生意模式上总体是很苦的生意。只有在需求超过产能供应、客户要加价买车的时候，4S 店才会过得好些。时间稍微拉长，这个生意一定只能获得一个相对比较差的回报，因为总体上它是受整车厂控制、利用甚至是盘剥的一个环节。完整看下来，整车厂是整个行业的核心，是整个产业链条的分配者。**对于投资行业或者投资公司而言，首先要把行**

业链条里的龙头或者利益的分配者找出来，然后再找到利益分配环节中最强的公司或者阶段性最强的公司。

第二，产能利用率是很重要的指标。从全球来看，产能利用率基本在80%以下，一般70%居多，车企往往盈利比较艰难，但是，中国的主要车企产能利用率基本在90%～100%之间，这是全球一个例外的情况，因此中国汽车行业回报率比较高。这个指标比较好观察，因为工厂的建设计划及产量较容易观察。

第三，经销商体系的库存水平。观察竞争强度在销售端有一个明显的指标，即渠道的库存。如果库存高了，资金压力的存在，一定会导致4S店削价，即使整车厂有约束，也无法抵挡4S店主动的价格竞争。我们经常观察4S店的库存水平，如果库存偏低或在正常水平，4S店压力不大的时候，整车行业的利润往往处于一个好的阶段。如果4S店的库存系数长期处于比较高的水平，比如超过2（库存相当于过去2个月的销量），终端往往会主动加大折扣卖车。零售渠道利益受损，为了让销售系统可持续，整车厂一般会通过种种方式扶持4S店，牺牲厂家利润帮助渠道生存。**零售的库存是整个行业利润的先导指标。**

第四，终端价格的折扣。终端价格折扣是最直接的观察指标。通过上述几个方面基本上可以把握行业的冷暖，不需要通过内幕消息即可把握行业的情况。从这个角度看，我个人觉得汽车行业还是一个比较好观察的行业。

最近几年，卖方的汽车行业研究水平提升得很快。要从研究员上获得超额收益，赚阿尔法已经比较难。但是，专业机构对这个行业的偏见或者说误区一直存在，从我们的交易对手层面来看，获取阿尔法收益的机会依然显著。这是我对这个行业的生态体系观察之后的体会。

很多研究员本身的素质非常高，但是有没有达到一种极端状态？我希望大家以后能达到这样一种状态，把一个行业的指标提炼出来，抽象成一个简化模型。如果能够把行业浓缩到简化模型的阶段，研究效率会提高很多，效果也会好很多。在研究过程中，有问题、有争议最好，因为所有的问题和争议都是研究的方向。当把争议一步一步抽丝剥茧，你会对行业和公司的认识又更进一步。所以，大家平时争论越激烈越好，观点越“极端”越好。当然，这种争论并不意味着我是对的别人错了，我胜利了别人输了。最好你能够失败，因为在这个过程中，其他人的质疑能够帮助你把问题研究得更清楚。尤其是我们选定的目标是一个很大的战场，是一个有很大空间的行业或者机会，你把问题想清楚，以后就能更好地把握投资机会。内部之间可以更坦诚、更激烈一点，讨论时不要彼此照顾面子，相互之间都可以质疑，质疑是为了把问题研究得更清楚。所有争论的过程都是相互学习的过程，大家都各有所长，争论多了，大家才能成长得更快。

投资问答

HARD THINGS
IN INVESTMENT

王世宏：4S 店的零售库存、行业产能数据如何监控？

邓晓峰：汽车零售库存系数由行业协会每个月发布，一般是除以过去一个月的销量。一般来说，数据显示中国的零售体系效率很高，欧美发达国家库存系数一般都是在 2 以上或者更高，中国的库存系数一般来说在比较低的水平，1.5 以下一定是健康指标，2 ～ 2.5 是比较麻烦的时候，2.5 以上压力巨大。淡旺季要分开看，淡季，也就是每年 6 月、7 月、8 月，是库存系数高的时候，旺季库存系数最低。中国一般年底发奖金，汽车是耐用消费品支出，居民通常年底买车，这是消费的自然季节性。尤其越是低端的车型，淡旺季波动越明显。如果目标是三四线城市偏低端的车型，波动会更明显，而高端车型的全年销量总体而言波动不大，尤其是售价 20 万元以上的车，波动稍小。

产能数据更好统计，每家公司的工厂产能、产量都是公开的，任何研究员都能提供。乘用车肯定是走到中后期，新车销量的增长估计还有五六年，之后将彻底变成周期性行业。但是新能源确实刚刚开始。从这个角度看，2017 年一定要把零部件全部过一遍，看看哪些是新能源汽车零部件。中国很多零部件供应商过去在全球供应链体系中的占比很低，他们在中国本土的供应链做好之后，未来在电动化的过程中还有机会进入全球供应链，这里面机会是很大的。

王世宏：每年的优秀汽车厂都不太一样，除了实时跟踪产销量外，是否有方法进行提前预判?

邓晓峰：提前预判很难，这个行业确实需要采用跟踪做法。有几个转折点需要多注意一下，每年二三月份开始，前一年的旺季过后到第二年开始，如果此时库存系数比较高，之后行业压力就大了，因为接下来到年中的时候是淡季，这种时候就比较麻烦。如果淡季库存系数比较低，之后就不用担心，后面半年到全年整体的需求都会比较好。

王世宏：各个车厂的新车型和一些原有的车型，哪个会卖得好，如何进行判断?

邓晓峰：一般要月销 1 万辆以上，才能达到盈亏平衡。爆款车其实是比较容易找出来的，这个行业做得好一定要出爆款车，平庸的产品赚不了钱。爆款车往往都有特色，有很多在当时的环境中很突出的指标，基本上一眼就能看出来。我们来回顾一下中国国产 SUV 发展的过程。

◎ 第一，哈弗 H6，10 万元左右的 SUV，无与伦比的一款产品，性能很均衡，品质稳定，毛病少。当时其他的合资竞品都在 15 万元以上，价差很大。5 年生命周期下来到现在，能有这么大的销量。当时所有的自主品牌与长城相比都有质量和稳定性上的差距，它基本上是一枝独秀。

◎ 第二，CS75，是当时第二个出来合适的车，外形很像路虎，我觉得它的特点就是特别像路虎，很多人都被这个特点吸引，当然也正因为这个特点，它不能成为真正的爆款，没有到达三四万这样很惊人的月销量。

◎ 第三，传祺 GS4，一看就不像是自主品牌车，用料和零部件都是合资车的水平，价格低，性能还很好，没见到这台车之前，我们确实不知道它会成功，但是当你看到它，你就会觉得它确实挺吸引人。

研究员：后面几款车相对来说容易判断，可能最难的是国产车哈弗 H6，人们可能觉得中国人做不好。如果我们往后退几年，在哈弗 H6 刚出来时去判断更难，这两年可能会容易些。

邓晓峰：当时判断其实是很容易的。哈弗 H6 的战略很清晰，采用田忌赛马式的战略，用 SUV 去打合资轿车，适应消费升级的过程，而且当时环境下没有替代品。轿车向 SUV 升级大潮，只有它最早、最坚定地把握，其他企业都在观望，这是它很幸运也一直很坚持的地方。大势如此，它抓住了风口。当时其他所有国产 SUV 都做不到毛病这么少，性能这么稳定，竞品 S6 与哈弗 H6 是同时出来的，刚开始三个月销量就达到 8 000 辆，接着到 10 000 辆，销售爬坡比长城还快，但是一年之后差别就出来了。

王世宏：听起来就一句话，性价比高。车的质量好，价格还低，为什么非得做出来、看到了、用上了才能感受到？生产的过程中如果预先得知产品好，成本不高，还有利润，为什么车厂不能预先判断？

邓晓峰：从两个角度看。这个市场里真正有两个参与者，合资厂和自主品牌厂。合资厂没有做出来主要是因为不想“自相残杀”，它所有的动作都是在打破自己原有的产品体系，所以它们一直不愿意这样做，原来有中级车、轿车这些体系，就不愿意把已有的基石挖掉。自主品牌面临的是能力问题，之前没有能力做到，但是随着时间的推移，自主品牌的能力越来越强。

王世宏：目前整车企业估值普遍偏低，是因为车型不确定性的问题给不了高估值，还是这个估值体现了市场存在比较大的偏见？

邓晓峰：汽车股的低估，从过去 5 年来看，主要是对行业认识的问题，过早担心行业见顶，进入红海，整个行业的利润会往下走。这个担心之前肯定是错了，10 年前大家就开始担心，那时港股市盈率低，A 股市盈率高，A 股市盈率从二三十倍降到五六倍时，港股市盈率就在 5 ～ 10 倍晃动，所以港股的回报率更高，因为没有

PE 压缩的过程。现在，港股和 A 股的 PE 都已经压缩了，主要看什么时候行业整体的利润开始进入缩小的阶段，我觉得这个过程整体可能还需要更多时间，现在还没到时候。

研究员： 过去高性价比的 SUV 车不是很多，现在各个车系越来越多，大家可能会采用价格战、促销，费用增加，这些长期高资本回报率的主流生产商有可能就会下去。毕竟汽车的竞争格局与空调没法比，空调就两家大的公司，汽车的车型迭代速度比空调快很多，这种竞争结构下产品的生命周期可能会短一些。这可能是压低估值的一个重要原因。

邓晓峰： 是。所以这个行业目前的竞争结构决定了它的竞争格局比家电行业差，参与者太多。

邱国鹭： 相比其他行业，这个行业的好处是需要工信部的审批，中国汽车产能的扩张相对比较有序。

研究员： 主要是行业的增速一直在，并且 SUV 渗透率的空间还存在，过去几年 SUV 渗透率的提升速度非常快，目前已有 40% 多，2017 年提升至 50% 左右可能就到天花板了。

邱国鹭： 我认为核心的是，三五年之后，汽车自主品牌的崛起，有可能会像小米、OPPO、vivo，到了一定程度后爆发。第一，合资不愿意生产很多价格在 10 万元到 15 万元区间内的产品，因为这样会打击自己的 25 万元或 30 万元的车。第二，车载电子设备要把价格降下来需要尝试一些新的供应商，而合资的供应链体系是不允许这样做的。第三，合资的审批流程很长，遇到一点小事情就要跑到美国总部、德国总部去审批，所以在采用新设备方面永远跟不上自主品牌企业。

邓晓峰： 从 SUV 以及新能源这个大的转换周期来看，整个合资体系反应太慢了，决策链条长。尤其是自主水平提高后，竞争对手变了，他们跟不上节奏。自主品牌发展的目标是不断往上打破价格天花板。如果不能打破价格天花板，这种公司就没有前途。因为社会的进步太快，其他自主品牌上来会把下面的利润池一个个都干掉，只有往上不断冲击合资品牌的价格带，把价格带捅破，用新的竞品去获得高利润。纵观全球汽车行业，利润主要是在豪华品牌，20 万元以下的车在一个成熟社会是很难赚钱的，大家赚的都是高端品牌的钱。

邱国鹭：丰田和本田在日本成长期间也获得了快速成长。而且丰田利润率长期高于宝马，宝马的利润大多数来自 3 系，而不是 7 系。真正高端车往往是入门级豪华车（轻奢品）容易放量，大概三四十万元，是个比较好的利润点，既有利润可赚又有量。另外，也取决于自身的供应链体系和流程管理，丰田发展好时净利率长期能够接近 10%，而宝马一直在 5% 左右。国内厂商学丰田、本田的制造工艺，开发的自主品牌的质量比其他要好。

王世宏：过去几年 A 股、H 股汽车股的市盈率、市净率都和地产股差不多，但是感觉汽车好像比地产稍微好一点儿?

邓晓峰：汽车好很多。这些公司的净现金非常多。另外，大家弄错的一个原因是，人力成本占比在中国特别低，美国当年被三大汽车工会搞得比较惨时，人力成本占比都能超过 10%。

邱国鹭：很多退休工人需要养。

邓晓峰：中国人力成本占比非常低，劳动生产率提高得非常快。在挑选好行业坏行业时，我过去采用一个指标，增加值是如何分配的。发达国家国民收入的分配一般是劳动者报酬（包含税收）占 2/3、资本占 1/3。看一家公司的人力成本占企业利润及交税比例，如果人力成本比例较低，那么生意模式相对好。如果人力成本比例很高，对投资来说，本身就是较差的生意。人力成本密集的行业，从长期看，资本的回报率相对较差。汽车和家电，生产率水平、人均创造的增加值很高，算是可以容忍劳动力成本上涨的行业。因为社会往前发展，中国的人均收入水平上升，人力成本提高是一个必然的过程。我自己看行业时，通常计算一下整个价值链的利益分配，先看人力成本、企业税收，然后再看未来空间是否大。如果公司人力成本占比特别高，说明对人力成本特别敏感，人力成本稍微涨一下，企业利润就没了。汽车行业的好处是，中国基本回避了德国、日本甚至美国的掣肘，一直保持着一个很低的人力成本结构。中国车企在利润好的时候，没有搞长期支付计划，最多只是当期多发奖金。美国车企一开始就和员工把未来几十年的条件谈好，成本刚性，不能适应行业成熟期的发展。这也是中国“资本家”比较“精明”的地方。

研究员：家电是个数据比较公开的行业，其他一些行业数据没有如此公开，该怎么办?

邓晓峰：只能找相关性、找背后的驱动力在哪里。最近和研究员讨论内容分发网络（CDN）行业，这个行业本质上是流量生意，从电信运营商那里买来带宽，然后用统计复用的方式卖给下游客户。现有业务结构的成本取决于电信带宽的价格，中国电信业带宽价格还有一个特点是地区差异较大，譬如上海 1GB 的价格和嘉兴 1GB 的价格可能差异巨大，这种节点本身成本上有差异化，存在可以套利的地方。很多下游用户并不是 24 小时在高带宽运转，不同时间段有不同带宽需求，如果不同时间段复用做得好，赚的是效率的钱。这个生意的收入增长来源于流量，如果要做统计，可以看一下每年流量的增速、电信运营商收入的增速，找电信运营商了解一下是否有指标可以跟踪。找关键指标时，有时候可能要花几个月甚至几年的时间，想不出来就先不想了，说不定哪天就豁然开朗了。

我个人的体会是，对行业的认识，可能要花一两年甚至更长的时间，一边研究一边慢慢培养感觉，某个时候会豁然开朗。看行业的基础资料，参加行业的研讨，听别人是怎么讲的，培养感觉，至于什么时候豁然开朗，急不得。

研究员：能否具体分享一两只过去成功投资的股票?

邓晓峰：我以前在公募期间赚钱多的其实是电力股，有一只股票，赚了二三十亿元。当时为什么会觉得这个生意很好？公司下属的一个水电站大约在 2002 年建成，2009 年准备注入上市公司。它是 135 万千瓦，投资 80 多亿元建成，当时我看公司报表突然变成总资产只有 40 亿元，银行贷款还有近 20 亿元，具体数据现在有些忘了。当时看到这个我就觉得很有意思，这个子公司运转这么多年，每年利润的百分之七八十分掉，最后变成总资产不断缩小。我估算了一下，到 2012 年左右时，子公司会把债务全部还完，成为一个没有负债的公司。想想这个生意，最开始 20% 的资本金、80% 的负债，10 年之后就没有负债了，不考虑分红，仅从投入资本的角度，至少可以赚 4 倍；如果总资产回报率很高，比如到 9%，目标只有 6%，那么可以赚 4 × 1.5=6 倍。水电这门生意很简单，只需计算几年把负债还完，本质是项目资源 + 杠杆的生意，但是高回报。

邱国鹭：这有资源独占性。

研究员：高杠杆赚利差。

邓晓峰：赚的就是杠杆的钱，尤其是如果这些项目在中后期进入，市场给价格的时候是按照 EPS 给价，不是按照 DCF 给价。前面几年培育的时候别人痛苦地承受，等到你进入时是直接享受 EPS 或者利润增长。这些生意确实是时间的朋友，就像茅台酒一样，越酿越香。当时这个水电站还不算一个特别优质的项目，都能发展如此好，当然后来是因为运气，它的上游修建了一个大水库，结果一年的发电量多了 10 亿度，按 1 度电 2 角钱计算，差不多多了 2 亿元收入。

研究员：公司 2014 年涨得很好，当时的催化剂是什么？

邓晓峰：主要是盈利增长，正好到盈利爆发的时候。如果按 DCF 计算早就应该出来，但是它的利润是那时候正好显示出来。

王世宏：这种生意如果系统性地做，就可以赚很多钱。所有的初期投资一个巨大的固定资产、产能利用率缓慢提升的生意，都有这个特征。前期投了很多钱，产能利用率低的时候涨一点，产能利用率升到 60% ～ 70% 的时候，有明显的盈利了，股价就开始涨，一直升到 100% 时，盈利到顶，股价也涨不动了。这种生意挺多的。

研究员：刚才邓总讲的电力和汽车都是当时市场给的估值特别低的行业，想问一下，您这边是否有 PE 高于 25 倍买入，然后获得较高投资收益的案例呢?

邓晓峰：行业的发展方向和商业模式比较重要。一定不要把绝对的市盈率高低作为投资的依据，这只是一个参考指标。我更喜欢从企业自身的价值创造和发展的角度来看。我在 2007 年左右买了一家金融 IT 公司的股票，当年它的市值是 15 亿元左右，买了 100 万股，总股本 1%，当时只是一个很简单的想法：它作为基金公司独占性的 IT 服务商。遗憾是卖得太早，牛市一来行业本身的成长超出了想象。买入股票时市盈率并不低。投资要向前看，尤其是当这个行业起来时本身拥有巨大的空间时。这种股票往往太早卖出去了，无法想象最后会成长成这样。

研究员：您平时管理基金，还能跟踪这么多行业，主要是因为这么多年积累下来的简化模型、关键指标，还是有其他什么好方法?

邓晓峰：如果真的看到好的行业、好的公司，就记录下来，隔段时间拿出来看一下。这是最有效的研究方法，让你过去投入的时间在未来有价值。特别是这些行业本身体量很大，又有一批不错的公司，这样总体上你就会有积累。即便这样，也是看不过来，所以还是希望大家一起努力去看很多公司比较好。

如果真的找到产业的方向有巨大空间，并且行业内优秀的公司已经跑出来，就不要轻易放弃对这些公司的跟踪和研究，即使当时没有买也不要紧，如果这些行业真正有发展、有空间，以后迟早会有机会的。其实很多行业发展的第一波我没把握住，没挣到钱。对我来说，许多行业发展第一波属于学习的阶段，这个阶段要看懂、想清楚，只要产业的发展还没有到顶，真正有空间的行业或者优秀企业一定会再次给你机会，而不是做完一轮就没有了。第一轮选出赛道来了，公司经过自然的发展也选出来了，这时候我希望能把握住。

做一级市场和二级市场最大的区别是：一级市场怕买不到，因为这个市场是私募市场，二级市场怕买错，根本不存在买不到的问题，只要你真正觉得有空间，随时都可以买。做二级市场千万不要担心机会一旦错过就再也赶不上而终身遗憾，根本没这回事。回过头分析，基本上所有的公司都会给你机会，只要这个行业、这家公司是有前景的，仍在发展的。**我做投资组合时，总体希望保持较高的胜率，整个组合里买的股票要保证赚钱的数量远远多于亏钱的数量，而且亏钱要尽量亏得比较少。万一错了，做好控制，这样长期下来回报会比较高。**

研究员：您刚才讲解了很多对于行业、公司的分析，能否谈谈您对股票市场的波动有什么看法和认识?

邓晓峰：市场既有效率也无效率，主动管理的投资人要利用这个市场，无效波动时发现价值，市场有效时实现价值。通过研究可以获得超额收益。

研究员：请您分享一下仓位比较重的持股里面持股时间最长的标的。在企业成长过程中，因为市场的原因或者企业自己的发展周期等原因会产生一些波动，这种波动什么情况下要把握，什么情况下不用考虑?

邓晓峰：早年管理组合时经验不多，也比较冲动，后来反思是有问题的。早期可能一发现某家公司很好，非常激动，一下子买很多，结果发现买多了、买早了。我目前的做法是保持跟踪的状态，觉得不错就保有基本的仓位。**发现基本面的驱动在之后半年、一年非常明显的时候再提高持仓比例，这可能是更好的做法。因为公司盈利或者基本面的驱动告诉市场，让它的价值被发现。总体上，希望我们能够先于市场发现机会，但如果领先太早会让人很煎熬。**

过去几年，投资银行股，很多时候就处于煎熬的状态，我是逐渐理解了银行的商业模式，觉得确实有机会，但市场很多时候因为这个行业过于复杂，天然给其折价，因为大多数人都不懂。在选择这种特别复杂、容易一拍脑袋就下有偏见的结论的目标时，需要更关心基本面的驱动何时更强劲。

消费品的投资总体还好，因为大家对这个行业的共识性比较强，所以做左侧或者反向相对比较容易，我们只需要观察到基本面稍微出现见底迹象的时候，可能就是投资很好的时候。但是有些行业，大家天然有负面看法，形成思维定式，我们需要在有效的信息更明显，让市场不断受到正面信息提醒的时候去做投资。

所有企业在发展过程中都有起伏，需要看是整体环境的变化还是企业自身的问题。如果是行业从成长期进入成熟期甚至衰退期，就必须要重新回顾基本假设，对企业的看法要调整，需要更多考虑商业模式问题。如果是企业自身的问题，看看为什么会发生变化，是根本的竞争力问题，还是经营层面的波动。经营层面的波动可以更宽容些。

研究员：冯总的投资方法和思路和您的出发点有较大差别。您是否可以点评一下？

邓晓峰：冯总总结得比我好。研究员和基金经理是有差异的，跨越往往很艰难。或者说，做一个优秀的基金经理和做一个普通的投资人差别很大，**好的基金经理都要有在市场生存的技能**。我很佩服冯总有一套很好的适应市场的技能，往往冯总买的东西已经让市场自身化解了风险，即便发生意外对他的投资损失也比较小，如果一旦成功，回报比较高。这是我从冯总那里学来的，还要多向冯总请教这一块。

我是另外一个路径，人都是路径依赖的。当时我开始真正管理组合时，管理的是社保基金，模式上是关注业绩基准，找行业和个股的阿尔法，一个一个行业慢慢来。高胜率、广覆盖、低损失。做的决策更多的话，我积累的超额收益会多些。哪个战场不利，我就先退出来，然后找其他战场。**我喜欢花比较多的时间去积累比较多的基本盘，然后在不同的时间段用不同的基本盘去适应市场，当然要做有增量的市场、有机会的市场。**

这是我根据自己的经验总结的一套方法，但其实每个人都有不同的路径。早年，组合管理和研究是体力活。2005 年刚开始管组合时，我把公司年报、基金的季报年报等资料全部都看一遍，既观察市场又观察行业，看多了之后就会对生意模式有感觉，对比不同生意回报率有图谱。但这个过程会把自己也弄得比较极端，太关注商业模式。TMT 的公司我为什么投的少？因为我看多了之后觉得生意模式很差，回报率不一定高。后来反思为什么会失掉这些机会，因为忽略了增长本身的机会，所有行业在发展、渗透率不断提高时也会涌现很多机会，这个时候，增长是主要因素，商业模式退到次要位置。现在对比过去，我会适当扩大范围。**总体上，是盈利增长驱动导向，从基本面去寻找机会。**

「本文为 2016 年 10 月高毅资产首席投资官邓晓峰和研究员团队的投研分享讨论会的部分纪要。」

13

如何做好投研选择题

▶ 冯柳 / 2017.01

冯柳：我是那种研究领域较窄，且对新事物学习速度较慢的人，而很多机会是藏在新东西里的，所以在研究支持方面，我希望研究员能多传递新的信息给我。平时我在独立研究方面花费时间比较少，主要是在市场已有的研究和结论基础上去做选择。

邱国鹭：可以讲讲你希望研究员怎么去做研究，或者你希望从研究员那里得到什么样的支持？

冯柳：因为我习惯做选择，能够在已有的范围内做出相对好的选择，所以我希望能够看到更多的东西，这样我能更好地进行选择。我不太擅长琢磨大方向的变化，这需要学习能力和对新东西的接受能力。这么多年，我很少独立做研究，因为不擅长，所以我从来都是做白马不做黑马。**通常我会把别人研究好的而我觉得有道理的东西全部列出来，然后从中挑选。**如果让我独立做研究，我很容易走偏，拘泥于一处走不出来。有时候你可能看到我有几处神来之笔，但也会看到我有一些股票的表现很差。实际上，表现好坏都与我无关，主要是运气。我在学习新事物和方向感方面没有优势，所以我最希望能像孙庆瑞那样对大方向有所把握。我思考能力、选择能力不错，但是学习和独立研究能力不足，所以这么多年来我花在研究上的精力较少，研究经验的分享我真的讲不出来。

邱国鹭：你对乳制品、博彩业、保健品的思考都算研究，你的研究效率其实很高。这怎么不算研究呢？

冯柳：这些都不算研究，而只能算选择。我会把所有的东西罗列出来，思考涨的理由是否可延展，跌的逻辑是否可被化解。2015 年底选择的那个标的，股价涨了一波后被业绩打下来，我觉得涨的逻辑还没有完全展开，而跌的逻辑在跌下来就可以消失，因此我是在做选择而不是做研究。

邱国鹭：这样很好！研究员们可以提供选择题给你，让你从 ABCD 中去勾选。

冯柳：我希望得到的研究支持不是结论，因为给了我结论反而让我不知道如何决策。我希望大家把所有的可能性，无论好坏都列给我，最好结合历史上涨跌的原因，然后我就知道如何选择。例如在大家都抛弃医药股的时候，我能够在医药股最底部时看多它，这种选择对我是很容易的，前提是要把好的坏的都罗列出来。我喜欢做关注度很高的股票，因为关注度高，我能知道大家在想什么；对于关注度低的股票，我不知道大家在想什么，因而无从进行选择。过去我自以为是的研究基本上都是错的，选择则基本上都是对的。

我希望知道在股票涨跌的时候市场在想什么，最好有一个进程图，这样我就知道如何选择。不是我看到了别人看不到的东西，而是我觉得是市场展现出一个逻辑，又展现出另一个逻辑，我会思考倾向于选择哪一个逻辑。**我们参与市场的时候，要听最强者的声音，尊重对手，跌的时候要听看空的人的声音，涨的时候听看多的人的声音。**市场是不断交替的，多的理由和空的理由都存在，市场演绎多的时候，要记住那里还有一个空的理由，当多方的理由不充分时，就选择加入空方。在这个过程中，没有我的研究见解，更多是我的猜测和选边。

这个世界没有真相，我们认为的真相往往是一种偏见或者说是一种阶段性的逻辑。这个世界太复杂，我们没有办法充分认知。我认为市场都是对的，关键是我们什么时候去选择相信什么。所以，我不进行研究，一般做选择。

研究员能把一家公司好的方面和坏的方面罗列给我，同时又有倾向性的观点，这样对我帮助更大，方便我更好地进行选择。**我最需要的是全面的呈现，当然最好是和过去股票波动结合起来的呈现，这样我能够去做选择。**我做这么多年股票，大部分的研究预测都没有实现，有些人奇怪，为什么我经常能在股价的最低区域去买，认为我的研究超越了市场，但其实并没有，我也是读别人的研究报告，只是我在合适的时间进行选择。我非常重视主导趋势的逻辑，在下跌的时候应该把所有看多的逻辑放在一边，全面理解看空的逻辑，当觉得看空的逻辑已经体现后，再去想看多的逻辑，过早思考看多的逻辑容易出现偏见。

另外我是高毅资产董事总经理孙庆瑞的粉丝，因为孙总的方向很对，**要站对大时代、大潮流，在鸡毛蒜皮里选择没有什么意义。**所以，我最希望得到孙总那样的支持，同时我还希望研究员能带给我全面的呈现，方便我进行选择。当然，我并不希望大家像我一样，因为我是散户出身，散户做研究往往是靠碰运气，你以为研究对了，其实赚的是运气的钱，运气不好就会很惨。因为散户的研究大多很片面，并且容易陷入偏见，所以我自己不怎么做研究。我发现这样的话越走路越窄，因而希望能加入团队合作，希望大家能够帮助我，像孙总一样帮我指明方向，研究员帮我呈现细节，然后我进行选择。

我之前是站在散户的立场不赞成过度依赖研究，但是后来听了邓晓峰、王世宏的研究后，感到很震撼，包括王世宏对地产股的研究，邓晓峰对电力、汽车股的研究。我觉得这是他们的很强的能力，拥有这种能力会很有底气。我是做长逻辑，所以持仓时间比较长，但是很多时候我自己不太有主意，却又时时刻刻在想别人的研究逻辑是否是对的。很多股票我自己不敢碰，因此错过了很多，虽然我知道可能会有机会，但没底气，总希望市场呈现出一种力量后再给我机会。但很多时候，等市场呈现了这种力量之后往往并不会给我机会，这样我就错过了很多，认为这种钱我是没法赚到的。

大部分时候市场多种逻辑交互出现，这种时候我们只需分辨什么逻辑可以延展、什么逻辑是可以等其自身消除然后再介入。但很多时候市场并不给外行机会，这个时候需要更透彻的研究。

不过我还是相信市场比个人有智慧，很多人否认这一点，因为他们看到过市场愚蠢的时候。但我认为，那根本不能称之为市场，那种时候市场的参与者变少，生态不丰满，被某些信息或情绪主导，使得它的参与者呈现出某一种特质的思维方式，这时候市场就不成为市场。当市场非市场化时，它是愚蠢的；但当市场是市场时，它一定超越我们大多数人的智慧。对那些高关注度、高参与度的股票，我们指望市场出错是非常困难的。从我自己的经历来看，我每次赚钱都是因为相信市场是对的，然后我进行选择，每次亏钱都是我以为我的研究让我看到了别人没看到的。

投资很重要的一个出发点是你看见了未来，同时相信你所看见的未来。但我不相信自己能看见未来，所以会更多地基于赔率。市场会展现多种逻辑，当一种逻辑被反映了，我选择相信没有被市场反映的逻辑。当然，我希望以后在大家的帮助下，能够更多地做研究。**你们有研究能力，可以这样去深入研究，但是研究完你们得问自己：为什么我的研究是对的，为什么不是偏见。**从我自身来讲，回顾我这么多年的研究，发现大部分都是偏见。

邓晓峰：为什么我们要看业绩基准？根据过去的教训，我发现人存在很多偏见。我们做研究或投资时如何克服偏见？国外通常会看与业绩基准的偏差，分析哪些做对、哪些做错、哪些是超额收益、哪些不是超额收益，我们也应该借鉴这种做法。每个人需要隔一段时间去检验对错，把市场实际发生的与你所假设的比照检验，分析你的回报率来自哪里。传统上，归因分析通常是罗列出所有的行业配置，看在各个行业上的配置权重是否超配、低配，存在正贡献还是负贡献。这样的做法能让你在更广的图谱上了解市场，认识自己对错的原因，分析需要加强完善的地方。

我们需要阶段性地分析或回顾这个市场发生的事情，做全市场的回顾可以帮助自己发现盲点和偏见，这个过程是不断提醒的过程。过去做组合投资的经验让我觉得，根据业绩基准去评判基金经理能力是有依据的。随着经济发展的不断变化，市场的业绩基准也在不断变化。我们至少半年需要做一次回顾，分析哪些是大家认识不充分、哪些是自己没有关注或理解的变化。

A 股在有些方面特别有效率，大家对概念的接受程度比其他所有市场都快，也反映了市场对资源的配置能力和调动能力很快。因为上市公司天然地比非上市公司拥有更多的优势，它们能够通过融资重新配置资源。第一轮所有人扑进去，赛道基本就出来了。在股票第一波涨的时候我们可能还不清楚具体发生了什么，而待事情发生一两年之后，如果行业出现大发展，我们更容易把握。第一轮错过了没关系，但我们要学习、反思并总结，去把握第二轮机会。中国的资本市场已经把一级市场的很多做法吸收进来，有很多人擅长做第一轮这些概念性的东西，可能他们自身具备这样的优势，但是对于我个人而言，参与第一轮可能有心理障碍，那就不妨参与第二轮，只要事情真的能成，机会还是会给大家的。所以，当有新东西出来时，大家需要互相提醒、互相学习。这个过程也会比较有意思，不会在过去的知识框架里不断重复。

归根结底，市场有些时候很有效，有些时候很没效率，与基金经理的认知偏差、投资者结构等都有关系。大家与市场多接触，了解市场、了解自身，总体上使自己处于一种更清醒的状态。做研究，了解更多一定是好事情，正如冯总所说，我们需要知道市场是什么样子，刚才冯总简单的总结里蕴含着深刻的智慧，值得大家借鉴。我觉得在中国市场做投资，比在发达市场更容易创造超额收益，因为我们的市场不成熟的投资者比例更高，过程会放大。我们需要思考清楚自己的定位，不同人在不同阶段做出最适合投资的选择，这是基金经理顺应市场的生存技能，也是与研究不同的地方。

研究员：冯总，您看到市场的主逻辑造成了某种趋势的发展，请问如何判断主逻辑到了尾声？

冯柳：所有的研究报告里都有说明看多的逻辑和目标价，参照这些分析师推演的逻辑和力度来进行选择。把长逻辑和中逻辑分别罗列出来，尽可能地选择长逻辑，当中逻辑已经被体现，我就进场等待长逻辑，做长线。这其中存在的问题是机会少，而市场未必给你机会，因此我不能轻易卖股票。一直握着钱可能就会被市场淘汰，这个时候我会选择有持有价值的股票。

我不在意是否有低估、是否有成长，因为成长很难判断其持续性。我在乎是否具备持有价值，是否长期屹立不倒，至少能够抗通胀。选择持有具有价值的股票可以帮我应对找不到有机会的股票的困境，因为长期拿着现金肯定亏，长期来看股权肯定赚钱，毕竟人类社会要发展，资本就必然会获得回报。所以，永远要有仓位，选择相对更好的机会，做时间的朋友，至少不能是敌人。

所有的涨跌逻辑都是阶段性的，冲着涨的逻辑进入，必然会有逻辑消失的时候。如果没有新的机会，卖掉就只能持有现金，但是持有现金就违背了一个大逻辑，即超长期来看股权一定跑赢现金，所以我要选择具有价值的股票。当它们有涨的逻辑时我持有，当它们没有涨的逻辑时我去找下一个有逻辑的，如果找不到，我就继续持有原来的那只。

研究员：冯总非常敬佩孙总把握大方向的能力，请教孙总是如何把握大方向的？

孙庆瑞：过去这么多年我一直是比较粗放地思考，**出发点是思考需求的满足程度到了什么水平**。每个时间点我都选择成长行业，包括2007年之前的周期股，2008年市场下跌之后的西部水泥，2009年之后全部转向消费行业。这是我过去所有逻辑的出发点，以需求端为引导。根据需求是否满足及满足程度的多少去进行选择，至于需求什么时候爆发我并不确定，我只是认为它应该会爆发，之后具体选择什么公司，就交给我们的研究员。

例如，2012年转向传媒，是因为传媒行业在移动端、智能手机开始普及，娱乐的满足程度在吃穿用住行中相对最低，基于这两点选择了一批传媒公司。2017年我之所以非常坚定地选环保，是因为我思考当所有人的一般需求都基本满足时，环保是最没有得到满足而又最迫切需要得到提升的，例如空气、水的质量。但我这个思考程度是很粗放的，因为我无法确定爆发的时间点。不过这也没关系，只要在强需求拉动下，不管行业处于什么状态、生意模式是否好，即便短期可能缺少机会，我相信之后某个时点一定会有机会。

生意模式好不好也不重要，因为只有等到发展成熟后再反过来证明其好坏，但在企业规模小又面临强需求爆发时，所有模式都是好的。根据这个选择标的风险不太大，只需要挑选行业里最好的公司就行。但是我也面临较大的挑战，过去在公募也不在意回撤，所以拿住了等它爆发就好。现在私募在意回撤和业绩表现，我会更顾虑什么时候爆发，是否会对收益率有拉低。

邱国鹭：孙总的分享特别好！研究员们可以看看各自覆盖的行业里是否存在还未满足的强需求，虽然不知道什么时间能够实现，但只要有痛点，总有人能够思考出解决方案使其得到满足。而且 A 股上市公司很能折腾，只要有机会，它们总能够折腾出来。

冯柳：孙总目前除了环保，还关注哪些行业？不看好消费品和医药？

孙庆瑞：就行业整体而言，站在这个时点不太看好消费、医药。最终消费就是个人或者政府采购，企业采购最终也是为了个人，所以我觉得站在政府端和个人端能够思考得更清楚。站在这个时间点，消费只有单品爆发的阿尔法机会，整个行业已经没有太多的成长性，去看看大行业下的各个细分类，更多可能是结构性的成长机会。当然医药行业会比食品饮料行业好一点。总体而言，我会更关注总量，当然在各个行业下也会看更细分的子类，发现结构化的机会。

王世宏：历史上每次市场见大底的时候，我们都可以找到许多好的投资机会。如果我们不知道是否已经见底了，这时候做出了选择可能是错的。这样的情形怎么办？

冯柳：抄底是为弥补研究能力的不足，所以希望在最负面的情境下进场。但是，抄底必须是站在最强者的逻辑上，把最悲观的逻辑列出来，当觉得最悲观的逻辑成立也不怕时，才可以去抄。用下跌的逻辑来证明跌不动，千万不能在下跌时通过对上涨空间的论证来证明跌不动，而是本身跌不动才可能有后期的上涨。我们的行为是站在了市场的对立面，但心要顺应市场、要理解它，把注意力放在现有趋势的主导逻辑上，放在最强者身上，这是对对手的尊重。

「本文为 2017 年 1 月高毅资产董事总经理冯柳与研究员团队做投研分享讨论的部分纪要。」

14

价值投资的优势和企业成长的力量

▶ 邱国鹭 / 2016.05

很多人都在说，最近“价值投资的春天”来了，从 5 178 点到现在，市场下跌了 40%，但是有很多价值股，涨了接近 50%。为什么会有这样大的分化呢？这其实就是体现了价值投资的力量。

价值投资的力量

价值投资的力量来自两个方面：

◎ 第一，来自低估。即使是在 5 178 点的时候，我们也看到市场上仍有一批股票的价值没有被充分体现。最典型的就是白酒和家电，基本上是过去两年表现最好的板块。

◎ 第二，来自我们所投资的这些公司本身要具有不断创造价值的能力。

HARD THINGS IN INVESTMENT

不简单的投资

我们做价值投资，把时间拉长，总是赚两方面的钱：一方面赚的是企业被低估的钱，这个是市场过度悲观、市场情绪化定价所带来的机会。另一方面赚的是企业成长的钱，是管理团队不断为股东创造的价值、创造的新收益。

过去这一年，我们看到很多价值股在不断地上涨，也不断地创新高，越来越多的人开始觉得想要抱团。我们一直在说一句话：弱水三千只取一瓢。5 年前我还在公募基金的时候曾经做过一个研究，把 A 股当时 2 000 多只股票做了系统地梳理，然后把其中最有竞争力的 30 只股票挑出来，取名叫“优势 30”。大家可以说它们是蓝筹股、白马股，生意也不复杂，但是过去 5 年累计的收益是非常惊人的。这也体现了价值投资随着时间的推移，优质的公司能够不断地创造新的价值。但是，**站在今天这个时点，越来越多的人开始号称他是价值投资者，越来越多的人觉得一定得买这些行业龙头。这时候，我们反而要退一步，做一点冷静的思考。**

2015 年，有很多价值低估的钱其实已经被赚完了。典型的如许多白酒，原来是十三四倍的估值，到现在 25 倍的估值，基本合理了。往后再看三年，你必须要依靠企业成长的力量。这并不代表我们要放弃价值投资转向成长投资，其实价值和成长一直是投资这枚硬币的两个方面。我在 2014 年曾经出过一本书《投资中最简单的事》，其中有一章是“便宜是硬道理”。为什么当时我们一直强调便宜是硬道理呢？因为当时有一批股票确实非常便宜，而且它的便宜是一种叫作“不需要成长”的便宜，就是相对于它现在的存量本身就很便宜了。回头看，在 2012 年、2013 年，当时有一批股票其实也就是三四倍的市盈率，即使没有成长，公司仅维持存量的现金流、存量的利润、存量的资产，以及存量的品牌、产品、渠道，这也是一个非常低的估值。对这些行业龙头，市场当时非常悲观。但是今天情况已经有所改变了。我们依然强调估值、品质、时机是投资的三要素，时机这个东西，我认为 95% 的人是没法把握的。来看估值，今天要在 A 股市场中寻找到特别低估的股票，比起 2012 年、2013 年、2014 年，甚至比起 2015 年 5 178 点的时候都更难。为什么呢？因为很多优秀公司的价值已经被市场认识到了。

为什么我们今天要开始看企业成长的力量

目前，市场对于中国宏观经济有很大分歧，部分投资者对中国的经济还是比较悲观的。**从 2011 年到 2015 年，中国经济经历了 5 年的休整，从 2016 年年中开始，我们看到用电量开始加速，到下半年 PPI 指数在 4 年的负增长之后突然转正，这是**

一系列值得我们关注的信号。当然许多投资者也争论，宏观经济到底是反弹还是反转。我认为中国经济是一个航空母舰，一般来讲要么趋势不发生转变，一旦趋势转变的话不会在短时间内又反转回去，这是不符合经济规律的。所以，我们做投资很多时候需要一些对经济的把握，但更多的时候其实需要的只是一些常识。

之前有一批我们很喜欢的 A 股上市公司，但是它们的估值已经慢慢趋于合理。所以为什么我们现在更多到港股、美股去投资，这是很自然的，我们要以最低的价格买到最优质的公司。就像港股，有一家公司，当时买的时候 300 多亿元的市值，2016 年业绩增长 50%，今年还增长 50%，明年能够增长 30% 以上。这个股票在买的时候如果按照 2017 年的估值大概是 3.5 倍市盈率。虽然这个行业并不好，是一个竞争比较激烈的行业，但我们要赚的是这家企业的成长带来的价值。**在 2012 年到 2015 年下半年，我们都可以找到市场错杀的机会，因为有时候大家在炒各种新兴产业，各种转型成电影的、转型成手游的、转型成虚拟现实和人工智能的公司，总是会有许多的伪成长和伪价值投资者。**但在今天，我们看到又有一批新的蓝筹在成长。有些传统的蓝筹也不错，我不认为它们是高估的，它们的估值是合理的，如果投资，我认为还是能够有一个不错的收益，能比债券要好，也能比很多讲故事的、炒概念的股票要好。

今天我们更关注的是一些新的机会，比如物流、安防等行业。这些行业有很多投资标的其实不在 A 股，可能在海外。比如 A 股有很多物流公司，其实估值都挺贵的，虽然行业增长很快，每年增速 50%，但是我们觉得找不到特别好的投资标的，但海外有可能有。

今天，A 股市场不见得有那种特别便宜的股票。市场在 5 178 点时还有一小部分股票是严重低估的，但是在今天大部分股票即使被低估，低估的程度也不是特别多。也有很多人说你为什么不赚波段的钱，因为 A 股也有很多概念和各种主题，但是我们觉得作为一个投资人，还是要有一些社会责任。为什么说市场以价值投资为导向会更好，因为它其实是一个指挥棒，这是给企业家一个信号，资本市场的定价应该是企业家的向导，应该是让这些真正把生意做大做强的企业享受大的市值。如果投资者只是做投机、炒作的事情，会有很多企业家觉得，只需要做市值管理，只需要做并购重组，只需要转型和某个新鲜的概念搭边即可，那么长远来看，整个实体经济就越来越差，市场就不会有价值投资的土壤。

为什么很多人说现在是“价值投资的春天”？第一大原因是有一批非常优质的龙头企业，就像我们 5 年前找的“优势 30”。为什么 5 年前能够找到这些企业，首先是因为商业模式特别好。比如白酒，成本可能 50 元，售价却可能达 500 元。这就是商业模式特别好，然后消费者又有黏性，如果换一个品牌的酒，消费者可能就不习惯。其次是行业格局清晰。比如家电，像白色家电中的空调，其实是个简单的制造业，但为什么它们的净利润率很容易做到 10%，销售很容易做到 1 000 亿元，因为它的行业格局好，中国 14 亿人，两家龙头公司占 60% 的市场份额，而且它们的竞争力让它们不只是中国的第一名，将来还会成为世界的第一名。将来在制造业这个领域，包括家电、手机，甚至汽车，我们会看到自主品牌的崛起，这是中国产业升级到达一定水平之后的必然结果，这些就是格局。当然，汽车行业的格局还不够好，只能够赚我们叫作“窗口期”的钱，本身行业模式也不够好。但是 2015 年以来很多自主品牌汽车的股票涨得很好，因为它到了一个爆发期，就像过去 5 年中国的电子行业。其实传统的电子制造业不是一个具有好商业模式的行业，你要先投一大笔钱建厂房、买设备，最后去竞标，如果苹果不把订单给你，你所有的资本投资就打水漂了，即便你拿到这个订单，可能只做了三五年之后又要换新的材料、新的技术了。所以很多电子公司是以产业转移、技术进步、进口来替代这种爆发式的订单增长，这就是一个行业格局。

HARD THINGS IN INVESTMENT

不简单的投资

大家在讲“价值投资的春天”，其实也是中国的消费升级和产业升级达到一定水平之后，行业龙头获得了更多定价权，行业的格局变好了，技术水平提高了，这个是最重要的，这是“价值投资的春天”到来的第一大原因。

第二大原因是有一批很优秀的投资人。中国基金业经过20年的成长，确实有一批很优秀的价值投资人成长起来。高毅资产现在已经有5个基金经理拿过金牛奖，累计拿过14个金牛奖，包括3个五年期金牛奖和2个十年期金牛奖（见表14-1）。其实在中国是非常缺乏长期投资者的，即使像保险公司，寿险的保单可能久期是二三十年，但他们的投资也一样是一两年的维度，所以真正的长期投资人只有社保。但是我们在过去一年多，发现越来越多的投资人愿意锁定投资期限，我们也拿了很多大的委托资金，他们愿意锁定三年、五年。最近我们也有锁定八年的投资者，二级市场的产品锁定八年，基本上超过普通的PE公司了。过去一两年，我们发现，这些投资者很多都是大的家族或者大的企业，他们真的是以做企业的眼光来做投资。

表14-1　　　　高毅资产团队曾获金牛奖统计

期限	数量（座）
一年期金牛奖	5
三年期金牛奖	4
五年期金牛奖	3
十年期金牛奖	2
合计	14

数据来源：《中国证券报》金牛奖评选结果，截至2017年4月。

所以到了今天，价值投资，再加上有很多合格的境外机构投资者（QFII）的资金也进来，A股的市场其实正在发生结构性的变化。**从投资标的、投资管理人，再到客户，这三个元素都在转向价值投资的发展，也正是因为这三个元素的变化，所以被低估的股票越来越少。**

从2012年到2015年下半年，我们发现有一批很好、很优质的股票被低估得很厉害，但是今天仅靠寻找这些优质资产被低估的股票是不够的，具有优质资产的好股票其实价格都已经是合理的，你必须要找到能够创造增量价值的股票。这也是我们今天强调企业成长的力量的原因。当然在香港市场还有很多存量资产是被低估的。我们曾经买过150亿元的地产股，当时该企业在一二线城市有3 000万平方米的土地存量，在上海和北京就有300万平方米，整家公司在2016年卖了1 000多亿元的房子，2017年销售目标2 000多亿元。所以港股我们就拿存量低估的汽车和地产，不同的市场有不同的结构。但是在今天的A股，因为又有一批抱团取暖的投资者来投，我觉得其实今天这些股票的估值是合理的。

HARD THINGS IN INVESTMENT

不简单的投资

我们更需要的是找那些长远来看能够创造价值的企业，而不能够只是简单的因为什么热就买什么。有一批人觉得最近价值投资热他就买价值股，我认为这些人最终是挣不到钱的。只有静下心来把产业、公司研究透了，真正弄明白这些公司三年后、五年后会是什么样子，才是我们的目标。

「本文为高毅资产董事长邱国鹭2016年5月在《中国证券报》第八届“中国私募金牛奖”颁奖典礼上的演讲实录。高毅资产旗下邱国鹭和冯柳均获得2016年度“股票策略金牛私募投资经理”奖。目前高毅资产旗下有5位曾获“金牛奖”的基金经理，团队合计获得14座金牛奖。」

15

5 178 一周年思考

▶ 邱国鹭 / 2016.06

从上证指数创出 5 178 点的高点后开始下跌，到现在已经一年了，期间市场跌宕起伏，经历了多次千股跌停，我觉得如果要谈什么思考的话，其实也就是老生常谈的几个常识。

第一，安全边际的重要性。市场风云变幻，难以提前预测，总是有各种各样的黑天鹅事件在你觉得最不可能发生的时候发生，所以在买入时注重安全边际，在买入后以不变应万变，是很重要的。安全边际一是来自低估值，二是来自坚实的基本面，二者相辅相成。如果有安全边际，即使最坏的情况发生，你也会发现买的东西还是很抗跌的。

第二，杠杆是把双刃剑。长期来看，杠杆的存在本身并不能使指数涨得更高，它只是增加了双向的波动性。杠杆还会导致即使是一些正确的策略，因为无法承担过程的剧烈波动，而导致被中途洗牌出局。最典型的是 1998 年的长期资本（LTCM），他们的组合在公司破产清算后的几个季度内又创出了历史新高。2015 年是中国第一次真正意义上有杠杆的牛市，因此有些人会第一次真正体会到双刃剑的痛苦。

第三，流动性本身是流动的。华尔街有句谚语：“流动性是个小人，总是在你最需要它的时候消失。”在这一次连续三轮的快速下跌中，这一点也体现得比较充分。从顶峰每天两万亿元的成交量萎缩到最近 3 000 亿元，加上期间有多次千股跌停，很多投资者买的时候不费吹灰之力，卖的时候却发现根本卖不出去。因此，投资对于流动性的变化要有充分的考量，长期投资对流动性的依赖就要小得多。

第四，底是圆的，顶是尖的，因此风险控制必须是无时无刻的。为什么说“顶是尖的”？因为高杠杆的市场一旦下跌，免不了会出现踩踏事件，容易形成“尖顶”。很多人抱着侥幸心理，希望牛市的时候不管风控，先参与炒作赚把快钱，等熊市的时候再来做风控，但在这种尖顶加上流动性的突然萎缩的情况下是很难实现这种风控转变的。风险控制本来就应该是投资的固有部分，必须是无时无刻的。

第五，树不可能长到天上。对股票的炒作只能支撑股价一时，只有基本面的良性发展，才能长久地支撑股价上涨。就像有句话说的，你可能骗一部分人一辈子，也可能骗所有人一阵子，但你不可能骗所有人一辈子。大多数所谓“新概念”最终证明只是概念而已，所谓的“新估值体系”不过是为了吸引人们去接盘那些传统估值体系下已经是超高估值的股票罢了。在 2015 年二季度很流行的一个段子是“你可以变得更聪明，或者你可以变得更有钱”，仿佛只有群体性地放弃理性思考、随波逐流才能挣钱。这种击鼓传花的“博傻”游戏一般玩不长，音乐总有停止的时候。

第六，个股选择才是王道。虽然最近很多人总结经验，说熊市就该空仓，5 000 点就该逃顶，但其实，把时间维度拉长来看，以 10 年为期，真正做得好的基金经理很少是依靠择时的。为什么呢？因为事前谁能够真正知道什么时候市场见顶、什么时候熊市来袭呢？谁又能事前预测上涨和下跌呢？如果有这样的人，那么做股指期货就行了，做什么股票呢？长期来看，个股选择才是王道。例如最近，家电、白酒、食品饮料中的部分低估值、基本面好的股票在市场 2 800 点时创出股价历史新高就是很好的例证。

第七，不管科学技术如何进步，人性的贪婪和恐惧都是不变的。尽管 2015 年上半年的大牛市中有新产业、新股民、新媒体、新杠杆等的共同作用，但是最后股价的运行轨迹却与历史上的多次股市泡沫的产生和破灭非常相似。所以说，做投资，经验是无法替代的。过去 12 个月的市场巨幅震荡，那些经历过 2000 年互联网泡沫破灭和 2008 年全球金融危机的市场老手们更能够应对自如。

每一次市场大跌来袭，人们总是觉得它是史无前例、百年一遇的，但其实在资本市场的波动中，每隔几年或十几年都必然要来一次这样的洗礼。做投资必须要居安思危，才能够以不变应万变，在各种恶劣环境中都生存下来。对于职业投资人来说，决定其长期回报率的，并不是他的股票在牛市中能够涨多少，而是他在熊市中的表现。

以上是我在 5 178 点一周年之际的几点思考，没有任何新东西，都是些老生常谈的常识。市场不管如何变化，投资都离不开常识，离不开市场运行的内在规律。

「本文为 2016 年 6 月邱国鹭为新华网专栏撰稿。」

16

股票研究的断舍离

▶ 冯柳 / 2015.05

研究有边际效益问题，要找效益大的地方投入，不同阶段有不同的研究要求，大部分时候只要同步于市场进行理解就可以了。但被市场多频次演绎后，就得在市场认识的基础上进行超越，要与市场比深度和远度，极端共识区域就得尽量找市场认识的相反点，要与市场比角度。这几个层次的难度是递进的，所以要有阶段认识能力相辅助才容易进行。

各方面都完美的系统是不可能长期存在的，放弃效率和短期安全的系统往往才会是长期安全和可重复的。这不太符合人性，也就保证了系统的独特和有效性，也有利于将精力放在长期要素和战略点的思考上。

研究有三个着力点：

◎ 产品研究，可以帮助理解生意模式和估值模式；

◎ 格局研究，可以帮助理解发展路径和可把握程度；

◎ 股价阶段分析，可以帮助解决视角力度以及预期的程度理解。

阶段分析能解决赔率分布问题，基本面研究可以解决空间、方向和信心问题，阶段认识是相对次要的辅助工具，不能夸大但也不能没有。

守正出奇求变，研究上的“正”就是逻辑风格，这点要稳定，不能功利性地变来变去。但视角要灵活，这是“奇”，要不停地转换视角去看待问题。另外，还要有挖掘变化的能力，这是超额收益的来源。

尽量寻找虚实结合的标的，“实”是落脚点和确定性，绝不能错；“虚”是展望、臆想，也是大利润的来源。“求变”就是这个意思，既然是变化中的，自然不能太追求准确，对了是命好，错了就罢了，所以要严肃活泼地进行研究，严谨地寻找确定性，也要敢于不那么严谨地拥抱不确定性，冲它而来，但别为它过分支付。

涨跌都能令人坚定的才是好标的。跌，会令实的更实，因为价钱便宜了；涨，会令虚处显得确定，因为得到市场的确认和佐证了。这就是虚实结合带来的效果，如果涨几十个点就让人有想卖的感觉，那就说明虚处不足，就不太可能是好选择，最后也许连那几十个点也不容易挣到。反过来也是一样，跌了不敢重仓就说明实处不够，要多检讨自己对确定性的把握能力。一般来说，长牛好票都是能持续化虚为实、以实展虚，且不断良性循环的。

研究时应先把前提定好，是战略考虑还是战术选择。如果是战略考虑，那就不要去管什么价格包含或预期差；如果是战术动作，就应对市场进行分析，着重于市场理解。战术战略一致性的机会实现起来会更简单轻松。战略决定期要以企业质量为先，非战略决定期要以市场的预期包含程度为先。

最好在跌的时候做研究，即便是上升过程，也尽量选择回调的时候做研究。不是从操作角度，而是从冷静客观和时间从容出发，负面情绪下得出的乐观判断比正面情绪下得出的乐观判断要更准确、也更谨慎。信息的价值与被市场演绎的频次呈负相关，但不能以市场是否都知道该信息来衡量其有效性。只要未对其进行恰当的演绎，则该信息是否广为人知并不重要，毕竟会有很多因素压抑市场对信息的体现和理解。反之，即便是市场完全未知的信息，如果股价已经演绎过了，其价值仍旧要相应地给予折扣。

顶底两端是最重要范畴，这点清楚了才会有方向感，所以要对各重要阶段的顶底进行标注，找出当时对应的基本面和估值体系，然后将其与当下对比，找出不同和相同的地方，建立基本面坐标体系，这样可以有参照，就容易有方向感，这需要对基本面和整个估值体系及逻辑和市场心理进行理解。顶底是一个范围，这个范围可以很宽，不能用一个数量来界定，关键要看在逻辑风格中是否可逆。

不同投资周期的研究要求也是不同的，长线落脚点是事实与可能性，中线落脚点是预期与市场的匹配，短线落脚点是情绪及信息扰动，这三点经常会不统一，但有时会相通，只是呈现方式与周期性不同。

市场在不断变化，企业也在不断变化，变化是常态，所以任何时候都要多方向地反复审视，对世界有敬畏心，这个敬畏就是要认识到事物总是在不断变化和出现意外的，所以要尽量让自己处于有保护的状态，尽量多的假设极端情况下的可靠性。

17

市场的不可知与可知

▶ 冯柳 / 2014.06

赣江汇： 您虽然未在专业投资机构工作过，但已经有相对成熟的投资思想和理念，是如何做到的？

冯柳： 我在 1999 年大学毕业后做了几年销售工作，因为不太喜欢当时的工作就一直有辞职转行的想法，2000 年听朋友谈起股票时就留了点儿意，后来在书店看到《证券分析》，无意中接触到了价值经典，也以此开始了理论入门。因为在小地方工作，没有证券公司可以开户，就读了 3 年的书本，2003 年到广东时才办的开户手续，不久就成为职业股民了。现在回过头来看，当时让自己苦恼的事其实是种幸运，因为没有在无知与准备不足时进入市场。

赣江汇： 您从《证券分析》入手，因此奠定了价值投资理念的基础。

冯柳： 看这本书是个偶然，但接受价值理念应该是必然，因为之前一直喜欢看企业经营管理方面的书，也看了很多企业家传记和各种案例，所以价值投资方面的书比较容易引发我持续学习的热情。恰逢 2003 年到 2006 年期间也是 A 股价值投资的黄金时期，只要稍微学习过价值理念，都可以在当时获得比较好的回报，在正反馈的刺激下自然会强化对这种理念的信仰。

赣江汇：那时您就开始重仓消费品股票，特别是白酒拿过很多年。

冯柳：我的涉猎面比较窄，主要关注身边能接触到的行业，因为散户有天然的信息劣势，不太可能脱离自己的生活建立能力圈，所以主要是在消费品、医药和零售里。特别是对于消费品这样的行业，由于不太存在突发的长效决定信息，不会像别的行业那样容易被订单、政策或上下游情况左右，即便是公司高管也不总能知道某项经营措施的有效性和下一季的收入发展，这就能让我们处于相对公平的信息环境中。

赣江汇：消费品公司大家都很熟悉，您如何建立自己研究和理解的相对优势？

冯柳：一方面，持续研究会有积累，看了很多经营管理和企业案例方面的书，对企业的经营发展就能有大概的认识，只不过看谁的认识和理解更透彻。另一方面，要从市场中寻找帮助，建立一个比较好的行为认知习惯。

当然，行为认知习惯是由反馈模式造成的，就拿持股周期和耐心来说，如果你找一个最活跃的投机者来许诺其锁定资金后的惊人回报，相信不太有人会拒绝，这就是认知反馈带来的改变。但市场的涨跌和企业经营进程不是均匀分布的，而我们的认知模式容易均匀化，这就容易造成反馈偏差，所以要建立认识和反馈的对应系统。比如你是做价值投资的，那么你的反馈源就必须放到企业中去，从企业拥有者的角度、从经营层面对你的认识进行反馈。如果你是以市场回报进行反馈的，那就必须拥有对市场的认识能力。

这两方面各有利弊，前者的特点是相对简单，主要由企业的长期发展和资本的合理回报决定。后者的特点是机会增多、幻觉也增多，且需要在前者的基础上进行，难度更大，需对接两个系统，属于升级阶段，毕竟先有价值然后才有价值交换的场所。市场是价值基础上的衍生物，是价值通过人性的映射，它由价值决定，但又比价值复杂。所以对市场的认识必须在这个前提下进行，把两种反馈源协调起来，否则容易造成反馈错乱，从而影响自己的认识。

当然，如果你认为这样太难，为了避免混乱，只以企业拥有者的态度进行反馈也可以。这样会简单很多，但是也容易陷入主观，失去了市场提供给你的帮助。很多人说巴菲特不关注或蔑视市场，但我认为他只是不太关注常态市场。你看他在极端市场时比谁都兴奋和敏锐，很多人只看到他对市场的讥讽，却没有意识到这种讥讽出现的时点，本身就是关注与利用的结果。

赣江汇：您说的常态市场如何定义？

冯柳：市场是个生态系统，常态是多维并存和多维制约，各维正态分布且相互制约，这个制约的随机偶然性导致了常态市场的不可知。这期间我们很难利用市场，只能以价值投资为主线，去参与并对该阶段市场进程做到事后理解，以便未来形成连贯认知。

那市场可知状态是什么阶段呢？很简单，就是维度向两端扩散，相互间的制约关系弱化。这会形成阶段性行情的明朗，但也往往意味着市场进入非常态构造区间，它不是一个精确时点和绝对可知的概念，而是一个过程，长度由确定性的被认知显形速度决定，同时显形速度推动确定性进一步被认知加强，直到过分的升维降维同时进行，形成共振。比如大家都知道贵了，但高维的认为，长期因素的明朗足以修复价格的高昂，忽视了这种明朗是市场演化尾声带来的错觉性加强；低维的认为，短期能涨就行了，忽视了个体逻辑不适用于整体的悖论状态。而正态分布的中间维则迅速萎缩，维度制约消失，市场也就完成极限构造进入可利用阶段。当然这些判断的关键还是在于维度确定性是否被错觉性加强，这就需要对基本面的把握，同时借助图形长期结构的演变来帮助理解。

我们再以钟摆为例，任意给你一张钟摆截图，你是无法判断它下一步摆向的，但如果给的是极限位置的图，你就能很轻易地判断出它未来的方向。当然，这个极限位置需要你对该钟情况的了解，也就是它的基本面能支持它摆动到哪里，市场只是在此基础上掺杂了更多不同维度的摆动使得呈现了更复杂的结构，但基本原理是一样的。

所以我们不能简单地得出市场是不可知或可知的结论，关键要看它处于什么样的位置结构，同时对应的是何种基本面和估值情况。顶底的构造区间一定是简单可认知的，这与我之前所说的格雷厄姆的安全边际是极限概念而非低估概念是一个道理。没有什么比清算更极限，而极限往往是简单确定可认知的，这才是信心和赔率的来源，市场认识和价值认识的方法其实是相通的。

赣江汇：对钟摆方向的判断是否就是所谓的最小阻力的概念？

冯柳：最小阻力概念其实是市场在不同阶段的衔接过程，维度制约的随机偶然及复杂性导致了市场的不可知，而某些维度的强化或其他维度的弱化就会构成行情的明朗，也就是最小阻力出现，就会形成一个感官上最直接和确定性的行情阶段。这个期间一般不长，大部分时候会进入另一个维度制约期，如果支持它的因素强化或弱化到了绝对阶段，无法进入新的常态制约状态，市场就容易呈现极限构造特点。

赣江汇：您当时写了一篇文章《对茅台的冷思考》，您是如何精准地判断茅台零售价 2 000 多元是个极值，是不是凭常识？

冯柳：不完全是常识，我卖出白酒后写过两次相关内容，一次是 2011 年底从经营层面上认为零售价有可能见顶，另一次是 2012 年底从股票层面上谈。其实都借助了市场层面的帮助，利用市场来修正自己的思考侧重点。如果仅从基本面角度是不太容易在那个时点得出判断的，当然，任何时候你都可以有多向判断，毕竟多方向信息总是同时矛盾呈现的，恰当的判断还是需要理解的侧重与立足转换来完成。2011 年底茅台零售价 2 000 多元时，我跟一位白酒经销商聊，他说茅台零售价会涨到 5 000 元。现在看这是个笑话，但当时不是，那是行业共识，这些人在行业里浸润很多年，是真正的内部人士，但依旧会错判。很多事情之后看是常识，之前并不是，当时看到的都是确定性，正因为这样的确定性，才会让行为走向极端，这也是我说顶底都是在大众正确中形成的原因，当然这个正确指的是错误维度上的正确，所以侧重和转换比深入思考更重要。

赣江汇：您是如何把对市场状态的识别应用于投资实践的？

冯柳：我的投资经历有 3 个阶段，回报主要由 2003 年到 2006 年以及 2009 年到 2013 年两个阶段构成。这两个阶段回报比较惊人，中间的两年是转型期，没有什么收益，也没沾过牛市的光，不过也正是那全面反思的两年，为之后的进步打下了基础。前一个阶段主要是信仰价值理念的功劳，但也恰好是生逢在价值理念在中国普及的过程，机会多且识别简单，那时候只要把价值大师的书都看一遍，都可以取得很好的成绩。后一个阶段虽然也都是长期持仓投资，但背后的心理活动不同了，进入到把价值放到市场理解中去审视的阶段。前一个时期我是没有市场概念的，属于远离市场的纯价值派别，后一个时期是我把市场理解反馈到价值判断的阶段。虽然两个阶段的表观行动差不多，但背后的决策判断数量有很大不同，过程中的困扰在后期也少了些。

另外，对市场认识可以帮助我们规避重大失误，但它对挣钱帮助不大，因为中间的不可知阶段呈现高度的复杂性，所以需要我们借助对基本面的理解来度过常态市场。比如我过去主要买过白酒两次底和医药一次底，以及 2013 年年中买的武商底，但这 4 次的回报很不相同。虽然市场维度演变过程类似，但期间的逻辑并不相同，2003 年和 2008 年的白酒底以及 2011 年的医药底都是杀估值的过程，并没有杀长期逻辑，这时一旦到了市场的极限区域，介入很快就能有大收益。但 2013 年对武商底部区域的认识，就没有带来特别可观的回报，区别在于零售被行业长期逻辑制约，个体逻辑的显现需要一个更艰难的过程，这就在市场上呈现出一个高度复杂的中期结构，也就不容易收到快速成效。

赣江汇：如何用您的框架来分析现在的市场？上证指数和创业板指数走势的背离是否到了某种极值？

冯柳：我对指数关注较少，就只谈谈成长股投资吧。我们可以把市场划分为低风险、潜在风险和绝对风险三个阶段。低风险阶段就是看错了也不会亏钱，比如我 2013 年年初投资某激光设备企业其实是判断错了它的业绩增长，但并没有影响到获利。而潜在风险阶段就是必须要判断对，对了一定赚钱，错了肯定会亏钱。绝对风险状态就是判断对了也会亏钱，哪怕达到或超过预期也会亏钱，比如 2007 年的高端白酒和地产银行就是这样，虽然大家所有的增长预期都实现了，但这么多年下来依旧是负收益。我感觉目前的成长股投资应该还是处在潜在风险阶段，除非整体错判，否则应该还是有成功的机会。

赣江汇：既然成长股现在只处在潜在风险阶段，您为什么不参与？

冯柳：我过去十年实际上是以高成长投资为主，2013年下半年改投了低估值股票。并不是我放弃了成长理念，只是我认为万物皆有价，当价格补偿到了一定程度，就应该相应地转换立场。我可以为了企业的成长去等待，去憧憬企业的未来，但是我不会为这个憧憬支付太多额外代价。我把企业的成长当作安全边际，然后立足于当下支付价格。过去市场体系里的估值差对成长股有利，成长股有20～30倍，非成长股也有15～20倍。市场没有区分开成长和非成长，投资人为成长支付的溢价不是很明显，但现在的估值差已经扩大到3～5倍之多，只有极度精准的成长判断，才能够覆盖风险利差。

另外，过去的成长股大部分是在存量的基础上展望增量，而增量格局一般由存量格局来确定，这样在存量可见的局面下可推导性强、确定性高，所以集中投资模式是可行的。但现在的新经济局势主要由供给创造需求，以增量为主，没有存量作为参考，而增量往往爆发迅速，对外部投资者来说常常措手不及。要参与也可以，要么撞大运，要么分散投资，而一旦分散的话，整体平均后能提供的超额收益又不见得能弥补风险差了，而两难境界又恰好是我不愿面对的，这就是我从成长投资转向防守的主要原因。当然，事后来看，这样的转换产生了一些遗憾。

赣江汇：文化传媒消费拥有巨大的市场空间，现在具备这样一个存量市场，是否可以去展望增量市场？

冯柳：这类股票存在的一个问题是，资本在利益分配环节里的话语权不强。我们投资时，不只是看供需，还得看利基市场最终由谁来占有分配。企业经营有很多方面的要素，资本只是其中之一。过去传统的成长股企业，资本要素往往居首。茅台炒再高也不能套现再办一个，因为品牌资产在公司，这就是为什么我过去一直很强调资本的参与形式。

赣江汇：根据您的分析体系，跌了七年的A股，是否接近大牛市大系统性机会的来临？

冯柳：我目前感觉还不具备共振的基础，大行情是共振产生的，现阶段向上和向下的大的共振都不太会有。我倾向于仍处于分化延续阶段，个别传统经济里的价值股进入低风险期，新经济处于潜在风险期。既然前者进入了潜在收益期，我们就该耐心等待，因为市场收益的实现是不均匀的，两三年的等待，可能一个月就涨上去了，但折算成年回报率可能并不差，对于价值投资者来说，目前应该算是不错的时机。

赣江汇：具体来说有哪些投资线索值得关注，白酒是否进入了潜在收益区？

冯柳：我跟踪的行业并不多，白酒已经到了寻底阶段，大部分股价风险应该是释放了，今年可能会呈现底部构造，只是基本面目前还没到最坏的时候，估计上半年财务报表公布后还会有让人不快的信息出来，但下半年出现最低区域应该还是大概率，只是和2003年、2008年不同的是，脱离底部的速度和强度会差一些，但行业集中的超长期逻辑还是存在的，可以慢慢来，不用像前两次那么着急。

白酒股我之前划分过三类：一类是作死也不会死的，不作死就可以把别人弄死；另一类是不作死也会死；还有一类是不作死就不会死。第一类股价弹性差，所以我主要关注第三类，只是很遗憾，这次的行业调整大部分企业都没有进行最正确的应对，走向乱出招的作死之路，现在只能看谁纠正和恢复的好了。

赣江汇：强周期股票的机会呢？很多都处在估值历史低位。

冯柳：我不关心强周期股。我在2005年写过一篇文章《估值的有趣想象》，那里面有我的基本指导思想。如果在足够长的时间段里来看，稳定持续的盈利能力比一切都重要。

赣江汇：谈谈您的“10-3原则”吧，现在还能选出合适的成长股吗？

冯柳：“10-3 原则”就是首先判断这家企业 10 年后也一定要存在，且逻辑上有更好的可能，这是前提，毕竟投资最大的风险是企业的消亡。然后就是论证它 3 年内能否出现盈利提升和估值提升，前者需要对企业有了解，后者需要对市场有认识。

至于成长股选择，我有一个数据系统披露了很多年，主要偏重于成长参数，现在还是能选出一些标的，但是选出来是一回事，敢不敢买是另外一回事。现在基本没有能让我投入身家的数据选出股，我内心还是有价值信仰的，所以现阶段没有使用这个系统。

赣江汇：前面您说到常态市场要坚守价值投资，但很多人认为 A 股因盛行炒作而缺乏效率。

冯柳：我们不能仅从个人感官上判断，而是要以数据和跟踪测试来证实。从数据模型的测试披露结果看，只要长期坚持财务数据选出，还是能明显超越市场的，这说明市场对价值有一个效率反映。如果加入市场阶段强度的配合选出，测试结果又更好些。这个测试覆盖了非金融类的所有股票，数据跑了 10 年，说明中国市场效率还是可以的，所以我们要相信价值投资在 A 股的适用性。

赣江汇：我们知道 A 股存在一些制度上的缺陷，资本市场的双向开放是否会带来效率提升？

冯柳：这个世界是一个混沌的存在，高效往往伴随着低效，可能有些方面是高效的，某些方面又是低效的。比如 2013 年的成长股，它是高效的吗？对应它的成长性是高效的，但从资本回报和长期存在能力看有些方面又是低效的。我们不能说欧美市场和香港市场一定是高效的，它们可能在某一个层面是高效的，某个层面又是低效的。你要清楚所在市场的侧重点在哪里，即所谓的市场偏好。

赣江汇：您把股市看作是一个游戏，也很注重市场情绪和博弈的把握。

冯柳：人性和情绪只是影响市场的一个维度而已，并且只是阶段性的约束，长期来看不是主导性的，我们对这些不能贴得太近。就像小时候学小提琴，老师告诉我不要把耳朵贴音箱太近，那样自己觉得拉得挺好听，但别人未必觉得。市场研究和基本面研究一样，都需要有一个过滤无效信息和杂音的过程，任何一家企业每天都有现实层面的信息变化，如果所有的信息都要处理的话，基本面投资没法做。我们肯定要有自己的维度和框架去过滤杂音，这样价值投资才不会无所适从，市场研究也一样。索罗斯曾说过，每天上班的人其实并不清楚自己该干什么，这其实就是区分和过滤的意思。

「本文为 2014 年冯柳与赣江汇的访谈记录整理。」

18

对操作策略和估值应用的一点思考

▶ 冯柳 / 2013.09

从接触投资以来，我思考最多的应该就是操作体系和估值方法的实际应用了。其实就个人而言，我是不赞成大家过分重视估值的，因为这首先是个博弈的市场，且具备明显的不对称属性。每个领域都存在拥有更全信息、更深理解的内行人士，他们是影响市场的重要力量，我们虽可在一定范围内建立起能力圈从而达到半内行程度，却很难成为最接近真相的人，所以我们必须在诗外寻找优势，在心智能力上锻炼自己。成熟心智就是敬畏市场，承认自己的渺小，而估值不符合这种精神，它更多是由内而外地划定而非由外及内地聆听。即便如此，我们仍旧需要一个基础工具来对市场进行标示，关键是分清主次，不要刻舟求剑。

为了方便阐述，我要通过一个简单的例子来描述，虽然不能模拟真实的市场，但可帮我们提炼出主要的逻辑。有这样一个盖碗下藏钱来交易的市场，碗下会放一张面值 20 或 100 的钞票，这时候你来投资的话该怎么做呢？如果其他信息都没有掌握，那就会估值混乱，从 20 元到 100 元都可以，你只能给出基本边界，然后随机参与波动，只有在市场跌到极限边界 20 以下时才能出现确定性的投资机会。而如果我们知道两张钞票是对半出现的概率后，就可以给出 60 的理论估值，低于这个是机会，反之则为风险。在这个过程中可以有 3 种操作模式：一是由情绪决定的短线波动交易；二是是由逻辑决定的中线估值交易；三是由事实决定的长线翻牌交易。

然而现实市场和以上理论是完全不同甚至相反的，因为总会有一群能更大概率掌握碗下金额的内行人参与，你会发现实际操作中高于理论估值的才是机会，低的却是风险。当然这里还会有20和100的估值边界，在极限边界外我们依旧可以获得理论上的确定性，也就是说，如果你有足够的耐心等到极限位操作，还是可以获得确定性机会。但现实往往更残酷，它还有可能出现很值钱的纪念币或一文不值的假币，虽然这种概率很低，但偶尔也会出现，或被引导产生这样的假想。那么我们发现最大的波动往往是在突破绝对边界的时候，也就是说在你觉得极不合理的估值位置往往隐含了最大的机遇或者风险。除非你退出不玩，否则最好的办法就是追逐趋势，达到与内行人一致的行动效果，但这会使趋势导致趋势，从而产生假动作，增加我们对市场揣测的难度。更被动的是，这样的行为还可能会被利用而形成一种猜测，从而出现把低值假币当作纪念币来炒作的荒唐局面。当然，这可以通过提高技术能力完成对趋势起蕴和延展的阶段认识来分辨，但这属于归纳逻辑的范畴，背后需有一整套仓位及交易原则来支持。

现实与理论的差异是由于信息不对称导致的博弈行为复杂化，我们对估值的使用一定要从务实角度出发，先把它当作理解市场的工具，从它的异常中读出市场的思考和预期点，标识出此基础上的赔率分布，然后才是具体的价值估算。因为估值的前提是真相不被充分掌握，否则便是确值了，所以我们要清楚这只是一个随时会因情况而改变的概数。除非是在绝对边界下注，且具备极端事件的排除能力，就像上例中你虽无法清楚了解金额但可辨别真假的话，那在20以下你就拥有了相当确定的机会。其实这也是格雷厄姆的思想核心，只是他用了安全边际这样的词，从而让人误以为是低估折让的含义。另外格雷厄姆所追求的破产清算价值高于购买价的极端边界太难出现，所以巴菲特才会转到另外方向，就是成为绝对内行，不熟不做。但这也是巴菲特中晚年才达到的境界，是之前长时间的沉淀使他成为多领域的内行。就早期来说，我认为他还是理解了格雷厄姆关于安全边际的核心，寻找基本面与估值的极限位而非低估位下手。只是格雷厄姆的极限指的是破产清算，我们的极限可以是企业最坏情况被排除就可以了。当然这就涉及你对极限的认识能力，但不管如何，排除总比彻底掌握要简单一些。

接下来再谈谈我一直提倡的个性化操作策略，就是针对自身的能力圈情况而非股价可能有的运行轨迹来制定操作依据和估值参考，这样的好处是能令人放下得失心与各种不必要情绪来返观自身，实现与世界的合理对接。我觉得市场是一个博弈游戏，大家一定要明白自己处在什么样的位置上，知道与其他人的优劣差距在哪里，然后才能相应地做策略选择。比如我对白酒的领悟相对好点儿，算半个内行，所以敢等底牌做长线，哪怕当时在外人看来估值高到离谱，但我心里对未来有个大概认识，愿在里面参与调整，很多时候都是看了一个牌后再去等下个牌的揭开，中间有过很多次震荡，有时也会有担心，怕把到手的利润吐回去，但觉得自己能理解这个行业，所以也就克服了这些情绪坚持下来。2013 年进入医药领域只是因为判断不该有更坏的情况出现，但对究竟能多好还不清楚，不敢过分展望前景，所以拿了一年多的中线就退出了，把保住利润放首位，不觊觎行家的空间。而后进入科技领域时，更多的是感觉到市场会向这个方向去，因为 2013 年年初很多股票的估值在往上抬，出现了估值异常，但由于自己完全是外行，只敢按中短线的标准来顺势做，在突破时追高买进，虽然也找了理由来佐证自己，但心里并不坚定，所以短短几个月就放弃了，这也是为什么很多朋友质疑我风格大变，其实是我没太搞懂的原因。

HARD THINGS IN INVESTMENT

不简单的投资

内行的机会是最多、最大的，只要能看清事实，大部分时候都可以参与市场，可以低买，亦可高买，所以扩大能力圈让自己成为更多领域的内行是投资最关键之处。而外行只能放弃思考，尽量跟随市场做中短线，在估值反常时下手，低于合理位卖、高于合理位买，同时需要一整套的仓位及交易策略和趋势判断能力为辅助，以此对冲掉归纳逻辑下所必然导致的较高失误率。至于中间状态的机会则最少，只能耐心等到边界处下手，极低位买、合理处卖，且需对极端情况有足够的理解和重视，通过与市场的心智较量获得中线机会，同时在过程中加快熟悉以便得到更长期的理解。

有人以市场不同阶段的巨大差异来论证市场错误的存在，我觉得是不恰当的，其实从本章开头的例子可以看到，无论过程中如何定价，待底牌揭开时都会与之前的逻辑定价不同。我们不能用翻牌后的结果来否定之前的估值逻辑，因为前后的信息量是不一样的，是决定市场的信息因素起变化了，而非市场错误，这也是我经常说的非后验原则，逻辑正确和事实正确是两码事，而这才是决定中线与长线区别的核心之处。并且，虽然我不想说市场永远正确这样的话，但即便它是错的，你也该假认它正确。不和能决定你命运的人去争执对抗是我过去读史时的体会，对错是由强者来裁定的，其他人只应去观察决定强弱的因素和其改变的契机，否则就是幼稚和迂腐。当然，也许有人会不介意忍受较长时间的寂寞与痛苦去等待光明，以此弥补掉我们有可能对时机的把握不足，但前提是你得避免毁灭性的打击，以活到胜利到来的时刻，故而拒绝负债买入与决不做空是原则性前提，这也是巴菲特的坚持，从这点来看，巴菲特对市场同样是存有敬畏的。

19

当我们谈论公司时我们谈什么？

▶ 卓利伟 / 2017.06

在多年的投资与研究中，我有了一些思考与总结，其中有一些与其他基金经理类似，我试着从一家公司与行业最底层的基本原理与基本规律出发，从生意的本质、人的因素、组织的系统能力、什么是核心竞争力等角度做一个分享。我认为即使是不同的行业、不同的公司，在本质上都是可以比较的，可以触类旁通的。

生意的本质

价值：企业的收益是为社会创造价值后所获得的少部分回馈

大部分生意的本质是一家企业为社会创造了某种价值，而社会为这份价值给企业以部分回馈，这就是企业的收益；**一个好的生意是为全社会创造正的总福利，代表着社会发展的良性力量，好的生意是善的，是多赢的，是充满了正能量的。**企业为社会创造的价值越大，这个价值越有独有性，则企业获得的回馈也越多。如果一家企业的收益建立在利益相关方的损失之上，则生意是不可持续的。同时，企业获得社会回馈的部分应该是合理的，若盈利过高会引发更多竞争、顾客“用脚投票”、政府管制等，这也是不可持续的。当然，也有少数特殊的商业模式是建立在人类不良的生活习惯之上的，如烟草、赌博业等，这里不谈。

比如，如果没有提供更多的增值服务，差异化很少的信息分发平台公司（如OTA）的盈利长期看不应该高于承担了物流成本的电商。同样，我们发现电商基于GMV而获得各种货币化的净利润率与传统零售的净利润率越来越接近，线上与线下的全渠道融合，最终也会导致商品的同款同价与综合成本接轨。当然电商可以在数据技术方面做更多事情，可以通过数据技术为商家与消费者提供更多增值服务而获得另外的盈利。

商业的意义是促进交易，一方面提高达成交易的效率，降低交易成本，另一方面是为顾客创造更多价值。通常来说，为顾客创造更多价值的商业（如拓展更大的利基市场与获得更多消费者），比为顾客降低成本更容易被顾客接受。比如，子女的教育就是为未来创造价值的支出，消费者的价格敏感性相对较低，而对教学质量的要求更高。

用户：消费者的时间（或注意力）与购买力的稀缺，让内容与用户运营成为关键

技术导致产品与服务的供给能力不断提高，相对于不断的信息过载与物质泛滥，消费者的注意力与购买力注定是稀缺的。所有面向消费者的行业，营销的终极几乎就是消费者的时间与购买力。每个人经常使用的APP可能不会超过10个，每一天的时间也只有24小时，游戏、影视、阅读相互抢占时间，外出运动就意味着不能宅在家里打游戏。同样，重体验的服务也是对购买商品的替代。在庞大的中国市场，如果能在不同需求层级上精准找到具有庞大消费者数量的商品与服务，均有着巨大的商业机会。在基本小康与商品普及完成后，消费者对品质、健康、体验、审美、被认同与被尊重的诉求越来越强，这方面既包含了商品的消费升级，也包含了精神层面的需求升级。

在物质需求基本普及的情况下，人们的小康生活基本达成。没有满足的需求也从过去的物质匮乏变成精神匮乏。互联网消除了信息不对称、同时又迅速提升了个体总体上的学习能力。个体独立意志的觉醒必然发生，作为消费者与作为社会角色，在基本的生理需求与安全需求满足后，互联网消除信息不对称后个体在认知能

力与社会认同上的需求大幅度提高。在这个背景下，对于企业来说，产品与服务/内容比渠道/平台更为重要，提供好内容的系统能力与用户运营将成为B2C行业最重要的能力。

在有形商品方面，企业过去重视的是渠道管理、供应链管理、规模化与效率，现在除了这些基本要求之外，更加重视的是产品本身（品质、审美、体验、服务以及基于这些方面的性价比）与用户运营（消费者研究、消费者行为的数据化分析、厂商与用户之间的沟通机制）。在服务产品方面，在满足“消磨时光”的功能之外，因为某一种社交关系建立的体验的用户黏性更为重要，人们在现实世界的匮乏或困顿可以在虚拟世界（如网络游戏）获得更多满足。“野百合也有春天”，小镇青年现实生活中精神与文化需求的匮乏，造就了在线娱乐流量平台公司的商业逻辑。

技术：技术与工艺上的进步是推动产业发展最重要的动力，数据成为新的生产要素

人类社会从石器时代到农业时代的手工作坊，从车间标准化流水线的精益生产，再到现在与未来的智能、柔性生产、社会化协同供应链，生产方式与生活的进步完全建立在科技发展的基础之上。技术是推动社会与经济发展最为重要的力量，技术进步也是一个经济体增长潜力最为重要的长期因素之一，技术还推动了整个产业组织模式与商业模式的变革。芯片技术带来计算机的飞速发展，带来了互联网、大数据与云计算服务等信息产业的革命，由此带来了IT产业对几乎所有行业的推动、改造或颠覆。化学分子式大发现时代已经结束，现在的大数据技术推动了基因技术的发展，基因工程的发展必将颠覆人类的健康管理与医疗产业，必将颠覆传统化学药品的长期逻辑。人脸识别技术大大增强了公共安全的管理能力，共享出行改变了城市通勤，这些都是技术带来的新的应用与商业模式变革。**自动化技术与生产管理MES系统、全流程的软件等技术使得复杂商品与服务的定制化与规模化量产成为可能，并可能实现规模上的边际利润，规模可能不再是商业模式的敌人，这也是中国制造业升级的重要逻辑之一。**

技术还带来了企业组织边界的突破。滴滴的司机不是公司的员工，阿里与腾讯更像是一个生态社会。用户浏览、阅读、评价、使用与交易产生的一切行为数据均是企业的生产资料，用户既是商品与服务的消费者，同时也是设计、生产的参与者。这个时代是一个全产业链高效整合、协同发展的时代，企业不再是一个封闭的体系，而是供应商、用户一起产生供需关系互动、不断参与研发并提升效率的过程。一切参与者的行为与决策过程均可以通过数据实现格式化与可分析、可追溯，数据已经成为全流程的生产要素，数据技术也将成为企业必须掌握的能力，从这个意义上来说，未来的企业都应该是技术型公司。对于传统线下零售来说，电商不仅在总体效率与成本、长尾市场突破等方面有明显的优势，而且在积累与分析用户数据、挖掘用户潜在需求，并以此启发上游企业更多的研发与创新方面，有着更多新的可能性。**数据已经比消费者自己、比企业更能够深刻了解消费者，电商将从过去的交易方式转变成新的企业与消费者的沟通模式。这可能也是未来新零售的一个重要逻辑。**

技术进步的速度决定着一些创新行业产业化、商用化的进程。因为光伏发电在基础物理化学层面的技术进步缓慢，才导致其发电成本至今仍远高于传统化石能源，从而尚没有形成规模化的产业。电池技术的进步还不够快，尽管在使用成本上电动车较燃油车已经非常有吸引力，但整车的成本还明显高于传统燃油车，电动车的大规模量产可能还需要几年时间。

同样，技术对于理解看起来非常传统的产业或所谓旧经济也非常重要。如气调保鲜包装（MAP）技术是传统卤味食品实现突破保鲜期限与销售半径的主要因素，生产技术工艺的差异对传统食品（如白酒）最终在口味与体验的差异、品质一致性方面至关重要。品质的可靠性、一致性、与其他竞品显著的差异化，才最终导致了产品与品牌的差异，品牌效应就是产品与消费者体验在时间与空间上的积累与传播。

当然，**对于投资来说，预判技术的演进与变迁其实非常困难，技术进步越快的行业越难把握，一个技术变化少的、工艺优化在方向上稳定的行业，当期领先者可能更容易持续积累优势。**对于技术型企业来说，建立一种激励研发与创新的企业文化与制度比本身的领先性更为重要。

另外，作为新的生产资料，数据技术在规模上的边际成本非常小，这可能是全球最庞大的技术型巨型公司持续快速成长的重要原因之一。

时间与规模化：消费者需求的多元化与多变化 VS. 企业要求的效率与规模化

对于企业来说，一个好的生意可以通过连续的生产，可持续积累的优势如技术、工艺、管理经验等，可标准化生产，实现时间上的可持续与空间上的规模化，对于很多面向消费者的行业来说，企业的成本、效率与规模化的要求通常与消费者多元化与多变化的需求存在天然矛盾。在这个意义上来说，服装与影视行业可能是一个较差的生意，上一季畅销的女装很有可能成为下一季卖不掉的存货，上一部电影是票房冠军的制作团队可能制作出的下一部电影是“票房毒药”。同样在食品行业，人们对刺激味觉的口味依赖度很强，比如喝的白酒与几十年、上百年前口味一样，而甜酸味的饮料却层出不穷，单品销售额的天花板相对低，获取顾客的费用也更高。消费者需求稳定的商品建立的品牌优势的生命周期更长，高端品牌白酒更像是中国传统饮食文化的大 IP。

就像前文提到的，过慢的技术进步阻碍了创新产业的发展，但反过来看，过快的技术变迁又会使得企业无所适从，它在过去三年学会的能力可能在三年后就不管用了，这对投资者来说不是好事。从 PC 时代到智能手机时代，只有少数子行业的技术升级与硬件升级的方向是连续的，其中大部分元器件的企业很难跨越产业发展的不同阶段，比如 PC 时代的王者英特尔在智能手机芯片上的份额却只有区区 1% 左右。同样，传统模拟机的大部分巨头在智能手机普及的几年里全军覆没，但同时正因为智能手机的平均更新周期只有 16 个月左右，才使得中国企业在智能手机普及的最后几年实现市场份额的突破，手机也从传统的功能性产品变成一个基于 OS 系统与用户运营的产品与后台系统服务的商品，这也是苹果公司最强的地方，也可能是中国手机企业要面对的长期挑战。

不简单的投资 好的生意是时间与规模的朋友，企业的优势与核心能力是可以通过持续的学习与创新不断优化和加强的，从而实现时间上的可连续与空间上的可规模化。

科技新时代投资的新思维

信息革命与互联网的社会化、全球化以及基础设施的普惠，导致社会、经济与产业发展的逻辑发生本质的变化，工业2.0时代的很多思维方式变得明显不足。这个时代可能是这样的：商品已经变成产品、服务、流程与用户运营的融合；硬件是软件与硬件的融合，以及内容与服务的融合；软件是云服务与大数据；顾客（customer）不再是一锤子买卖的消费者，而是成为用户（user），参与生产、创造与体验的全过程；企业是产品与服务规则的制定、维护、优化与创新的组织者；组织是社群与生态；零售不仅是一种交易与供应链的组织模式，更是供给与需求之间的沟通机制，是基于数据技术对消费者的研究与对企业创新的启发；互联网更加像是市场的民主投票器，是一个在线永动的巨大AI。

企业的战略选择：成本、效率与差异化

对于企业来说，无论是提供产品还是服务，其战略选择无非两种：

◎ 在技术、工艺路径与精益管理上不断提升，从而在提高效率、降低成本上积累竞争优势，这是效率与成本领先；

◎ 通过用户研究、大数据技术不断启发产品设计与创新来提高差异化、获得更高的溢价能力，这是差异化领先。

企业至少要在这两个方面中的一个方面取得不断进步，如果两者兼而有之则更是难得。优秀的制造业公司通常需要兼备这两个方面的能力，一方面要在管理上非常优秀，保持成本与规模优势；另一方面还要不断通过研发与技术进步，加强这个优势，或者开发出更好的领先于市场的产品与服务，以获得更好的定价权。如果一

家企业不具备这两个方面的能力，那它能赚的利润就是最基本的辛苦钱，比如销售额的 3% ～ 5%，甚至是亏损。同样，要获得持续的领先优势，就要在研发与创新上有效投入，你要为未来的优势投入当期的成本与费用。

比如中美这两个经济体，美国走的更像是技术领先的差异化道路，而中国的过去走的是成本与效率领先道路，现在与未来是成本领先与差异化兼而有之。但企业积累了阶段性的优势并不是一劳永逸的，只有持续的学习与不断创新才是企业最为重要的能力。从这个意义上来说，创新才是一家企业本质上的核心能力，建立一个激励学习、创新、挑战权威的组织文化非常重要。

中国企业在制造业方面的国际竞争力很强，通过 30 年的学习积累了很多成本与效率的能力。尽管中国的人口红利已经消失，但人力资本的红利方兴未艾。我们有非常庞大的本土需求与应用场景，更加有着超过很多国家人口总量的高素质技术人员，每年有 800 万名大学毕业生、50 万名硕博毕业生以及 40 多万名留学归国人员，其中超过一半是与应用科技和管理相关的人员。同时我国又是一个资本过剩、股权融资环境很好的市场。中国企业在应用技术密集型与资本密集型的行业中将不断积累能力，取得更大的国际比较优势。这也是近年来一些优秀的先进制造业企业不断崛起，甚至实现较好的国际化的原因。

另外，即使在一些技术进步相对缓慢的周期性行业，比如在化工、建材等看起来非常传统的行业里，仍有少部分优秀企业通过长期的工艺积累与精益管理，探索出一条成本与效率领先的道路，如果一家企业能够在全行业里一直保持非常显著的成本优势，这个护城河仍然是成立的。

从人的因素到组织的系统能力

企业家精神才是价值创造的原力

尽管我们总结与讨论了这么多有关技术、商业模式、生意本质的问题，但企业面临的经营环境永远是不断变化的，世界上没有顶一万年的经营秘诀，曾经成功的经验很可能是下一个陷阱，阻挡进步与“挖坑”的通常是自己，能够长期保持竞争力与领先优势的企业很少，能够跨越产业变革的企业更是少之又少。从这个意义来说，人的因素起到了关键作用。**只有人，才是穿越困境、不断通过学习找到解决方案的终极力量，也是创造企业价值的原动力。**

企业家是人的因素中最为重要的因素，一个优秀的企业家有着超强的心力，即事业心、理想、情怀、世界观以及为产业与社会创造价值的强烈愿望，他们既重视物质层面，又有超越物质的精神力量与人格影响力，他们战略立意高远又强于执行力，他们懂得学习、分享与创新，他们不仅能够发现与吸引最优秀的人才，更能激发普通人的正能量与创造潜力。**企业家精神是价值创造的根本动力，也是这个时代最重要的社会力量之一。**

学习、创新、自省能力是企业家最重要的素质

即使是曾经非常成功的企业家，在变化面前仍然可能固步自封、抗拒变化甚至刚愎自用，把自己架在某个神坛上不愿下来。中国的民营企业史也不过30多年而已，大部分企业家成长于物质与精神双匮乏时代，更容易因为害怕失去而在不确定的未来面前忘了持续的学习，甚至胆怯。我们要去观察一家企业家在面对变化、困境、挑战与不确定的未来时，反馈如何，内心如何，是否能够不忘初心、开放谦虚、积极进取、自省与学习。一家企业如果失去了学习的能力，就意味着失去了未来。

最优秀的企业也会在没有竞争对手的无人区迷失自我。一个成功的企业应该在内部资源上前瞻性地设置一些冗余的空间，在研发与创新上要有充分的制度性安排与试错的宽容心态，完全以当期市场份额与利润作为KPI，可能会损失了长期能力的进步。

人性的弱点总是使得人们更容易强化对自己立场有利的论据，也就是所谓的“屁股决定脑袋”。一个已经成功的企业及其团队总是会面临路径依赖的诅咒，而一个真正卓越的企业家总是能够克服这个路径依赖，他们通过不断地自省、学习、创新甚至自我颠覆来迭代企业的核心能力，独立判断与开放学习、谦逊自省与坚定自信都是优秀素质的一体两面。

把企业家的能力与人格变成组织的能力

一个优秀的企业需要在生意、人、组织这三个方面均具备好的素质，即在一个好的生意上，通过企业家精神与团队的能力，转化成持续的、组织的系统能力。一个优秀的企业会聚集一批优秀的人才，建立良好的公司治理结构、激励学习与创新的制度与文化、奖惩分明的利益机制与科学合理的组织管理架构。尽管我们在研究中很难与企业家进行非常充分的交流，但我们可以从企业的管理层团队与普通员工，以及从公司各种执行层面的制度与管理的一些细节去判断这家企业的内核与基因。有什么样的团队与企业文化，就有什么样的老板。**不管在什么行业，优秀的公司绩效总是来自正确的价值观、科学的方法论、优秀的组织能力与勤勉的工作。**

真正的核心竞争力是企业文化与公司治理结构

通俗地说，企业的核心竞争力就是你干得了而别人干不了的事情。但本质上有别人干不了的事吗？没有。事实上，只有别人阶段性还不会干的事，或者说别人要花很多时间、很多金钱才能学会的事情。技术可以购买，最牛的团队也可以被挖走，所以本质上有的只是一定时间内的领先优势，这个领先优势在现象上表现为成本优势、规模优势、市场份额与品牌优势。那么，为了保持甚至扩大这个领先优势，企业必须持续地学习、创新与研发，而确保与激励研发和创新，需要公司有合适的组织结构与鼓励创新的文化，这个本质上来自企业家精神与优秀的公司治理结构。

一家企业没有可以长期有效的战略，也没有聪明绝顶、一直不犯错误的管理者，好的企业文化是以积极进取的行为模式与制度性的安排去激励团队。同样，决定一家企业是否能够跨越困境的通常不是物质的激励，而是团队成员内心深处的精神与信念，是企业文化。

回顾我国短短20多年的股市历史，我们就能够非常轻易地发现在同一个行业中不同的上市公司的变迁，当年看起来差不多的公司现在可能是天壤之别，其背后的主要原因就是企业家精神、企业文化与公司治理结构的不同。20年前的华为还非常渺小，10年前恒瑞的市值还只有100亿元，18年前腾讯与阿里才刚刚成立……

从“1到*N*”：持续的、系统的好产品的供给能力

我国经济处在一个增速相对放缓的转型期，也就是从过去的总量高增长与要素高投入的模式，转型到现在与未来的结构升级、研发创新与效率提升，在产业格局与资本市场中将会持续体现出结构分化与优势集中的特征。在这个背景下，那些具备从1到N能力的最优秀的企业将会获得更高的市场份额、更强的竞争力，我们需努力发掘那些在某个领域内做得非常优秀的企业，那些通过不断学习做到“从1到5、从1到10、从1到*N*”的公司。

这个从1到*N*的系统能力，包含以下几个方面的含义：

◎ 第一是指产品（或服务）能力的“从1到*N*”，即一家公司通过研发、创新，能够从原来提供1个好产品、1个品类拓展到多个好产品、多个品类。

◎ 第二是指市场能力的“从1到*N*”，这个市场包括渠道、应用场景、传播等含义。一家公司能够通过更多、更有效的方式与沟通机制，把最优秀的产品或服务递给用户与消费者。

◎ 第三是指组织能力的“从1到*N*”，一家优秀的公司能够把伟大的企业家精神转化成团队的能力、组织的能力，把企业领导者个人的素质与人格力量转化成优秀的公司治理结构、组织制度、流程体系与可持续的核心竞争力。

对于第一件事情都没有做好的公司，我们最好不要去相信它会做好第二件事情；对于做好了第一件事情，同时又在过程中积累了组织的各种系统能力的公司，它做成第二件事情的可能性会大大提高；而那些不仅做好了第一件事情，同时又做好了第二件，甚至是第三件事情的公司，我们则要非常重视，这些公司大概率已经具备了从1到*N*的系统能力。

选择研究最优秀的企业

向最优秀的团队学习

先从认识论的角度来说明为什么我们要研究最优秀的公司。我们应该重点研究两类公司：一类是已经是很优秀的企业，它很可能持续创造更多的价值；另一类是未来最有可能成为优秀企业的企业，它已经具备了成为优秀企业的基因与组织能力，在未来可能创造巨大的价值。我们重点投资的就是这些现在最优秀或未来最优秀的企业，剩下来需要解决的就是估值的问题，一个金融数学的问题。而市场总是处于某一种错误的状态，总是有提供给长期基本面投资者的机会。即使是大家都非常熟悉的公司，可能大部分投资者对其认知水平仍然停留在 60 ～ 70 分的水平，我们的深度基本面研究就是要把对这些最重要的公司的认知水平提高到 90 分以上。尽管从 70 分提高到 90 分要付出的努力远高于从 0 分提高到 70 分的过程，但只有 90 分以上的认知才会对投资决策有真正的价值与参考意义。

我说过，每一个人最稀缺的资产是时间，我们要把有限的生命用在向最优秀的企业与团队学习上。把太多的时间花在去垃圾堆里翻东西，只会使自己的口味越来越低级，吃惯了地沟油的人会觉得地沟油挺香。更重要的是，**如果你失去了向最优秀的人、向未来不断学习的机会，付出的成本是非常大的，这个成本既是机会成本，更是时间成本。**

最优秀的大公司可能在体系内实现社会大分工

由于互联网技术与数据技术的基础设施越来越发达，优秀的大公司在运营这些工具、积累更优秀的人才方面具备更强的能力，也具有更强的一体化的能力，这个一体化一定是建立在这个大公司最核心的能力之上的，如成本与规模优势、具有高黏性的平台优势、研发与持续的创新能力等。这个一体化既有纵向（垂直）一体化，也有横向一体化。这些最优秀的大公司有能力在其生态系统之内实现过去社会化的大分工，并在体系内实现创新与自我进化，它们还可以收购最优秀的技术和团队去补充这个生态系统。在总量增长与长尾市场渗透率越来越高的产业格局下，周边的颠覆式创新相对于10年前更难，这些公司20年前充当的是对传统商业势力的颠覆者，但现在它们成了新科技时代的恺撒（见表19-1）。

表19-1　部分著名巨型公司的市值之路

公司名称	成立时间	市值历史峰值（亿美元）	市值峰值时间	历经时间（年）	2017年6月市值（亿美元）
宝洁	1837	2 300	2017	180	2 300
埃克森美孚	1882	3 900	2014	132	3 400
通用电气	1892	3 100	2000	108	2 400
福特汽车	1903	2 200	1999	96	1 900
丰田汽车	1937	2 200	2015	78	1 600
辉瑞制药	1942	2 000	2017	75	2 000
沃尔玛	1962	2 500	2017	55	2 500
IBM	1911	2 000	2013	102	1 500
英特尔	1968	2 500	2000	32	1 700
微软	1975	5 500	2017	42	5 500
思科	1984	3 300	2000	26	1 600
苹果	1976	8 100	2017	41	8 100
亚马逊	1995	4 800	2017	22	4 800
谷歌	1998	6 900	2017	19	6 900
Facebook	2004	4 400	2017	13	4 400
腾讯	1999	3 300	2017	18	3 400
阿里巴巴	1999	3 400	2017	18	3 400

数据来源：WIND。

科技、精英人力资源、资本，这三者的合作使得这些最优秀的大型公司的优势更加集中、维持领先的能力也更强，这也是21世纪资本主义不等式的本质原因，即资本回报率持续大于经济增长，则导致更大的财富悬殊。持续的报酬递增导致最领先的巨型科技公司对社会和经济的影响力越来越大，其影响力或作用甚至超过了政府，比如巨型公司成为某种意义上的公共品。美国政府降低企业所得税是否也说明了政府的影响力在下降？尤其是，现在全球最大的这些科技公司，不仅在相当短的时间内创造了富可敌国的商业宏图，而且它们的创始人非常年轻，这在人类企业发展史中是绝无仅有的。这些年轻的创始人与企业家有着更强的学习能力与旺盛的商业热情，甚至社会理想。

在转型中国中寻找未来最优秀的公司

当然，在需求层级丰富、利基市场庞大的中国，我们仍然相信会有很多新的玩家将成为未来最优秀的公司，甚至是最优秀的大公司。从大历史观的角度看，中国正在进行一个全新与全面的经济与社会转型，中国是历史上第一个基本完成现代工业化的“大一统”（统一市场）的文明古国与人口大国，中产阶层人口基数庞大且增长迅速，快速融入了全球化与互联网化。在这个历史情境组合下，观察我们的社会变化、经济转型与产业变迁也要以全新的视角，既不要掉入历史经验主义的陷阱，也不应简单类比国际经验。我国在消费升级与制造业升级中仍然有巨大的机会，在未被充分满足的精神文化需求方面，在全流程的产业信息化改造方面，在泛AI的未来智能硬件创新等方面还有很多的发展机会，一些最优秀的中小型公司将会不断提升系统能力成为最优秀的大公司。

「本文为 2017 年 6 月高毅资产首席研究官卓利伟与投研团队做内部分享交流的部分纪要。」

20

从“渗透率”到“市场占有率”

▶ 韩海峰 / 2017.11

在中国做投资是幸运的，也是幸福的。中国作为世界第二大经济体，销售了全球 30% 的汽车、32% 的手机，拥有全球 36% 的移动互联网用户。中国的人口是美国的 4.3 倍，是欧洲的 1.9 倍，是日本的 11 倍，随着中国人均 GDP 的增长，居民消费能力的增长，中国将成为全球最大的消费市场。伴随着中国市场的成长，将会出现许多世界级的制造商、品牌商、服务商，也将涌现出众多投资机会，这正是中国投资者的幸福所在。

PE 估值是对公司价值评估的一种常用方法。P=PE × E，公司价值等于 PE 倍数乘以公司盈利，而 PE 倍数的高低与盈利的增速具有较高的相关性，市场往往倾向于给高增长的公司高的 PE 倍数。A 股市场整体估值偏高，特别是中小公司的高估值是长久以来充满争议的一个话题。

一家公司的增长一般来自两个方面：变得更大的蛋糕和切得更大的份额。更大的蛋糕来自行业的成长、产品的升级，而是否能获得更大的份额则来自公司的竞争优势。渗透率是刻画一个行业成长阶段的重要指标。在产品的生命周期中，随着渗透率的提升，会逐步经历引入、成长、成熟、衰退四个阶段。渗透率低于 10% 的时候往往是一个产品的引入阶段，这个阶段的产品面临着较大的不确定性，产品的性能可能还不十分完备，市场的需求还不充足，进入的门槛还不高，竞争者可以一拥而入。随着渗透率上升超过 10%，产品进入成长阶段，开始展现出较好的性价比，行业的前景变得明朗，需求开始爆发。当渗透率达到 70% ～ 80%，市场逐渐进入成熟阶段，需求增长速度逐步放缓，对应渗透率的上升速度开始减慢。这就是一条经典的 S 形曲线。在渗透率快速上升的成长阶段是投资者最喜欢的时光，因为在这个阶段往往可以享受到公司业绩和估值的两方面提升。

在中国这样一个大国崛起的过程中，几乎所有行业都曾经经历了快速成长的阶段，与此同时，A 股市场中也涌现出许多由渗透率的提升所带来的成长机会。我们现在看钢铁、煤炭等重工业已经出现产能过剩，走到成熟甚至衰退的阶段，但是在 15 年前，得益于中国基础建设、房地产开发、制造业投资的快速增长，钢铁、煤炭等产品曾供不应求，是当时经济中增长最快的行业，从而也带来了 2003 年 A 股中“五朵金花”（钢铁、煤炭、电力、汽车、银行）的绽放。2006—2007 年的房地产股票，2010 年以来的智能手机产业链、移动互联网、影视娱乐等行业，都是在行业 / 产品渗透率快速提升的背景下所带来的投资机会。

许多研究都表明，在美国等海外成熟市场，往往龙头公司享受一定的估值溢价，而中小公司相对龙头公司在估值上有折价，这与中国市场恰恰相反。中国的众多行业处于渗透率快速增长阶段，是 A 股市场上中小公司估值溢价的重要原因。在行业快速成长阶段，行业进入门槛还不高，供给难以满足需求，无论是新进入者还是龙头公司，都能享受到快速的增长。中小公司在这个从 0 到 1 的过程中，具有更大的成长空间和更高的业绩弹性。特别是上市公司，可以利用资金优势、并购手段，快速进入一个新的市场，打开成长的空间。因此，在过去相当长的一段时间内，A 股投资者都愿意给中小公司更多的估值溢价，有些甚至高得离谱，被戏称为“市梦率”，还有许多“壳价值”的存在，这些都是建立在“从 0 到 1”的憧憬之上。

随着中国经济增长，许多行业都已经走过了渗透率快速上升的成长阶段，进入了成熟阶段。上证综指从 1999 年到 2011 年，整体营收复合增速 21%，归母净利润复合增速 22%。而从 2012 年到 2016 年，营收和归母净利润的复合增速仅为 4.4%

和4.2%。伴随着这个过程，企业竞争也从“渗透率”的红利逐步转变为“市场占有率”的竞争。空调的案例大家已经耳熟能详，在行业增速放缓之后经历了行业洗牌，形成了寡头垄断的格局。另一个案例则是智能手机，自2009年开始普及，在很长的一段时间内，深圳华强北遍地都是不知名品牌的千元机，甚至一度供不应求。与苹果、三星一样，这些厂商都充分享受到了行业快速增长的红利，但是随着智能手机渗透率的提升和饱和，不知名的品牌已经销声匿迹，几家龙头品牌几乎瓜分了所有市场份额。

在进入“市场占有率”竞争的阶段，龙头公司将更具有竞争优势，体现在产品质量、品牌、规模效应、研发投入等方面。因此，我们观察到大多数行业都会经历行业集中度提升的过程，在这个过程中，龙头公司将会在市场中获得更大的蛋糕。这也是为什么在成熟市场中，龙头公司往往会享受估值溢价的原因。

「作者韩海峰为高毅资产基金经理、研究总监。」

21

投资中我们为何甘愿又“蠢”又“饿”

▶ 黄远豪 / 2016.12

只有懂得股市的危险，我们才能在其中长期生存

从进化论的视角来看，人的诞生源自进化的偶然，而人的生存则要归功于对危险的本能恐惧。换言之，只有懂得自然世界的危险，才有可能在危险的自然世界中生存。通过漫长的进化，我们将这种至关重要的科学世界观植入了生物本能。

如果说股市是危险的，相信大多数人对此不以为意，但这种不以为意恰恰是亏损的根源。这么说是耸人听闻，还是事实如此？先来看看个人投资者面临的情况，对他们的评价标准是绝对收益。

我们可以从公开渠道查到两个具有代表性的官方可信统计，第一个是在大牛市的 2007 年，上海证券交易所披露当年个人投资者的亏损比例达到 30%；第二个是在小熊市的 2011 年，政协会议披露当年个人投资者的亏损比例达到 87%，人均亏损 4 万元（见表 21-1）。

表 21-1　　2007 年和 2011 年个人投资者的亏损情况

	沪深 300 年度涨幅	样本股票数	负收益个股比例	个股平均收益率	负收益投资者比例
2007 年	161%	1 372	1%	186%	30%
2011 年	–25%	2 302	92%	–29%	87%

根据中登的数据，2011 年初个人投资者的户均资产为 12 万元，据此推算，个人投资者平均亏损 33%，略高于指数。所以结论是，**大牛市中尚有大面积亏损，小熊市中自然亏得比市场略多**。大多数人肯定会产生一个疑问：2007 年还有 30% 的投资者亏损，怎么可能？

我们用另一幅更令人惊讶的图来旁证上述疑问。图 21-1 为申万活跃股指数，起点为 2000 年的 1 000 点，终点为当前的 12 点，16 年下来年化复合收益率为 –24%，持续稳定亏损，用了 4 年时间亏掉 50%，用了 5 年时间亏掉 75%，用了 16 年时间亏掉 99%。怎么做到的？只需在周初买入上一周换手率最高的 100 只股票，每周持续滚动。看到这种典型的追热点和追涨策略，是不是觉得很熟悉？

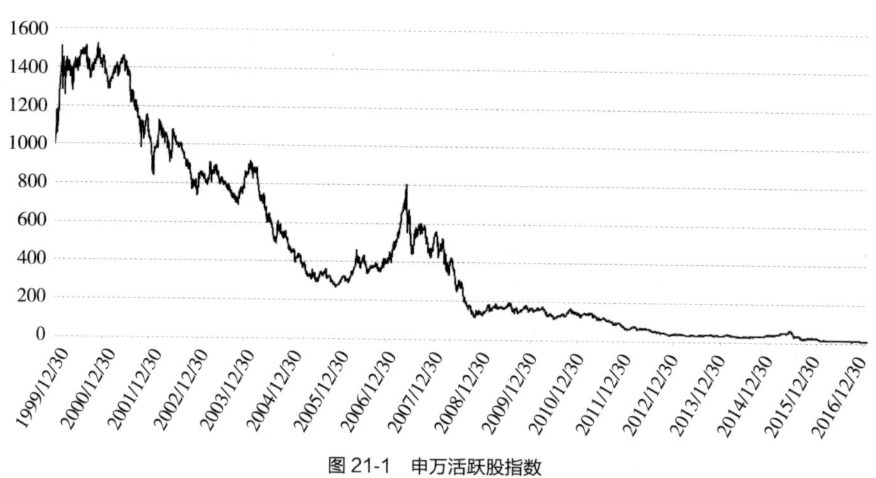

图 21-1 申万活跃股指数

毫无疑问，股市对于大多数个人投资者而言是危险的。

再来看一看机构投资者面临的情况，对它们的评价标准是相对收益。我们选取美国股市作为观测基准，因为比起尚且年轻的 A 股市场而言，成熟的美国市场更好地代表了我们的未来生态。

标普道琼斯指数公司每半年会发布《SPIVA 报告》，其中有专门的篇幅定期回顾美国共同基金表现。每期表现都非常稳定，一句话概括：约 90% 的共同基金无论短中长期，都持续稳定地跑输业绩基准（见表 21-2）。相比之下，中国的基金经理现在仍然是很幸福的，但是留给我们的时间还有多少呢？

表 21-2　美国股票型基金战胜业绩基准的比例

基金类型	比较基准	过去 1 年 (%)	过去 3 年 (%)	过去 5 年 (%)	过去 10 年 (%)
所有国内股票型基金	标普综合 1 500 指数	90.20	87.41	94.58	87.47
所有大盘基金	标普 500 指数	84.62	81.31	91.91	85.36
所有中盘基金	标普中盘 400 指数	87.89	83.81	87.87	91.27
所有小盘基金	标普小盘 600 指数	88.77	94.07	97.58	90.75

数据来源：标普道琼斯指数公司，截至 2016 年 6 月 30 日。

毫无疑问，即便是对于机构投资者而言，股市同样是危险的。**无论是个人投资者还是机构投资者，大部分人都对现实认知不足。**事实上，股市是一片充满未知的危险丛林，而我们是身处其中需要持续进化的生物。每个参与者都要心存敬畏，要对生态系统的运行和自身在其中的定位有客观认知，必须发展出系统的生存方式，这是在丛林世界中长期存活和持续发展的前提，否则，我们无法摆脱食物链的魔咒。“投资鬼才”乔尔·格林布雷（Joel Greenblatt）做过一个精辟的比喻，**“买股票但不知道究竟买了什么，就如同手持火把穿过一个炸药工厂，你可能会活下来，但是你仍然是个傻子”**。这句话值得我们贴在桌前，每次下单前思考再三。

可能的方向和路径选择：如何选择看待世界的角度

活跃股指数的例子告诉我们，如果在错误的方向上持续重复，只会离目标越来越远，所以方向很重要。只有方向正确，时间才会成为你的朋友而非敌人。如何找到方向感？我们无意于贴标签式的讨论投资理念，毕竟我辈致知，只是各随分限所及，但条条大路可通罗马。所以，我们先从理性角度讨论各种方法的优缺点。

HARD THINGS IN INVESTMENT

不简单的投资

股票市场的投资方法五花八门，似乎没有绝对的好坏，令人无所适从。但是总结下来，不管是哪种方法，要想获得长期的成功，必须具备三个特点：稳定性、可重复性、可持续性。否则，我们终其一生，只是在瞎子摸象，成为随机致富或者随机亏钱的傻瓜。

◎ 稳定性。这是成功股票投资的根基。所有的投资结果最后都可以从数学角度拆分成胜率和期望收益，这种源于量化投资的视角同样适用于基本面投资和其他方法的投资结果分析。不管我们选择何种投资方法，最终都要保证自己具备获取长期稳定胜率和期望收益的基础，同时避免犯大的错误。

◎ 可重复性。长期投资面临的最强约束是时间带来的复利效应。如果一种投资方法不能带来可重复的投资机会，那么即便天上偶尔掉馅饼砸在你头上，也始终无法成为你的长期饭票。

◎ 可持续性。由于个体时间和精力都是有限的，如果我们现在做的事情能够为未来积累价值和打造护城河，这样的路才会是越走越宽的路。基本面投资、量化投资，都是如此。在此基础上，慢就是快。

无论我们选择何种投资方法，上述三个属性都应该是追求的目标。反过来，如果某种投资方法很难满足以上三个属性，可能这种投资方法就需要更高的技巧以及更高的风险承受能力。

目标有了，那么路径呢？有一句谚语：投资比拼的是对真实世界的认知和理解。落实到行动上，对真实世界的认知和理解有很多角度，采用哪种角度的世界观就决定了我们最终采用何种投资方法。下面是 A 股市场上几种主要的投资方法（按发展顺序）：

◎ 2003 年以前，A 股由于筹码供给有限，资本市场处于初级阶段，资金驱动和市场操纵的特征比较明显，如果说除了坐庄之外还有一种比较流行的投资方法，那就是技术分析。技术分析有三大假设：价格涵盖一切市场信息、价格沿着趋势移动、历史会重复。基于这些假设，技术分析的侧重点在于通过各种几何方法和技术指标来分析研判股价运动。

◎ 2003 年以后，由于监管倒逼以及发展阶段等原因，共同基金以及券商研究所推动基本面投资开始大行其道。基本面投资的流程依次是基本面分析、财务预测和股票估值，其中估值又可以分为相对估值（PE/PB 等）和绝对估值（DCF 等）两大类方法，核心思想是通过上述链条来找到股票的合理定价。

◎ 2007年以后，由于A股市场的基础设施日渐完善，伴随国际化和人才流动，作为舶来品的量化投资开始兴起。量化投资的门类较多，不妨暂且将其分为传统和前沿两类。传统方法以多因素模型、量化套利、量化择时、高频交易等为代表；前沿方法以大数据挖掘、人工智能投资等为代表。核心在于以金融建模的方式总结过去和预测未来，同时以量化驱动的方式尽量避免主观干预带来的情绪弱点。

◎ 2013年以后，随着创业板牛市的开始和产业资本成为主角，各种形式的“市值管理”以及“一二级市场联动”做法开始登上舞台。这类做法总体以博弈为主，我们暂时按下不表。

表面上看，前三种投资方法完全不同，但是反观这三种方法的逻辑本质，基本是相通的：**都综合运用了归纳法和演绎法，都有一个大前提，并且这个大前提无法终极证实或证伪。**

技术分析基于三大假设，将投资分析极度简化为对价格运动的分析，通过归纳法总结历史上的价格运动找出规律，再在这些自定义规律的基础上进行股价运动的演绎应用，简单的应用如“MACD金叉买入”，复杂的应用如缠论。很明显，我们无法证实或证伪这三大假设，而这种方法的优缺点都很明显，优点在于极度简化，缺点在于逻辑不完备，但你无法从理性上完全否定这种方法。

基本面投资表面上看是演绎法的经典运用，但实际上隐含一个重要假设，即股票的交易价格围绕其内在价值波动，因此重点应该放在分析股票的内在价值上。价值投资者对这个假设的信奉程度，与技术分析者对于三大假设的信奉程度如出一辙，但挑战者的观点在于大部分情形下，市场价格和内在价值会持续大幅背离，并且“价值可计量”的这种想法在很多时候本身就是一种妄念。此外，我们使用最多的相对估值在赋予估值倍数时，本质上也是基于历史的归纳，这点与技术分析相信历史并无二致。所以很公平的，你也无法从理性上说服自己完全信任这种方法。

量化投资源自理工科出身的学院派，据说祖师爷里面相当一部分是第二次世界大战后失业的物理学家，因此量化投资也是所有投资流派中最接近自然科学研究思路的：观察现象、提出假设 / 模型、实验验证、证实 / 证伪 / 再修正。逻辑链条很严谨，但可惜的是股市作为社会科学的分支，天然不具备自然科学的主动实验条件——你只能等待实验的发生，而无法主动创造实验。你只能用事后的局部数据去检验或修正设想模型，而无法用完备的假设和实验获得总体数据去拟合精确模型。因此，越是复杂的模型，比如经典的多因素模型，就越是难以取得持续成功。

这世上有太多的似是而非，原因在于人们往往没有耐心去深究细节。在进一步探讨各种投资方法的路径选择之前，我们先来看一看投资面临的另外一个非常重要的隐性约束条件。

投资最大的隐性约束条件：人性的缺陷

现实生活中有两个存在多年的事物，很好地折射出为什么人性在股市中注定会有缺陷。

彩票

先来看一看百科上对福利彩票的定义："团结各界热心社会福利事业的人士，发扬社会主义人道主义精神，筹集社会福利资金，兴办残疾人、老年人、孤儿福利事业和帮助有困难的人。"再来看一看成果：中国自 1987 年设立福利彩票以来，每年销售额稳定增长，"十二五"时期累计销售超过 8 628 亿元，是"十一五"时期销量的 2.5 倍。

这个世界有许多悖论，其中有一个迄今为止尚未有任何社会可以解决：完美的集体中，应当做到人人为我、我为人人，个体愿意为集体福利而牺牲自我利益。但是，福利彩票无疑在自己的细分领域中达成了这个不可能的任务。为什么？

首先，从心理学的角度讲，赚钱效应和亏钱效应对于人们心理的激励是不对称的。人们的心理容易下意识地忽视亏钱可能，这是人们经常愿意冒险的根本原因。尤其是，在"大多数人根本没有意识到自己处于不利环境中"的时候。

其次，从生物学的角度讲，人类大脑天然不具备复杂概率的计算能力。人们往往只会注意到容易观察到的分子，不会进一步考虑不容易统计的分母；人们往往只想到直观的收益空间，而不会考虑叠加了概率和风险之后的预期收益的概念。因此，哪怕是在投资界，威廉·夏普提出的夏普比率——不能只考虑表观收益，还要考虑风险调整后的收益，在当时都是一个伟大的创新。

再次，大众在现实生活中存在普遍的存活者偏差现象。亏钱的人通常不愿意公开，因此容易形成很多人赚钱的错觉。

赌场

赌场进入门槛低，退出容易，买卖高效，可以反复交易，身边赚钱的示范效应从未停息，看上去好像都是优点。尽管事实上“十赌九输”，各种关于赌博的警世之言不绝于耳，还是有很多人乐此不疲。如果把前两句中的“赌场”换成“股市”，“赌博”换成“炒股”，是否同样成立？

和股票市场投资相比，一级市场股权投资门槛高，退出难度大，缺乏流动性。但也正因如此，两类投资者的行为迥异。**由于进出过于容易，股票投资者普遍容易产生交易冲动**。反正1手起买，钱多钱少都能玩，这次亏了下次再来，下单之前深思熟虑的少之又少。财富来之不易，投资有风险，本应是认真、审慎、思虑周全的行为，最后却变成了抛硬币赌大小的游戏，成为动物精神战胜人类理性的典型案例。最致命的地方在于，这种交易冲动具有惯性和成瘾性。只要稍微想一想，就会发现股票和香烟很像。烟草局规定香烟盒上必须附印“吸烟有害健康”的警示，然而烟草业无疑是最抗周期的成长性行业之一。证券监管部门处处提醒“股市有风险，入市需谨慎”，然而股票市场仍然被大部分人误当成是提款机，频繁交易，最后走出了申万活跃股指数的趋势。

如果认同上述人性的天然缺陷，如果认同股市天然不可避免具有赌场的某些性质，那么我们如何在股票市场中建立正确的观念？德州扑克曾经风靡投资圈，通行的说法是德州扑克和投资非常相似。在德州扑克界，有一位知名的华裔牌手邱大卫

（David Chiu），通过练就专业的德州扑克技术一步步改变了自己的命运，且看他如何描述自己的德州扑克世界观：

> 不同于人生的是，扑克的好处是可以重来。当你一年玩上万手牌的时候，好坏运气就会抵消，技术起着决定性作用，归根到底就是控制风险和回报。专业牌手追求预期回报（EV）最大化，不做负 EV 的事，他们会经常反思自己的技术漏洞，找出负 EV 的毛病并消除之，而业余赌徒只是为了爽。

在这里，我们看到了一个职业牌手而非业余赌徒的世界观，但你觉得他所说的仅仅是玩德州扑克的道理吗？他的理念和我们上述提到的“稳定性、可重复性、可持续性”原则是否如出一辙、殊途同归？

我们的选择：以基本面投资为主体的投资系统

芒格说，“如果我知道我会死在哪里，那我就永远不会去那个地方”。这句话蕴含着东方文化中舍得的智慧：**人们常常认为懂得去做什么是最重要的，但事实上由于现实生活的复杂性，懂得不去做什么也是非常重要的——避免失败，就已经成功了一半。**对于成功的长期投资而言，持续不犯大的错误，是非常重要的。

老子说，“无为胜有为”。我的理解是，并非为了无为而无为，而是因为看明白了无为最可为，所以无为。至此，我们可以回过头来继续关于方向和路径选择的问题。

这个世界纷繁复杂，但有两点从来没有改变：

◎ 人类世界自从诞生以来一直在持续发展，这是我们进行长期投资的根本原因。

◎ 如同《易经》所言，“不易为易”，世界唯一不变的就是变化本身，专业投资人必须具备把握变化的能力，才能防止在长期投资的过程中，在错误方向上越走越远，或者犯下大错。

基于以上两点背景，叠加前述“稳定性、可重复性、可持续性”投资目标，再叠加投资过程中人性的缺陷，实际上对投资方法的选择提出了非常苛刻的要求。如前所述，这里无意于进行贴标签式的投资理念讨论，仅探讨我们的方向与路径选择是否合理，为大家提供一点参考。

HARD THINGS IN INVESTMENT

不简单的投资　我们的路径选择是：坚持以中长久期的基本面投资方法为主体，以公司价值创造为主要收益来源，同时在投资过程中结合运用组合梯队、结构配置、逆向投资等方法形成投资系统，以此力图让组合处于更有利的位置。

首先，我们的研究基于中长久期进行。这种考虑基于一个简单的常识：通常而言，看短做短的难度极大。一方面由于越是短期，随机性因素越大，研究难以发挥决定价值，另一方面由于高频交易损耗大，长期复利下来拖累严重。此外，基于短久期因素的方法本质上更多属于事件驱动策略，而非研究驱动策略，更核心的要求在于反馈机制和反馈速度，而非研究能力。

其次，我们选择以基本面投资方法作为主体。从量化投资领域所做的长期尝试来看，多因素模型的思路已经被证明难以持续获得超额收益，而这种思路的本质是试图包纳多个维度的信息，从信息广度的角度进行投资。而基本面投资的思路更多是从信息深度的角度进行研究和决策，本质上是通过对商业规律和企业财务的研究来归纳过去和推演未来。背后的依据是商业规律本身是长期不变或者缓慢变化的，同时这种规律可被感知和认知，而客观的企业财务可被用来印证这种规律。这种规律的认知过程本身是有壁垒且可复用的，因此这种模式虽然苦、累，但其正向积累的特点决定了背后是一条越走越宽的路。

再次，我们以公司的价值创造为主要收益来源。股票市场上的收益来源根据确定性程度可以分为三种：确定性最高的是有数学保障的收益，比如当年的封闭式基金套利、现在的股指期货期现套利和分级基金套利等，但这种收益来源的缺点是资金容量有限、时间窗口有限；确定性次高的收益来源是上市公司的价值创造，优点是空间大、适用性强，缺点是需要研究能力以及耐心持有；确定性再次之的收益来源是博弈性收益，表面上看是捷径，但本质上比拼的是信息优势以及博弈技巧，难以重复和持续，且不稳定。因此总体来看，以价值创造作为主要收益来源，短期来看可能又笨又慢，但长期看，这是一种重剑无锋、大巧不工、令人心安的收益获取方式。

最后，如前面所说，我们也深知基本面投资方法的不完美。基本面投资方法能够给出方向感和大致的空间，但无法解决节奏问题，因此我们需要其他组件来形成一个相对完善的投资系统，尽量让自己处在一个比较有利的位置。这些组件包括组合梯队、结构配置、逆向投资等，对于绝对收益尤为重要，是平滑净值、控制回撤的有效手段。本质上而言，构建这样的系统更多是在明晰投资约束的前提下，加入容错空间和提高胜率，更好地平衡长期回报和短期回报，更好地平衡收益获取和风险控制。

用乔布斯的“Stay Hungry, Stay Foolish”（求知若饥，虚心若愚），来形容这个投资系统再恰当不过。首先，这确实是一种很“蠢”的投资方法，需要持续投入大量的精力进行产业学习和公司研究，尤其在信息过载的今天，说它是苦活、累活并不为过；其次，这种日复一日的学习和研究，如果没有对事物真相求知欲的“饥饿”，没有对投资发自内心的热爱，是不可能长期坚持下来的。因此，选择这种投资方式的人，都是甘愿又“蠢”又“饿”的人，也正因如此，在这个细分领域我们常常可以见到这种惊悚的场面：已经比你优秀太多的人，却每天都比你更努力。

好处也是明显的。投资行业是一个知识密集型的行业，因此从某种意义上来说，这种做法类似于持续进行高研发投入的技术型企业，这种持续的研发投入会慢慢转化为产出成果并成为护城河。此外由于干的是苦活、累活，愿意走这条路的人少，因此市场更容易对这类做法给予补偿。

HARD THINGS IN INVESTMENT

不简单的投资

所谓的方向与路径，首先是能力，其次是选择，最后是运气。所以对于每一位投资人而言，其实不存在所谓的最好的投资方法，只有最合适的投资方法。可以确定的只有一点，那就是有舍有得、有所为有所不为，才成智慧。

从业以来，我在不同的牛人身上看到了这种不约而同的类似特点：他们都意识到了那个看不到的世界的边界会对持续投资形成强大的约束，而他们通过持续的实践与纠错之后，都选择了放弃面面俱到的妄念，放弃许多看起来是机会其实是风险的机锋，转而建立自己稳定的框架和完整的系统，去更好地把握自己看得到也能摸得着的那个世界。

罗曼·罗兰有一句名言：“世上只有一种英雄主义，就是在认清生活真相之后依然热爱生活。”对于我们而言，只是希望能够做这种英雄主义的投资人，甘愿又“蠢”又“饿”。

「作者黄远豪为高毅资产基金经理。」

2017年度策略

在市场分化中集中优势

高毅资产投研团队 /2017.01

HARD THINGS
IN INVESTMENT

一年一度的“围炉夜话”是高毅资产独有的“另类策略会”。每年的“围炉夜话”以几位基金经理座谈讨论形式，生动地呈现投资策略、思想火花以及投资方法。

回顾2016年年初的“围炉夜话”，其中诸多预判已得到市场验证。2017“围炉夜话”在高毅资产2017投资策略会现场举行，高毅资产6位基金经理回顾2016年的投资心得，展望2017年的投资策略，体现了高毅团队“分享交锋、和而不同、互相学习”的投资文化。

2016年“围炉夜话”的预判：

◎ 基于经济基本面对市场偏谨慎；

◎ 大宗商品价格存在暴涨的可能；

◎ 人民币贬值；

◎ 中小创等高估值板块继续较大幅度下跌；

◎ 白酒、食品饮料、家电、港股等板块的好公司有明显投资机会。

2017年“围炉夜话”观点概要

国际

◎ 美国：经济基本面健康，不要低估特朗普的不确定性。

◎ 欧洲：靠出口挽救。

◎ 日本：难于破题。

中国经济

◎ 经过 6 年的调整，实体经济供求改善，企业盈利逐步向好。

市场

◎ 基于经济的企稳和企业盈利的增长，市场单边大幅下跌的概率低。

◎ 主题与概念炒作的条件不具备，市场关注的重点是真实的盈利和增长。

◎ 市场分化更加严重，便宜的好公司相对减少。

◎ 低增长环境下，机会更多集中在管理层最优秀、最有效率的企业。

板块（部分观点）

◎ 重点关注消费升级、制造业升级、供给显著改善的周期类、少量创新领域、汽车家电等领域；港股有较好机会。

行业思路（部分观点）

◎ 消费升级：从数量增长到结构升级与品类创新。

◎ 产业升级：泛制造业升级，尤其是具备从 1 到 *N* 的系统能力的行业龙头，全流程信息化改造，供应链优化提高效率。

◎ TMT 以及创新领域：投资于引导创新且有高护城河的优质生意和公司。

◎ 环保等优质供给逐步积累的行业。

方法回顾（部分观点）

◎ A 股"人多的地方不去"，港股"人少的地方不去"。

◎ 集中投资适度超越市场，看准了要敢于重仓，通过更深入的基本面研究获取更高的确定性。

回顾与展望

主要共识：2016 年行业机会明确，2017 年结构分化、优势集中。

卓利伟：我们来讨论一下过去一年我们的投资心得体会，也谈一谈对 2017 年以及未来的看法及展望，还有投资方法论方面的一些新的思考。我想请大家对 2016 年做一下简单的总结。

冯柳：2016 年可能有几个机会正好在我的风格上，但也错过了一些，也犯了几个不应该犯的错误。我感觉 2017 年整个市场比 2016 年更悲观，看不到很明确的整体机会。我觉得 2016 年没有太惨，一个原因是 2015 年不是一个同步的行情，涨的时候不是一起涨，跌的时候也不容易形成共振。经过 2016 年的步调校正后，我觉得 2017 年可能会比 2016 年更难一些。

2017 年我可能还会偏港股，并不是看多整个港股板块，只要整体对个体没有压制就行了，主要还是看个股自己的逻辑，着眼于一些中期业绩不太好但长期有展望前景的企业进行布局，为未来两年做准备。

王世宏：2016 年我的体会，选股上坚持原来的思路，总体来说是正确的。2017 年我还是去选择公司，看哪里有机会。我会观察重点关注的公司的创新点和效率提升点在哪里，哪些领域有变化，如果估值又合理，那可能有不错的机会。当然每一年思路的差异可能不是特别大，策略都一样，然后我们集中精力寻找这样的公司。

邱国鹭：回顾 2016 年的投资运作，在个股选择和行业配置上做得马马虎虎。2016 年行业配置主要集中在消费、食品饮料、汽车、家电，有一点金融地产，这些行业表现相对不错。2017 年我比较赞同他们两位的观点，2017 年一定意义上是更难做，好股票的超额收益已经兑现了一部分。

我还是比较喜欢港股中的部分公司。在全球低利率、资产荒的背景下，我们曾经对全球各种资产类别进行过系统梳理，发现港股是少有的能找到性价比还较高的资产类别，港股属于波动在所难免，但价值显而易见的市场。我们在去年一季度开始加大对港股的投资，2017 年也会重点关注港股。

目前港股市场的话语权仍掌握在欧美资金手里，他们是基本面导向，如果业绩超预期就涨，这个游戏规则对基本面投资者来说比较好把握。但由于港股是离岸市场，所以资金进出造成的波动比较大，这就需要投资者必须对公司有深入的研究才能避开雷区。我在华尔街做了 10 年，也很熟悉海外这些基金经理的打法。相对海外投资者来讲，我们对国内公司的研究更有优势，比如有一家公司我们认为 2017 年的增长有 50%，但是外资券商的报告预测增长只有 5%，我们对的概率可能比他们大，因为我们的多次草根调研发现这家公司的产品是脱销的。

卓利伟： 研究中国企业，我们相对海外资金还是有优势的。

邱国鹭： 对，我们买的股票的对手方经常是一些大的外资基金公司。大家都是基本面导向的，在港股市场里买那些五六倍市盈率、增长率在 30% 以上的公司，这种股票比较有把握。

孙庆瑞： 我觉得 2016 年需要总结的经验和反思的东西比较多，2016 年年初我认为市场有阿尔法套利的机会，从这个角度来说，追求绝对收益本身的做法是有比较大的影响的。

2017 年我觉得当流动性走在反方向趋势上的时候，总体上估值的压力还是有的，尤其是在业绩成长性没有那么高的行业里面。另外，跟经济比较相关的周期性行业中的中游行业龙头还是不错的，业绩增长本身可能会让他们有一些阿尔法套利的机会。

就港股来说，我也觉得机会多一些。第一估值便宜。第二如果港股本身估值的周期性跟美元的汇率负相关度高的话，整体看美元的汇率再继续这么强的时间和空间都不太高了。所以我觉得整体上港股的机会或者估值提升的机会还是有的。

邓晓峰： 如果从个股的选择、行业的选择来看，2016 年我们是相对好做的，年初我们已经看到一批公司肯定有绝对回报的机会，从行业的角度都很明确。毫无疑问，2017 年行业的机会比 2016 年更少，因为很多行业已经经历了估值上涨。

在 2017 上半年的 A 股，行业的基本面跟投资者的预期差比较大的还是在传统的乘用车行业里。一方面市场对汽车行业偏悲观，另一方面行业盈利的增速、质量都比较高，同时它的估值水平在整个 2016 年是没有修复的，还在很低的水平，所以有可能这是一个行业性的机会。除此之外，我觉得行业性的机会更少。反而是再往后看，比如到下半年的时候，整个市场调整更多之后，可能分化的机会会逐渐出来。

我们从基本面总体看，中国在企业层面、国家层面没有大的系统性的风险，只是有个体性的、行业性的、结构性的问题。如果发生债市去杠杆、中美贸易冲突等一些让大家过度恐慌的意外冲击时，我觉得投资机会反倒来了，不管是传统行业还是新兴行业。

卓利伟： 可能从流动性、国际环境等客观条件来说，2017 年似乎比 2016 年要差一些，但是从投资选择来说思路反而更清晰、更简单、更可执行。在实际操作层面，我们比较清楚知道什么是最重要的课题，把最重要的事情做到更有深度，我觉得这是有指导意义的。

邓晓峰：是的，我们先把研究工作做好，然后慢慢地瞄准，等到价格下来的时候再去投选定公司。

卓利伟：其实就像 2016 年年初我们讨论的一样，2016 年的市场其实是比较简单的，尤其是对结构上的判断比较容易。从 2015 年一季度开始，我基本上没有创业板的持仓，这是用最简单的常识就能判断的，你只要管住自己的手就可以了。结构上，2016 年全年还是有非常明显的机会的，尤其是上半年，利率非常低，优质蓝筹股很便宜，在这部分挑一些竞争力较强的公司，最后收益都还不错。从全年看，由于系统性估值还是一个震荡向下的过程，所以股票净多头仓位一直处于相对不高的区间，没有使得正收益更高，但对于规避系统性风险与控制业绩波动来说，这也是策略上的一个选择。

对于 2017 年来说，我觉得市场整体上缺乏系统性机会，但在结构性的选择上可能反而更容易一些，市场对一些行业与公司无论在产业趋势还是股票估值方面的风险认识与预期会更加清楚，并且会进一步自我强化，这个时候好公司的优势反而会更加凸显。同时，存量资金的规模庞大，而且还会有增量资金流入，这少部分优秀企业的估值还会有进一步提升的空间。所以，市场将呈现产业基本面出现分化、估值趋于收敛、优势更为集中的态势，下半年成长型公司可能出现机会。

投资中新的思考

1. 集中投资

主要反思：看准了就要敢于重仓，哪怕逆市。

卓利伟：经过 2016 年，大家在投资的方法论、思维框架等方面有什么新的思考与心得？

邱国鹭：我觉得 2016 年最大的失误还是在于，看对了市场方向导致仓位不高，没有充分利用一些个股大幅上涨的机会。另外，集中度还不够，2016 年看对了市场方向，却因为对市场的谨慎没敢对看好的个股出重手，还是有点儿犹豫、不够坚决，这其实也是研究不够深入的一种表现。

卓利伟：邱总刚才提到有些可惜的是赚得多的股票仓位不够重，所以把2017年确定为高毅的投研提升年，把我们特别看好的东西研究得更深入，把确定性提得更高。也就是说，我们在选标的的能力上还是不错的，如果在配置上再提高一些效果会更好。

邱国鹭：一家公司只要研究透了，就应该重仓。2015年我们稍稍谨慎了些，因为当时我刚从公募到私募，需要与客户建立信任度。为什么我们说“与信任共同成长”，因为客户的信任是一个资产管理公司的核心竞争力之一。有客户的信任，我们做一些事情的时候就更从容一些，经过这两年的风雨与共，投资者朋友的信任度不断加强。有了信任度，投资者对业绩波动也更会理解，这样我们心态才会更好，在加强研究的基础上就能提高集中度，这对长期的业绩更有利。

2. 绝对收益方法

探索：对抗系统性风险，对冲好还是直接减仓好?

王世宏：2016年学到的最好的一课就是像冯总这样，尽可能地选股，然后满仓。如果你对冲了，特别是用高成本对冲的方式去对冲的话，实际上对你的收益率会有很大损害。所以我觉得最好的一课是重新审视了风险控制，有时候用减仓的方式比用股指期货对冲更好一些，用最有信心把握的股票，它会给你带来最好的风险收益比。

邓晓峰：2016年是我做绝对收益的第一个完整年度，年初在熔断发生了之后，我就想怎么去应对。我还是比较喜欢下跌的市场，尤其是整体下跌的市场，它一定会有个股的机会。但是我们又没法承受净值继续下跌的风险，所以只能通过一方面开股指期货空仓，一方面买正股的方法去应对这个市场。

这是一个可以应对市场系统风险的办法，但也是成本非常高的办法。2016年3月后，市场整体处于缓慢上涨的状态，一方面有指数的上涨，一方面还有基差的损失，持续对冲的成本非常高。如果以后交易所能继续放宽相关标准，对冲的成本可以降低不少。虽然这个办法很笨，使用的条件也比较差，但还是应付过来了，这里面有经验、有教训。

2017年我还是会阶段性地采用这样的办法去应对目前的市场，这是一个在外部条件约束之下可行的办法，系统性下跌一旦让产品净值有了7～10个点的回撤，客户方面的压力会比较大，我们还需要继续与客户建立信任。开一些股指期货的空头，然后通过选一些个股，用个股的超额收益去弥补掉股指期货的损失，然后当年度的收益到一定比例之后，可以承受的风险就更高一点儿。

卓利伟：我觉得总体上股指期货还是需要使用的风险对冲工具，尤其需要关注的是自己的组合与期指本身是否有足够的相关性，当然，可惜目前期指品种还不够丰富，一般我会考虑用几个期指做一个组合来对冲风险，期待以后期指品种更多，我们可使用的工具就会更多。当然，我一直把期指当成对冲风险、降低净值波动的方法，不会去做基于对指数的预测来谋求太高的收益，我的投资主要还是来源于对产业与企业研究产生的超额收益。

2017 年投资中重点考虑的问题

1. 宏观：担忧，流动性风险还未结束

卓利伟：谈到宏观环境，请教一下孙总，2016 年年底债市发生了很大危机，其后我们看到年底中央经济工作会议的报告里面也非常明确地提出了 2017 年的政策重点是降杠杆，主要是金融体系的杠杆。然后货币是相对偏紧的，资产泡沫是要压制的。这个环境下面，整个债市导致的整体金融体系流动性的阶段性风险，你觉得有没有结束？对股市还有哪些影响？

孙庆瑞：我觉得应该还没有结束。站在目前这个时点看，可能是释放了一部分的风险，但是整体的杠杆率还是高的，可能还是会在某个阶段对流动性产生比较大的冲击。因为整体趋势上看利率水平还是会往上走高的。当利率水平在走高、流动性环境变紧的情况下，货币产品或者委外产品，尤其是杠杆还没有降下来的产品，如果中间环节出现问题，整体风险可能在某个点上还是会有释放。

对股票的冲击我觉得还是有的，因为在贴现率走高的过程中，尤其是盈利水平如果不够抵消利率的上升影响，而经济才刚刚开始向好，又不像 2006 年、2007 年爆发式增长，整体的估值还是会受流动性的负面影响。所以我觉得整体上杀估值的情况还是有可能发生。

2. 周期与大宗商品：温和反转、行业分化

卓利伟：孙总在 2016 年的分享中对宏观、周期与大宗商品等方面的预判非常准确，2017 年有什么新的看法吗？

孙庆瑞： 2016 年，我对周期的看法包括对大宗商品的看法，认为是有可能会反转的。从经济的层面、周期的层面其实是看到全年的数据，尤其按月度数据，看名义 GDP 或者名义工业增加值，或者从企业盈利角度看是会转好的。我也只是觉得有可能反转，但如果要清楚地说这一定是个反转点，还没有那样确定的判断。只是走到中间已经看得比较清楚，这大概是一个反转的点了。

我觉得 2017 年大宗商品的表现会分化。有一些大宗商品的价格可能会在目前位置上下震荡，已经很难再走高，因为之前的确是涨太多了。但是还有一部分商品可能看到全年比 2016 年表现稍好。

市场总体趋势上，2017 年可能在中间位置上有反复，但我觉得周期还是走在了一个修复向上的时间。

3. 房地产：人口红利大势已去，政策趋于压制泡沫

卓利伟： 王总早年被万科董事会秘书称为“市场上最牛的地产分析师”，请教一下王总，在现在宏观环境之下，你对金融地产有什么新的观察和看法?

王世宏： 我觉得中国会继续处在一个局部加杠杆过程中，工业企业的加杠杆整体还会加深，能够逆转这个过程的只有两种可能：一种是技术创新或制度改革带来效率提升，杠杆就自然地降下来了；还有一种是因为其他原因杠杆加不上去了。因为加杠杆的前提需要利率不断下降，但是可能因为受到外部环境的影响，比如最近美元的利息提升了，利率不可能再下降。如果企业的效率提升，杠杆下降的情况能够发生，这是金融地产未来几年最好的爆发点，就可以看到金融地产的股票就会好一点。

比如从 1998 年到 2007 年，金融地产涨了 10 倍以上，反过来看从那时候到现在，招商银行的股价还没有超过 2007 年。我们再看美国，从 2008 年到现在，美国金融地产股表现不错，因为他们这一轮降了杠杆，企业经营效率提升，所以他们的金融地产会有好的表现。金融地产作为股票的表现还是跟国家经济的健康发展有关。

一个是人口的变化、一个是财富的变化，这两大因素会对房地产的销量、投资、房价产生一些影响。人口变化这个趋势是确定的，财富的变化还是要看我们的货币条件，包括经济的发展。

从短期来讲，我觉得2017年政府如果去挤压资产方面的泡沫，M2有可能增速放缓。如果M2增速在2017年年初比较低的话，那我们可能会在2017年二季度以后看到一些城市的房价有一定幅度的调整，但是调整的幅度可能仅仅跟前两轮调整周期的幅度类似。可能会对一些领域有阶段性的压力存在。直到我们觉得泡沫基本上去掉了，经济又需要更宽松一点的环境了，货币环境宽松了，那时候的机会将更多。

卓利伟：房地产销售去年创了新高，再上一轮的销售高点是在2013年，然而从人口结构的角度来说，“90后”人口比“80后”少了35%左右，中国家庭住宅自有率、成套率与人均面积都到了相当高的水平，当然对于人口净导入与产业集群进一步扩大的少部分城市来说，房地产的压力并不大，但从总量上看，房地产的刚需应该是持续收缩的，城市化率的速度也在下降，为什么2016年还会发生这样的情况？这是短期的经济刺激政策和货币条件变化导致的，还是之前大家的一些判断角度有一些问题？

王世宏：从人口角度来说，对于房地产的需求，2017年和2018年有比较大的压力。从2014年开始中国的结婚对数开始下滑，预计从2013年到2029年这16年间，结婚对数下滑最明显的两年是2017年和2018年，每年大概会下降4%。

2016年房地产创出了历史上前所未有的销量，这个销量最主要是受到放松限购和降低利率的刺激，通过放松限购、降低首付款的比例、降低利率，实现了购房实际成本的大幅下降。

下一次是不是还有这样的情况？从人口的角度来说，人口肯定是往下走的，政策刺激方面要想比2016年更好的话，就要实现比2016年刺激幅度更大的政策。2016年一年时间降了5次息，市场化的利率降得更多，你要实现同样的降息幅度才会有更大的刺激幅度，这个难度就比上次要更大。所以我觉得2016年应该是中国房地产市场成交量不可逾越的高点，后面的成交量应该是逐渐随着人口下滑的。每次的货币放松又会带来成交量阶段性的反弹。但只是反弹而已。

4. 港股：顶部和底部特征不同，高度关注内地资金进入后的生态改变

卓利伟：冯总在2016年开始投资港股，据我所知，你过去在海外的投资时间并不是特别长，港股市场体系和投资结构都跟A股市场有显著不同，这方面你有什么体会可以分享？

冯柳：2016 年是我第一次碰港股，以前没有参与过。我在 2016 年之前也区分了一下 A 股和港股的不同，因为一直听说港股比较凶险，所以我把 A 股、港股类似的股票都翻出来做了对比，发现它们在顶部的时候是一样的，但是在底部的时候很不一样。港股散户少，而底部一般是散户抗出来的，所以港股的底部位置比 A 股低。

还有一个不同，A 股真正的底部是所有参与的人都奄奄一息了，所以 A 股虽然平时的成交量很大，但真正的底部量是不大的。而港股在底部时做空的力量还很活跃，所以相对容易在底部买到量。在底部买入筹码的时候，有的港股代价还更少些。

从成交量来讲，虽然港股成交量低，但参与的人也少。A 股成交量即便是港股的数倍，但是参与的人更多，你分到的部分也就小了，所以并不像表面上看到的那样。另外，港股一旦明朗之后就不太容易有右侧的机会，要偏左侧一点儿，港股的左侧比 A 股的左侧更容易买和卖。所以二者相比有好也有坏。

A 股参与的人很多，哪怕关注度很低的股票未来也可以变高，所以你可以选择低关注度的地方，而港股绝对不能赚关注度从低到高的钱，因为很多港股的关注度可能一辈子都低。你要选择的股票一定得是市场绕不开的，可以说这家企业整个经营节奏不好，市场对它有各种各样的偏见，但它一旦好起来的时候，市场是绕不开的。尽可能选行业龙头或者有代表性的公司，不能选绕得开的。这不光是从市值的角度来看，有的股票可能市值不小，但它所属行业内上市公司很多，它的关注度可能就非常低。还有的股票可能市值不大，但在它这个行业里是唯一或者有代表性的，所以这个关注度不容易绕开。

港股挖掘价值的时候不能光从估值的角度出发，要尊重不同市场的估值偏好。另外，人少的地方不能去，虽然我们要做逆向投资，但是我们要更多地在大家绕不开的地方去做逆向投资。

卓利伟：就是有可能未来关注度会多起来?

冯柳：至少关注的人是多的，参与的人可以少，但关注的人不能少。有的股票不管基本面好与坏，大家可以绕得开，这就是被边缘的股票，很难重新再回到正常估值体系里来的。在 A 股过去其实不存在很边缘的股票，只要有点东西，很容易重新回到人们的视线。但我觉得 A 股以后上市公司多了，可能也会有港股公司类似的情况。所以在关注的角度上，我们也要参照港股，在下次 A 股底部的时候，可能也会参考港股的模式来做。

今年虽然是第一次做港股，但一直有保持关注，这样机会来了要参与比较容易。

卓利伟：请冯总结合港股的投资经验，谈一谈你在估值底和基本面的底这个双重底上面的判断，有什么方法、视角?

冯柳：大的牛熊市比较容易出现基本面和市场面的合拍，但分化的时候这两者就不太容易合拍，这个阶段我更倾向于从市场角度下手去做。另外以前阳光普照的时候随便哪里种点庄稼都能有收成，多与少的区别，现在大家都不好过，就要有“抢劫”能力。一是要有“抢劫”消费者的能力，就是投有定价权的企业；二是要有“抢劫”竞争对手的能力，得投有行业竞争力能提高集中度的企业；三是要有“抢劫”对手盘的能力，就是要多抓住逆向投资的机会。

卓利伟：海外投资人不愿意把自己表现不好的股票留在定期报告持仓名单里面，所以有时候有基本面捡漏的机会。而且香港市场是一个非常有效的市场，它的资金是离岸的，它的大部分公司是中国的公司，所以基本面研究上我们有显著的优势。需要把握的可能是全球的流动性的变化、交易行为的变化，在这里找准节奏，所以从这个角度来说，港股市场还是可以有所作为的。王总，你在港股和中概股上面的研究和投资经验非常丰富，你有什么体会?

王世宏：这么多年我们的感觉就是A股有底、没有顶，港股有顶、没有底，尤其在2008年这个体会非常深，作为一个离岸市场它没有底。有一个地产公司涨幅比腾讯还大，不是它的收入和增速比腾讯好，而是2008年只有2倍市盈率，从2倍到20倍，它就涨了9倍，还因为它业务每年增长20%，到现在就有20倍的涨幅。这种机会你在A股上很少能看到，很多A股跌到1倍PB就不跌了，再跌就有资金进入。而在港股经常会发生这种事情，基本上每一年可能有一次。

以后可能会好一些。因为最近我们的感觉是沪港通、深港通，国内资金进去越来越多，感觉市场稳定性好多了。我们在2016年的两次事件当中都有非常明显的体会，一次是英国脱欧，一次是美国大选，以前这种事件发生时市场都是大跌的，但2016年这两次事件发生时市场在下午都被拉起来了。原来的生态可能会随着国内资金的增加产生变化。刚才冯总也说了，随着国内资金增加，港股市场的风险特征可能会发生显著变化，一段时间内可能会由于资金进入导致波动降低，风险收益比改善。

现在波动性更大的是中概股。香港有沪港通、深港通的国内资金帮忙支撑，但中概没有很多国内资金。中概的大票由海外资金占据，小票是由中国的一些钱在里头，一旦市场不好的时候，就会出现海外资金争相抛售，国内资金在市场环境不好的时候暂时不敢动，就跌得非常快，反过来市场好的时候，比如就像最近几天人民币快速贬值暂时告一段落，市场就会极速反弹。中概现在的波动性比港股还要大，这就形成特定的市场特征。我们在资金上要适应这种特征，也要关注这种特征的变化。

卓利伟：我们观察到，2016年通过港股通流入香港市场的资金在持续较大幅度的增加，我相信这个势头远没有结束，在同一企业与同一个行业中的部分股票之间，港股相对于A股有着非常显著的估值优势与套利机会，港股投资者结构与资金生态将会持续发生变化，也许港股的特征将会与以往越来越不一样了，未来港股的“A股化”特征可能会越来越明显。

5. 汽车：国产品牌对合资品牌的替代将产生大机会

卓利伟：大家都深入地谈到了消费升级与制造业升级，比如白电行业中就有一些优秀企业在消费升级的趋势中，不断通过供应链优化、管理提升来持续提高盈利能力。另外，我们还可以看到中国自主品牌的汽车企业有消费结构升级与制造业升级的双重特征，请邓总与邱总对这个产业做一些分享。

邓晓峰：汽车业是在2016年估值水平没有修复、基本面和增长又还不错的为数不多的行业之一。当市场的共识与实际的情况存在明显的偏差时，这种认知的偏差会创造巨大的投资机会。尤其是这个行业本身的资本回报率非常高，企业持续创造高利润，而市场给的估值水平又非常低时。即使行业估值不提升，企业的盈利和增长已经能为投资者带来足够的回报了。其实这几年家电和汽车的投资一直都是这样的模式，这两个行业的估值都没涨，但它们的市值和盈利在不断上涨。

最近几年，作为卖方市场的汽车行业研究水平提升得很快。要从研究上获得超额收益，实现阿尔法套利已经比较难。但是，专业机构对这个行业的偏见或者说误区一直存在，从我们的交易对手层面来看，阿尔法套利的机会依然显著。这是我对这个行业的生态体系观察之后的体会。

邱国鹭：中国的产业升级已经处于临界点，汽车是其中一个代表。中国的汽车行业正在经历自主品牌崛起的过程，有点类似家电行业 10 年前和手机行业 3 年前的情景。比如智能手机，以华为、VIVO、OPPO 等为代表的国产品牌正在逐步抢占苹果和三星的市场，与此同时，汽车业的国产品牌也正在崛起。

中国的机械出口占全世界总量的 37%，但汽车出口只占 3.7%，增长空间巨大。我们观察到，过去 5 年，中国 SUV 的年化增长率在 40% 以上，其中进口和合资品牌的占比在不断下降，15 万元以下的 SUV 现在基本上是国产品牌的天下，多款爆款车型月销量都突破 2 万辆，说明汽车产业升级已经达到了一定程度。汽车是一个很大的市场，一年有 2 800 万辆的销售量，上下游整个产业链一年的 GDP 高达 5 万亿，具有出大市值公司的可能性。

邓晓峰：为什么自主品牌会有足够多的机会？因为汽车行业里有 7 000 亿元的利润池，蛋糕足够大，如果能够做出自主品牌，至少有 10 倍的空间。我们在通信行业里经历过类似情况。同时，新能源行业是未来 5 到 10 年空间最大的行业，而且必定要发生变化，新能源汽车将会是先走电动化，再走智能化，“分步走”的发展节奏使这个行业很容易跨越鸿沟。

自主品牌对合资品牌的超越，先从本土开始，在 3 到 5 年之内，我们的传统车就会实现整体性地崛起，然后在新能源车普及的时候再实现更大范围的超越。这种模式是一定会发生的。归根到底是由跨国企业的组织结构和研发体系所决定。跨国企业全部都是全球平台，基本上是用一个产品来适应全球的需求，它对中国本地客户需求的反应、融入他产品里面的改进和更新是缓慢的，这个过程它没有办法去改变。而且无论怎么做，它的放权和授权程度还是不够的，没有办法真正把研发贴近客户，深入到中国。

所以自主品牌的超越一定会发生，在传统车、在新能源车都会发生。因为有新能源，因为有汽车的电子化，因为产品要不断地改进和更新，要更快地迭代的时候，跨国公司难以应对市场的变化，自主品牌有非常大的机会。这个过程已经在发生，随着时间的推移，我们本土供应链的进步越来越多的时候，跨国公司压力会越来越大。这是全球第一大行业——汽车行业正在发生的根本性的变化，它最早在中国开始发生是我们的幸运。

6. 创新与互联网

卓利伟：王总对整个 TMT 创新与互联网领域的研究非常深入。在大 TMT 领域，有什么清楚的、明晰的投资思路提示给我们?

王世宏：从 2002 年下半年开始，一直到 2016 年，我们看到互联网公司非常繁荣，因为它们先有 PC 的红利，后有移动的红利，这期间包括早期腾讯、百度，都帮投资人赚了非常多的钱。

现在情况发生了变化，因为到了下半场，用户的红利增长变慢了，我们现在切实感觉到在互联网每一个子行业当中，除了一两个新的领域，比如像小视频、直播这样非常新的领域仍然有很多创意公司出来，老的领域的需求都明显开始放慢。在需求放慢、大公司又不断进入、挤压的时候，小公司如果不迅速跟上，就有压力。

这种特征出现在每个行业中，如果没有一个特别强的差异化策略，你只能卖给主导公司，大家的整合会增加。有些公司可能连被购买的价值都没有，比如有些公司退市了，但没有人去买，因为没有什么价值。

我们看到整合在快速发生，虽然整合在发生，但是整合结果的体现又不是短期的，比如旅游领域，虽然整合发生了，但是又有新的进入者，他们仍然让原有龙头不能快速地提升。行业增长变慢了，原有的行业龙头希望整合，原来的失败者出局了，但是在这个时候的新进入者又来跟你继续竞争，那么你的利润率还是不能提升。

如果有行业进行了成功的整合，比如电商整合得比较好，那么第一名就可以慢慢地提高它的利润率，第二名的利润率也会慢慢地改善，这种整合得比较明确的，短期来讲相对看得更清楚。另外有一些领域像广告就属于迅速被替代，广告前两年是搜索很好，现在流媒体出来了，今年垂直类都非常差，像房和车，因为它的时间都变到了流媒体上去了，广告也移过去了。有内容的会好一点，因为大家会看你的内容，而那些纯流量平台，靠烧钱补贴起来的，这个时候就会更痛苦。

所以，我觉得行业在整合，有些整合得不错的可能很快会好，有些整合慢的还是有压力。增长快的又集中垄断在巨头的手里，比如娱乐、支付被巨头垄断了，留给小公司的机会非常少，无论是支付还是云，这些生意都具有非常强的规模效应，第三家公司基本上很难做。

所以我们就看到巨头的集中趋势在旧的行业加强，但是新的行业可能才刚刚开始。

卓利伟：泛互联网行业也是优势在集中，那些服务简单的、没有壁垒、流量黏性缺乏的商业模式会被其他大公司碾压，当然少部分领域还存在流量、用户与渗透率进一步提升的空间。这个环境下，更重要的是关注具备超强的内容供给与用户运营能力的公司。

投资业绩来自投研团队的系统能力

投资人：请问卓总，您一直强调 2017 年是一个加强研究的年份，请谈一谈您对研究的想法？而且基金经理各有风格，你们的研究怎么配合风格和范围呢？

卓利伟：谢谢，很好的问题。我们说 2017 年加强研究，并不是说 2016 年我们做得不好。当然，投资和研究是永远无止境的事情，我们每天都在不断学习。加强研究我想有几个方面：

第一，我们 6 位基金经理本质上都是资深的研究员，每个人各有特点，在各个领域有自己的特长，我们的基金经理本身就是很好的研究团队。第二，我们目前有 9 位行业分析师，每个基金经理还配备一两位投资助理和研究助理；多数研究员从业年限超过 5 年，毕业于北大、清华、复旦等名校，来自国内一线公募基金公司；我们还会继续招聘比较资深又年富力强的研究员，继续在各个领域加强团队建设。第三，我们在研究管理的流程上还会不断优化，加强研究的深度与前瞻性，我们将在产业研究框架、内部投研讨论的共同语言体系、重点课题与重点公司的深度研究、深度讨论会的流程管理等方面进一步加强，互相学习、共同进步，充分发挥每一个人的优势，努力把整个投研的系统能力提高。如果我们能够在两三年内积累对一批优秀企业有洞察力的深度研究能力，这个系统能力一定会在投资业绩上充分体现。我们相信这个持续积累的威力。

我经常说，好的业绩来自好的团队，好的规模来自好的业绩，对于资产管理公司来说这是一个递进关系，先有好的机制和团队，然后才有业绩，然后才有规模，它是一个递进关系。所以我们相信坚持这条道路是会越走越顺的。

2016 年度策略

经济筑底，估值修复

高毅资产投研团队 /2016.01

HARD THINGS
IN INVESTMENT

这一季“围炉夜话”是高毅资产呈献给投资者的新春礼物。在 2016 年开年之际，高毅旗下 6 位投资经理围炉夜话，畅谈这一年投资中重要的事。

高毅资产希望探索私募基金管理公司的“百年老店”之路，在投资文化上像是一个投资俱乐部，公司目前有 6 名经过长期历练的投资经理，在研究与投资上严谨追求的态度一致，同时又在方法体系与策略风格上保持差异与互补。

高毅资产长期坚定专注于基本面研究和投资，整体特点是不追市场热点，把基本面研究透。我们深信，投资不是比谁跑得快，而是比谁看得深、看得远、看得准。

激辩 2016 年：投资中几个重要问题

1. 超预期的会是什么?

邱国鹭：你们觉得 2016 年如果有一个东西向上超预期，会是什么?

孙庆瑞：也许是商品价格暴涨。

邱国鹭：我自己有一个比较强烈的感觉，2016 年应该是消费升级好一些。消费类股票在 2013 年、2014 年、2015 年都表现不好，但其实民间中产阶级的消费升级是很明显的，这几年品质稍微好一点的东西都卖得很好，比如智能手机过去几年迅速普及到全社会。

众多的消费品企业目前处于合理的估值水平，泡沫破裂的风险较小。只要中国经济继续以 5% 以上的速度发展，消费升级是势不可挡的。过去几年，虽然有八项规定对奢侈消费的打击，中高端消费品销售增长情况仍非常好。消费升级会走向品牌消费品，以白酒为例，以前大家喝散装酒，现在要喝品牌的。目前许多白酒企业估值依然处于合理水平，在经历过去两年的行业洗牌之后，剩下的企业将面临更好的竞争环境，投资价值非常明显。

孙庆瑞：其实消费行业里面跟消费升级相关的并不多，国内没有找着能升级到食品饮料之类的。

邱国鹭：确实不多，但港股 A 股也是有一些的。其实汽车消费也是消费升级的一部分，而且汽车本身对利率又比较敏感，中国今后 5 到 10 年如果要适应经济转型，一定是靠消费信贷来驱动。如果基建、地产都撑不住，下一个增长点怎么办？只有中央政府和居民还能加杠杆，地方政府和企业加杠杆的力度已经很足了，所以从需求端就只有这两块，要么是中央的项目，要么是居民消费升级，愿意借钱买东西。

还有一块，我认为是除北上广深之外，准一线城市房地产去库存。中央财经领导小组办公室提出 2016 年的四大歼灭战之一就是房地产去库存。北上广深等一线城市没有库存问题，三四线城市库存去不掉，因此去库存的主战场应该在二线城市。省会加计划单列市有 40 多个城市，其中较好的 20 多个城市 2016 年应该表现不错，像苏州、长沙、成都、重庆、武汉等有服务业又有产业集群的城市，能解决就业问题，有人口流入，房价会有长远支撑。最后不会 14 亿人都挤在北上广深，肯定还有二三十个城市群，这就是房地产的机会。中国将来大概率会走大都会的模式，日本、韩国也一样。五到十年的经济引擎，一定得靠消费和地产来驱动。

卓利伟：消费升级总体上我还是比较看好的，居民家庭在住宅的刚性支出占比会持续下降，新中产的人口占比也会持续提高，在很多自主支付的消费品中，无论是可选消费还是日常消费，均体现出明显的消费升级。另外，消费领域还有两个线索是值得关注的，一是非物质的、精神与文化方面的服务类消费显著提高，二是“85 后”“90 后”的消费意愿与人均 ARPU 值也显著提高，这两个因素既会带来一些老品类的创新，也会出现一些较大的新品类。在和产业人士与一级市场的投资者交流时，可以明显感受到这一点，这些公司可能在目前的股票中不太好找，但我相信会有一些公司通过转型、并购或者新的 IPO 持续呈现给资本市场。

2. 商品会超预期吗？万一经济突然转好呢？

冯柳：我一般只担心小概率事件，哪怕它不可能发生。就目前来讲，最小概率和预期的事件就是经济增速转好。另外，商品期货里很多品种感觉都过了最悲观的阶段。

孙庆瑞：对，这也是我的担心！我觉得供给端的收缩说不定会超预期。并不是说 GDP 增速一定要从 5% 涨到 7% 或 8%，只是说 GDP 增速下跌没有关系，总供求关系合适就好，供给端上收缩，企业的资本回报率就会变好，盈利就会变好。这个部分就会让盈利增长发生一个质的变化。

冯柳：不过这种底也不容易把握，还要去找反转的力量，否则底部区域横几年也很有可能。

孙庆瑞：是很难判断。我不知道供给端的调整，或者商品的价格，会有什么变化。商品价格下跌是因为在过去全世界经济都不好。但是这件事只要想象一下，变成另外一个故事，就不一样了。

邱国鹭：我觉得 2016 年要是经济突然走强，这个可能是存在的，因为不要低估中国企业对于流动性的敏感度，而且人民币贬值对出口刺激还是有一定作用的，但是这毕竟是个小概率事件，所以大宗商品反转难度较大。

邓晓峰：我对大宗商品没那么乐观，看一看 BDI 的走势，对比高点，下跌幅度超过 95%，调整的时间和幅度令人瞠目。大宗商品经历超级繁荣后，产能的扩张太多，压缩过程才刚开始。而且，中国投资高峰已过，再上去的机会不大。

邓晓峰：如果中国的投资慢慢恢复正常，铜可能是所有大宗商品里面供求最好的一个品种。铜矿开采难度最大，铝、铅等金属的东西，资源量不缺，开采容易，生产过程也挺容易，行业景气主要靠需求拉动，供给的压缩会非常之难。

邱国鹭：第一，中国地产新开工一时半会儿不会起来，因为三四线城市的库存解决不了，现在政府的基建平稳，其实主要都是在建工程，新开工的工程占比也是不高的，所以说后续需求的延续是不容易的，除非印度什么时候能起来，但是它的体量太小，对商品需求的拉动三五年内是看不出来的。第二，美国上次经济危机是 2008 年，到 2016

年已经8年了，而美国经济，每7到9年就有一个经济危机，那么大宗商品反转一定是在经济危机之后，而不会在经济周期最后两三年来。所以，即使说大宗商品有一个见底的迹象，我认为也就是个大反弹，不是那种真正几年的底部。

孙庆瑞： 这个我同意。经济就是见了底也是个宽底，在供给端调整可能让它见底，但是你拉出底的部分，可能在需求端周期上还是要有好转的，这个底有多长不好说。但是它在见底左侧，也很难说。

卓利伟： 我认为工业金属的基本面仍没有恢复，全球工业金属的周期很长，而且对中国因素的依赖过强，中国高储蓄转化为资本形成的历史已经过去了，印度经济增长是很快，但不足以弥补中国因素的下降。原油的情况可能会好一些，因为石油是流量的消费，但长期看电动汽车、共享经济与无人驾驶最终也会影响到石油的使用。或者说，从更长期的角度看，科技的发展是提高资源效率的，本质上都可能会降低资源与原材料的使用。

3. 对银行和地产怎么看?

邓晓峰： 未来两年，是不是银行业的战略性机会会出来？很多企业因为供给侧的改革开始出现问题，坏账真正大批出现的时候，这个时候再等一两年，银行业的机会就可能表现出来。

卓利伟： 一只靴子落地就可以了，对吧？不用等到第二只靴子？

邓晓峰： 即使是坏账率到10%，对银行的冲击也就只影响一两年的利润，不会冲击资本。而且10%的坏账，很多清收下来还是有东西的，也不是全部损失掉的。因为银行这几年打了太多的提前量，银行股估值压得够低了。

邱国鹭： 银行坏账已经通过股价反映了一部分，反而是金融脱媒比较令人担心。现在鼓励直接融资，已经看到一批优质客户离开银行。中国80%是间接融资，美国是倒过来。现在，当中国直接融资的占比提升之后，人们直接去资本市场，那时银行资产占比是会下降的。

邓晓峰： 我对这个倒不担心。银行资产增长率与M2的增速高度相关，这个过程还没有结束。观察现有银行市值与总资产比例，基本在6%的水平，这是一个非常低的水平，也是容易出机会的水平。即使是有脱媒的效应，银行的总资产回报率降下来，比如说下降 20% ～ 30%，也是可以支撑这个市值的，甚至还有空间。而且，银行系统还是国内最有能力实施资产保全和控制处理不良贷款的机构，中国的法治环境还是有所欠缺，对直接融资的保护是不够的。

邱国鹭：但是，中石油、中石化、万科、保利这些企业都自己发债了，它们是银行很大的客户，虽然数量少，但贷款的金额是很大的。我说的是银行业龙头那一部分，你说的是小微企业跟个人，边际上讲，银行最优质的那些客户以后不需要它了。

孙庆瑞：我同意邱总的看法。

邓晓峰：其实这几年债券发展已经很厉害了，只不过更多是国债和金融债，企业债发的不是特别多。2015 年 A 股股票融资接近 1 万亿元，2015 年新增贷款也就 10 万亿元，这个比例其实已经非常高了。要算新三板的，还要算 PE、VC 的，债券这些全部算上，直接融资的比例也不低。

王世宏：银行还有压力。钢铁、水泥、煤炭等领域过剩产能现在才刚刚开始减产，这个距离产能出清还有一段距离，可能还要花比较长的时间。银行现在是抵押物还有价值。抵押物的价值取决于房价，银行的不良率和房价涨跌相关性很强。

卓利伟：对，抵押物。

王世宏：我觉得要等到水落石出，就是说大家真正看到去产能有效果了，才是银行真正见底。

卓利伟：你是担心抵押物对银行资产质量的影响？目前银行的信贷里面抵押物以房地产或者土地为基础的，不知道能占多少，潜在风险如何评估？

王世宏：只要有抵押的，基本上都是这个，其他东西作为抵押物，第一比例很小，第二过去几年其他实物资产的价值快速缩水，基本上你最终也没有办法作为大比率的抵押物存在了。

卓利伟：中国经济的去房地产化过程可能比较漫长，除了具备人口持续导入能力的一线城市与部分二线区域中心城市的情况会相对较好，由于刚性需求的人口数量的单调下降，房地产市场的总体趋势无法逆转。基于不动产抵押物的依赖也会持续影响银行业的资产质量，这个时间与程度目前较难判断。日本去房地产化有二三十年的历程，这对整个宏观经济与产业的发展均有深远的影响。好在居民家庭的总体负债率还比较低，所以估计也不会出现崩盘的情况。

王世宏：我们看过这个数据，日本银行业不良率基本上是到2003年见底的，日本的房价稳定了，银行的不良就稳住了。

4. 黑天鹅在哪里?

邱国鹭：你们对2016年投资有什么比较担心的问题呢? 最大风险点在哪里?

王世宏：最大风险点就是人民币贬值，如果一段时间内贬值幅度太大，导致资本外流的预期很强，然后使得国内市场流动性非常充裕的情况发生转变，这是我最大的担心。

邓晓峰：我也同意，2016年最大的风险点，如果从突发的情况来看，确实是在人民币汇率方面。如果快速下跌，会对市场产生非常大的负面冲击。如果慢慢跌还好。至于说资本外逃，我觉得国家会尽一切努力去控制，会让它想逃而逃不出去吧。

孙庆瑞：我觉得2016年最大的风险点是风格转换没有做好。

邱国鹭：我比较担心资源类国家。像俄罗斯、巴西这一类资源国，油价现在跌到30多美元一桶，低于很多国家的生产成本，大宗商品也非常低迷，资源国的货币兑美元也跌了很多。虽然短期看，这些国家的外汇储备和贸易顺差还可以，我却担心突然的挤兑效应和恶化。资源国是全球最弱的一环，当然风险也可能在你完全想不到的地方爆发。中国一半的出口在发展中国家，其中有很多是资源国，所以要密切关注这些国家的动向。

卓利伟：我觉得2016年的黑天鹅可能有两个方面，一个是负的，一个是正的。其实市场上对负的方面已经有很多担忧，如信用事件、汇率、美国加息、资源国的问题等，但对于我们来说，信用事件仍是有可能超出预期的，需要密切关注。但另外一个因素是正的，可能也需要关注，即经济方面的市场化改革力度可能比大家预期的要大，这部分其实全市场的预期很低。政策高层的工作重点可能逐步转到经济方面，即供给侧改革与市场化改革两方面的力度都超出预期，如果产能与债务风险出清的速度超出预期，如果高估值的回落也比预期快，那么长期的投资机会反而会出现。我们不排除这个情景组合会出现，当然也还需要严谨的冷静观察。

对 2016 年的总体看法

1. 我们对中国经济的未来有信心

卓利伟：对于 2016 年或更长一点的时间，大家对经济基本面有什么看法？

邱国鹭：我有信心。许多投资者担忧经济，甚至认为中国可能经历类似日本那样“失去的二十年”。我们认为，中国抗风险能力比大家想象的要强得多，问题也没有大家想得那么严重，政府的牌很多。即使 2015 年基建、地产等相关的上游行业困难比较大，但服务业发展得不错，创造了很多就业机会。可能会有点儿小泡沫，但整个经济体基本健康。中国经济增速会下一个台阶，无论是到 5% 还是 6%，但即使走到下限，也不会是垮掉的 10 年、20 年。

邓晓峰：我对 2016 年相对谨慎。中国经济的结构调整、国企的市场化改革还需要时间。这是一个试错的过程，全社会只有足够痛，才能形成真正的改革。客观地说，目前实际实施的改革力度并不大，可能需要更差的经济基本面去倒逼。我们需要对短期的困难局面有足够的心理预期。

孙庆瑞：我对未来中国经济比较乐观。未来 3 到 5 年，中国经济结构性变迁将推动资本市场进程。目前虽然经济继续向下，新的潜在经济增长水平还不知道，但仍有很多因素支撑未来预期。首先 2009 年以来，“制造业升级 + 消费升级”催化新兴产业逐步兴起；其次经济滑落倒逼国企改革，从而促进企业盈利增长和资本回报率提升；最后“宽货币 + 稳经济”的基本面为资本市场提供了有利环境，为优秀公司的脱颖而出提供机遇。

此外，如果经济依然找不到新的增长点，地产、汽车、家电等看起来都这么差的话，无风险收益率还会继续向下。这对 A 股的估值是有支撑的。

2. 2016 年投资主线

邱国鹭：我对 2016 年的市场持谨慎乐观的态度。乐观来自于对中国经济的信心，谨慎则来自于对市场部分板块的高估值的担忧。经历了 2015 年的大起大落，市场分化严重，沪深 300 代表了传统蓝筹，整体 PE(TTM) 估值为 13.8 倍，创业板代表了新兴经济，创业板指数整体 PE(TTM) 估值为 73.4 倍。绝大部分高估值的股票，并不具备持续高成长的能力，许多是通过讲故事、并购等方法，来维持市场较高的成长预期，一旦预期没有实现，或者击鼓传花的游戏结束，将会面临非常大的风险。

邓晓峰: 其实我对 2016 年挺纠结的。2016 年投资的一个好处是，资金利率特别低，一部分风险资产会有一定回报，当然回报预期也不会太高，因为本身参与的人预期就偏低，偏类固定收益的资金可能会参与。我比较担心风险因素，几年的牛市积累了许多风险，减持的压力会越来越大，这个东西一放出来，会特别沉重。这是我对 2016 年的总体感受，我甚至觉得一季度是不是一个窗口，风险会比较集中释放。

孙庆瑞: 总体上，我对 2016 年市场持相对乐观的态度。上半年，我依然看好市场中结构性的成长机会；之后是否考虑向周期型或价值型行业转换，还取决于未来对宏观经济持续的观察。一旦找到中国新的增长点或拐点，我会做出相应地转换和选择。

卓利伟: 我偏谨慎。2016 年市场不会一直往下，但向上的力量无论从政策还是股票供给来说都不会太大。从基本面来说，我还没看到明显改善。不利因素是改革预期尚未形成、股票供给增加；有利因素是钱很多、利率很低。从这样一个情景组合来看，我就选两个方向，一是找长期收益率好于固定收益的权益资产，二是找长期不错的公司股权，估值可接受、团队能够持续创造价值的公司。从全社会的资产配置来说，尽管经济基本面不好，但好公司的股权的投资比重还会持续提高。

从更长远一些看，好公司股权的配置比重在整个资产管理行业里，都会持续地提高，居民家庭配置股权的趋势也从 2014 年下半年开始出现，这个趋势还会延续，所以从长期看也不算太差。

冯柳: 我主要看个股。现在看保健品多一些。保健品是比较少有的还能够提高渗透率的消费品。其他就是细分行业里面的子行业的升级。另外就是关注港股，跟港股比，A 股已经很难找到很便宜的投资机会了。

王世宏: 我在 2016 年的投资主线仍是自下而上，寻找有增长和基本面改善的公司。当然这样的公司现在数量比较少，因为我们看到很多公司基本面是在恶化的，只有少数公司基本面在变好。然后，找到基本面在变好，而且这种变好可以持续，从估值上我们也能算得过来的公司，去持有这些公司，并且要进行经常的跟踪和定期的重新筛选。

另外，因为2016年不确定性还是非常大，我还是要做好可能下跌的保护，尽可能地控制下行风险，然后寻找有企业改善的机会。

邓晓峰：行业选择上，我会采取“哑铃型”的资产配置方式，主要配置基本面较好的价值型A股和港股。如消费品（食品饮料、家电、汽车）、银行、水电、医药等稳健防守型行业；同时择机配置行业前景较好的成长型股票，如传媒、新能源汽车、养殖、航空等行业。

邱国鹭：2016年我主要关注消费、汽车、家电、保险、地产等行业以及港股，寻找低估值、更清晰、核心竞争力更突出的公司。

回顾2015年：坚守价值，保持信心

1. 当黑天鹅来临时

邱国鹭：回顾2015年，市场大起大落，急涨急跌，期间有许多上半年新成立的私募基金产品由于净值下跌触及止损线而清盘，风险管理的重要性也得到充分体现。从年初开始，市场参与者结构发生显著变化，场内和场外融资盛行，市场的杠杆水平显著提升。还好我们一开始就认识到这种高杠杆的市场中隐含的巨大风险及其可能导致的踩踏事件。我们在市场调整阶段是怎么应对的？有什么经验教训可以总结？

邓晓峰：2015年二季度之初，我们判断市场处于牛市中后期，大多数公司股价已偏离基本面的支持，随时有回调的风险；而另一方面，市场上还存在一批估值安全、合理的投资标的，集中在保险、银行、地产、电力、消费品、养殖、航空、安防等行业龙头公司上。

从历史的经验看，牛市最终会填平所有的洼地，因此我们当时的策略是清晰而简单的：抓住有把握获得绝对回报的公司，回避市场热度过高的概念板块。行业选择上，组合配置的前三大行业是白酒、保险、银行。我们在组合运作初期，对许多中小市值公司过度概念化的炒作持谨慎态度，我们也观察到市场上大部分参与者，尤其是机构投资者，将大部分仓位集中配置在严重高估且缺乏流动性的中小市值公司上，对此我们充满了忧虑，一旦市场转向，踩踏事件必将发生，因此我们提前做好了应对泡沫破灭的方案。

我们没有预料到市场在大批蓝筹公司涨幅有限且估值合理的情况下突然崩塌，但我们有预案、有准备。当泡沫突然破灭并以超出所有人预期的方式急剧调整时，我们按既定的方案执行。我们迅速采取了相应的风控措施，同时由于投资的公司绝大部分估值合理、流动性较高，在市场调整的过程中大体稳定且跌幅有限。这两方面的原因使得我们得以成功地实现了组合的“软着陆”。

2015 年三季度的 A 股市场大幅下跌，频现千股跌停的惨状。杠杆牛市泡沫破灭后的调整超出了大多数人的预期。特殊时期，我们采取了特殊的应对策略。在市场快速下跌的第一阶段，资产配置最为关键，个股在系统性的调整中极少幸免，降低股票仓位还是最合适的做法。我们一直注重组合的流动性风险，配置均衡而分散，因而能迅速地将仓位从超过 90% 降低到 20% 以下。同时我们也积极合理利用避险工具做了小部分对冲，以减少组合损失。在市场短期连续出现抛售后，我们又阶段性地以较低仓位参与市场反弹，并迅速实现收益，以期积少成多，为组合积累安全垫和更多的风险预算。

2. 投资是比谁活得长

邱国鹭：做投资不是比谁在某个阶段跑得快，而是比谁看得深、看得远、看得准，比谁活得长。我们经历了这一轮市场调整，再次证明经验也很重要，我们 6 个基金经理做投资的时间加起来接近 100 年了。

卓利伟：是的，资产管理行业是长期积累口碑与信任的行业，持续、稳健的业绩回报最终会赢得更多的客户。现在回过头看 2015 年二三季度的市场暴跌，对于风险控制有什么总结?

邱国鹭：我们做金融行业，核心有两点，一是客户对你的信任，二是你对风险的定价能力。选股是对风险定价，大类资产配置也是对风险定价。如今，市场“肥尾现象”“黑天鹅事件”频率比较高，风险控制非常重要。市场永远会出人意料，所以需要时刻准备着。所谓的风控就是不带主观判断，即使最差的情况突然出现，也能够轻松自如地应对。风险往往在最不可能出现的时候出现，而在大家都很担心的时候，风险收益反而更好。

基本面研究以及价值投资方法

1. 逆向投资：以港股为例

卓利伟：冯总的风格非常独特，持股比较集中，并且换手率很低。大家都说2016年重点看港股，你采用什么策略?

冯柳：在市场的正确中寻找被忽略或有所改变的公司，我们要承认市场的正确，但正确被反复证明后就有可能产生错误。我一般会先看跌幅排名：在跌得多的板块里面找跌幅相对小的个股，看看是什么原因让它相对少跌。有些好公司的估值可能被整个板块压制了，本来要涨的，却被压住了，这是属于要还债的。此外找跌幅大的板块和个股，如果是真的差且没起色的就不看了；有的是跌得多但基本面也不是特别烂的，或者股价基本上反映了，或者是市场过于关注短期了，这些情况我可能会比较感兴趣。

卓利伟：这是典型的逆向投资。

冯柳：对。要有超额回报肯定要逆向投资。我们回过头去看那些历史上很优秀的公司，在不做交易的情况下，长期持有的复合回报率也就是年化20多个点，这还是在它们没有被证明优秀的时候参与并长期投资的结果，也就是说这个市场要挣超过这个回报的钱是很难的，因为你不可能全部投资都选择到了这些优质公司。所以选择好公司是一方面，非常便宜地买同样重要。另外，我们要看透一家公司3年以上都比较难，但市场一年估值的波动足以抵消三年的业绩发展，也就是说，除非你有长达5到10年的洞察，否则都不能奢谈不理会市场只看企业，而逆向投资是最好的抵消估值波动干扰的方式，这些都决定了逆向投资是长期投资的一个必然基础。

邱国鹭：人弃我取是一个聪明的原则。巴菲特、索罗斯，或者邓普顿、卡尔·伊坎，都具有超强的逆向思维能力。A股容易走极端，很多概念无论真假，只要够新够炫，都能在短期内炒翻天，但爆炒之后不可避免的是暴跌。对于我们这种手脚不快的人来说，“人多的地方不去”更是至理名言。

港股处在几十年的估值最低点，真的能找一些被大幅低估的股票，而且港股是大公司贵，中小公司便宜。港股中小股票与A股的比价优势非常明显，不过流动性比较差，不太适合大资金，除非有较长的锁定期。2015年由于人民币贬值的冲击，导致许多美元基金降低港股的配置，而港股市场是一个以海外机构投资者为主的市场，机构投资者的卖出给市场带来较大的压力。站在这个时点看，市场可能过度反应了人民币贬值对港股的影响。虽然人民币贬值将导致以港币计算的收入和利润出现下降，但是贬值也有好的一面，一方面贬值将有利于出口的增加，另一方面人民币贬值也会为我们带来一些汇兑收益。

冯柳：是的，逆向投资还可以把意外伤害降到最低。我看股票时经常会看它们历史高点时的研究报告，很多时候会惊出一身汗，因为觉得很有道理，逻辑无懈可击，也就是说当时如果我看了这个分析很可能会被打动，即便现在我已经知道了它的结局，再代入进去依旧会被打动，所以很多东西是远超我们的认知能力的。这个世界太复杂了，变化的方式往往也会超出我们的预料，如果我们只是寄希望于更聪明的论证，就很容易受到伤害。所以我喜欢看跌了很久的股票，因为长时间的下跌使得负面方向的思考和演化足够充分，如果在负面思考下都能被吸引，那么万一有正面的变化，那意外就成了我们的朋友而非敌人了。

并且逆向投资也符合博弈之道，它可以弥补我们作为买家的天然劣势，任何人买一只股票的时候都不会比他卖的时候理解更充分，因为少了持有环节的跟踪和进程思考，所以在别人因情绪不好而影响判断或行动力的时候，你才会抵消掉这方面劣势。

卓利伟：对目前的 A 股，你采用什么策略?

冯柳：A 股对我来说现在是不可知的状态，我没有办法判断，虽然说有一定的倾向性，但不足以形成判断和动作。我能够判断的东西很少，可能有人能判断十件事情，我只能判断一两件事情。大部分时间我都不去判断，而只在自己看得清楚的时候进行大动作。另外，好的投资机会是有限的，投资者的精力和能力也是有限的，真正的风险控制在于有效且充分深入的思考，所以我比较倾向做集中投资，这是我主要的风格选择。

我一般不持有高比例现金，哪怕有再大的倾向认为市场会跌。放弃做波段甚至躲避大幅度下跌的想法虽然不够完美，但可令人放弃贪念，并限制恐惧所带来的错误行为，有利于把精力放到更大、更简单的事情上去。任何方法都是利弊相随的，我这样虽然会在系统大熊市里很受伤，但有利于平时大部分时候让情绪及思维方式保持稳定，我接受这种方式带来的最大伤害，只因为我更看重它给我带来的好处。

这个世界是不断变化的，而这些变化绝大部分在人们的认识和控制之外，所以我们要尽量避开多决定因素的投资，降低变化的复杂性，尽可能让自己处于不被变化伤害的位置，抱着敬畏之心寻找无需卖出的优质投资标的和时机，然后时刻思考是否需要卖出。

卓利伟：习惯重仓集中持股的逆向投资，这种方式一旦错误，产生的损失也是最重大的，你如何看待和处理这样的情况？这个需要非常强大的自信心。

冯柳：这个问题经常被问及，其实在我看来，承担错误带来的惩罚本来就是天经地义的，既想得到回报又不愿意承担可能的伤害，其实是一种不负责任的想法。有的责任必须背起来，这样才会有不可不慎的思考准备，才能去规划好每一步投资。很多时候不是市场不聪明，认识不到机会与风险，更多的是不愿意承担，不愿意承担踏空的风险以及套牢带来的亏损，这些驱使人们去做轻率及不负责任的投资，以及在重大机会面前畏缩手脚不敢向前。另外，现实生活中大部分创业的失败代价都要远高于股市，血本无归是各行业失败的常态，所以因为错误而产生损失再正常不过。我经常说，那些什么错误都没有犯的人都有可能遭遇无法接受的代价，比如交通事故中无过错方遭遇的永久伤害，那样无法想象的痛苦也得接受，何况股市投资里因为错误而产生的这些损失呢。心平气和地面对可能的错误所带来的损失，然后更深入地思考和准备，以使自己不要承受那些无法承担的风险就可以了。

2. 选股方法

邱国鹭：我们一直坚守价值投资的道路，从未动摇。我们对各类投资理念方法和自己的能力边界有着清晰的了解。择时并不是我们所擅长的，有研究通过对基金业绩的分解评价，发现长期以来具有择时能力的基金经理寥寥无几。因此，我们将更多的精力放在个股的精选上，坚持较高的选股标准：一是有未来、有成长性，否则很容易有价值陷阱；二是行业格局很清晰，赢家的先发优势很明显，后来者再怎么努力也追不上；三是估值合理。

邓晓峰：这个阶段要回避前期涨幅过高的行业和股票，发掘没有被市场深度研究、涨幅不大的标的。

孙庆瑞：在好的行业中选择已被市场认可、增速较快、较为活跃且公司治理较好的公司，我比较偏好民营机制中优秀的企业。

卓利伟：前面提到全社会对好公司股权的配置比重在持续上升。好公司的股权有两类：第一类是从大类资产角度来看，估值有明显比较优势的；第二类是企业及其团队能够不断创新、创造价值，并且估值可以接受的。从研究的角度看，第二类是长期投资的重点。

冯柳：长期下跌或盘整后的有增长可能但还不确定的公司是我主要关注方向。

王世宏：投资在未来 10 年价值快速增长的公司。挑选标准是适应变化的环境、好生意以及拥有优秀的管理层。

邓晓峰：对，价值投资要基于对商业模式和盈利的判断。

王世宏：基于基本面研究能够建立一种可复制、可持续的投资模式。长期价值投资的回报率等于企业收入增长率、盈利增长率、资本回报率以及估值的变化率。

3. 价值投资与成长投资之辩

邓晓峰：创业板整体市盈率目前在 90 倍以上。一个指数的市盈率这么高，需要充裕的流动性、市场参与者的高度一致预期以及强劲的基本面（企业盈利增长）来支撑。但是现实最缺乏的恰恰是基本面的支撑。即使考虑收购资产带来的外延式扩张，创业板整体 3 季度盈利增速同比增长 28%；如果扣除盈利前五大公司，整体盈利的增速下降到 20%；如果扣除盈利前十大公司，整体盈利的增速下降到只有 14%。应该说创业板整体的增长乏善可陈，且盈利的增速与估值的扩张并不匹配。这种上涨主要反映了市场风险偏好的变化。市场偏好的高度一致与缺乏基本面的支撑，并不是一个持续稳态，反而是潜在的风险。

我更愿意将精力集中到真正有质量的增长、真正能做成事的公司上，而不是只讲故事的公司上。成长本来就是价值的一部分，上市公司本身的价值创造是关键。

卓利伟：从产业角度看，复杂服务产业的互联网化比较困难，O2O 与全产业链的信息化改造的效率相对较低，摸索的过程也较长，但这个过程会持续下去，并且成功之后壁垒也非常高，这些需要时间。从与互联网相关的商业模式创新看，产业逻辑也从传统的流量与平台的思维转到了重度垂直整合与供应链深度优化的思维，这部分会有一些公司值得研究。从智能硬件看，智能手机渗透率的故事基本上结束，可穿戴与其他智能硬件的创新均在摸索之中，目前由于缺乏高频刚需而没有出现海量市场。当然从长期看，所有硬件与机器将会不断智能化与互联网化，另外内容与 IP 市场的兴起仍有可能持续，但中短期看，这部分可能已经被资本市场过高预期了。

孙庆瑞：长期的市场重点是会落在周期型、价值型还是成长型板块，对此我们还需要进行密切地跟踪和观察，短期内依然可以关注发展趋势良好但演绎热度尚且不够的成长股。中国经济的结构性差异将带来股市的结构性行情。更多的人会花更多的时间去追求健康和幸福，我关注与此相关的公司，最好是民营的机制优秀的公司。在中国经济找到潜在增长、有拐点向好之前，我仍然看好成长型行业，比如新能源、环保、体育等。此外，无人驾驶、VR、军工信息化、移动医疗和物联网等热点板块也值得关注。

邱国鹭：新兴行业哪一些是能做得成的？咱们先不评价估值的高低，就看成长是否能兑现。时间拉长，能兑现的是少数。

孙庆瑞：倾向于新能源，它能满足很多方面需要，比如弥补效率、降低能耗。目前风能、太阳能、水力等新能源发送的电量有较大一部分流失和浪费，主要源于新能源电力未能被有效地储存和利用。目前有些企业正努力加强新能源电力的储存量和利用率，这一部分的市场容量和发展空间都是比较可观的。

另外，节能环保、体育、物联网、无人驾驶等都不错。环保是一个成长型行业。中国的环境问题在全世界来看都是比较糟糕的，且受政府投资的影响较大，目前环保行业的投资比重依然是偏低的状态，同时行业的渗透率较低。体育这几年才开始萌芽，增速较快。目前虽然行业中可选标的较少，但我仍然会努力挖掘其中的优质个股。

卓利伟：我认为“三高”不会较长期维持，即“高估值、高预期、高市值”，如何规避这类成长股的风险？

孙庆瑞：成长股在供给受限的情况下成为市场热点，导致估值偏高。但是我在选择成长行业的时候，会避开估值过高、市场最热的行业板块，而提前布局市场中还未完全爆发但发展空间较大、前景较好的细分行业或公司。

卓利伟：资本市场把投资分成价值与成长两类，本身就有逻辑上的误区，也许是理解上的一种习惯吧，其实准确的说法应该是基本面投资与市场博弈交易两类。在我看来价值投资与成长投资本质上是一回事，高质量的成长其实就是对企业未来价值的判断，价值与成长的区别只是加上了时间的维度。所以，我喜欢讲“可持续的价值与高质量的成长”，其实是一回事。

静态的价值是相对于其他大类资产的比较优势，这相当于默认了市场经常会发生错误定价，从而带来投资机会。除此以外，我认为价值投资更重要的内容是对企业持续创造价值的核心能力的判断与把握，这个需要对产业与企业基本面研究的深厚功底。好的投资标的本质上都是一个具备安全边际的看涨期权。这是我对价值投资的理解。

邱国鹭：高毅资产的整体特点是不追市场热点，而是把基本面研究透。我们深信，投资不是比谁跑得快，而是比谁看得深、看得远、看得准。大家都在炒概念的时候，我们是少数还在专注于基本面研究的机构。我们坚信，对基金公司而言，研究就是生产力。

HARD THINGS IN INVESTMENT

第三篇

成长篇

投 | 资 | 人 | 说

HARD THINGS
IN INVESTMENT

邱国鹭

作为专业投资者，我们愿意、希望在局部的领域形成我们非常明显的比较优势，而不是说所有行业、所有事情我们都懂一点儿，但懂得都不比别人多。

邓晓峰

通过基本面研究，我们把投资变成了对商业模式和盈利的判断，变成了可复制、可持续的操作，这是一个比较有效的管理组合的办法。

孙庆瑞

自上而下思考，自下而上选择。自上而下思考就是从宏观经济和产业发展的角度来圈定行业范围，自下而上选择就是从人和机制来挑选标的。

卓利伟

时间是每个人唯一稀缺的资产，要学会研究最重要的问题，在正确的路径上持续积累。更多的研究是为了更少的决策。

冯柳

波动不是风险，虽然会稍微影响心情和机动性，其实很多市场风险都可以通过选股来化解，我大部分收益都是在熊市中完成的，你把个股想清楚就好了。

王世宏

要在经济变化的主航道上投资。每一次大的投资机会是由创新所驱动的。主流创新会带来体验效率的数倍提升，给用户和投资者带来巨大的价值。每一代的伟大公司数量并不多，一般都只有几个，这些公司占据了行业的主要价值。

邱国鹭

大局观，前瞻性，独立性，逆向思维。

22

邱国鹭：22 年股市投研框架概览

▶《每日经济新闻》李娜 /2015.03

立春过后，A 股投资界的风云人物邱国鹭掌管的高毅资产推出由他本人管理的第一只阳光私募产品，大型投资机构、高净值客户和民营资本前来认购，在私募人士的朋友圈里引发了不小的震动。

市场认可的背后，是邱国鹭一步一个脚印的职业生涯：22 年股市经验，16 年基金职业投资人的历练，见证过 1992 年排队买认购证时一本万利的疯狂，经历过 1999 年纳斯达克“鸡犬升天”的科技股狂潮，以及泡沫破裂后狂跌 90% 的大崩盘，也参与了 2008 年全球金融危机时对冲基金对华尔街投行的挤兑。这期间，他从初出茅庐的分析师跃升为美国 60 亿美元私募基金公司合伙人和跨国对冲基金创始人，回国后又成为 2 800 亿元资产南方基金公司投资总监和投委会主席，一手重新架构南方基金的投研体系。

2014 年年末，邱国鹭和他打造的平台型私募基金公司——上海高毅资产管理合伙企业正式走上前台，他职业跑道的转换，瞬间聚焦了市场灼热的目光。

事实上，股市高手们往往也是寂寞的。据了解，邱国鹭在南方基金管理的专户产品投资业绩不俗，但是在 2013 年创业板牛市中，邱国鹭对传统低估值蓝筹的执着，使其与新兴产业小股票的暴涨失之交臂。当时有人认为，他的投资思路固执而不够灵活；也有人认为，海外形成的价值投资经验并不适合急功近利的A股市场。尽管这只是邱国鹭回归A股5年来第一次业绩落后于同业，但是在注重短期排名的A股市场中，各种压力却汹涌而来。

然而，面对市场短期的非理性，邱国鹭却非常地冷静，耐心地等待价值回归。仅仅一年后，市场再次验证了他对价值的坚守是正确的。他在2013年年底所说的那句“理性只会迟到，却不会缺席”，也成为投资界广为引用的经典之语。

2013年年底，邱国鹭管理的专户产品，仍然坚守在金融、地产、品牌消费等方向上，主要包括一批行业地位突出的低估值蓝筹。

邱国鹭的重仓股在2013年年底被大多数人抛弃，却成了2014年的大牛股。这种对价值的坚守，在2013年年底蓝筹低迷的环境中是极其难得的。

面对变幻莫测的股市，邱国鹭将股市生涯的征战经验化繁为简，遵循做大概率和高胜率投资的原则，提炼出一套普通人也有可能成功模仿的投研秘笈，出版了《投资中最简单的事》一书。以下内容是《每日经济新闻》对邱国鹭先生的专访，他在其中分享了自己的投研秘笈。

邱氏投资的“三好”原则

沪深A股向来是一个英雄莫问出处的场所，正规学院派、草台班子都在搭台唱戏：有人喜欢短平快节奏，有人喜欢守株待兔，有人喜欢跟随政策抄短线寻觅猎物。邱国鹭对自己有着客观的评价：每个人都有自己的局限，而他更擅长总结过去的规律性的东西，不擅长预测未来的突破和演变；更擅长在变化中寻找不变，不擅长在不变中寻找变化。

在化繁为简的理念下，邱国鹭将投资归结为三个要素，那就是在投资中要寻找到好的行业、好的公司以及好的时机。行业、公司和时机也同样存在一定的先后顺序，且彼此之间紧密联系，即为投资的“三好原则”。

“好行业”要先行

邱国鹭认为，选股票一定是先选行业。就像买房子，一定是先看社区，社区不行，房子再漂亮也不行。买股票也是，股票本身再好，只要这个行业不好，一样很难涨起来。

对于行业的选择标准，邱国鹭将其定义为 4 个衡量因素：

◎ 行业龙头是否有先发优势；

◎ 行业是否有足够高的门槛；

◎ 行业相对其上下游是否有议价权；

◎ 是否有新技术变迁对行业产生颠覆性的变化。

先发优势和足够高的门槛并不难理解，而定价权的来源基本上是垄断、品牌、专利、资源矿产，或者相对稀缺的某种特定资产。

邱国鹭认为，2013 年受市场热捧的电影行业其实是一个现金流状况很差的行业，而且电影院的定价权掌握在导演和演员手里，观众买票到电影院是去看范冰冰、徐峥和冯小刚的，不是去看电影公司的，所以名导演和名演员的薪酬总能涨到让电影制片方不怎么赚钱的水平。就好比欧洲的足坛，虽然球星拥有天价收入，俱乐部却在亏损，原因很简单：定价权在球星手里。迪士尼能够历经百年屹立不倒，很重要的原因就是米老鼠和唐老鸭不会要求涨片酬。

A 股的电影公司动辄两三百亿元的市值，但是与它们相同体量的在美股上市的博纳影业，其市值只有 15 亿元，两者相差十几倍。

同样地，还有钢铁和化工，总是没有定价权，钢价稍微涨一点儿，得到的利润就被铁矿石涨价给赚走。相反，高端白酒的日子太好过了，整天在涨价，怎么提价都有人买，为什么呢？就是因为有定价权。行业太分散，而且产品没有差异化，没有差异化就没有定价权，除非是垄断企业。

邱国鹭在《投资中最简单的事》一书中指出，有的行业因为技术变化太快而很难有积累，你也许积累了很久，拼命挖了很深的护城河，但别人可能不进攻这座城，而是绕过去建了新城。最明显的是高科技行业，电子、科技、媒体和通信技术更新换代太快了。再看空调和电视，空调比较持续，电视就不持续，因为电视技术总是变，以前我们看的是CRT的，后来变成DLP的，后来又变成LCD，接着是等离子，然后又变成LED，现在又变成3D。每两三年就更新换代一次，这样的企业很辛苦，要不要投资更新换代？如果不投，别人超过你，你的品牌就会受损，消费者也不买你的产品；如果投，投20亿元、30亿元甚至100亿元只能做两年。而可口可乐，一个配方可以一两百年不变。

在邱国鹭的眼中，中国也有很多传统的东西可以几百年不变，这种不变的东西反而能够有积累，它的长期回报也更值得期待。

邱国鹭坦言，2015年他最看好的行业依然还是金融地产、品牌消费和寡头制造。

“好公司”= 门槛 + 成长

选择好了行业，自然就该轮到选择优质股票。在邱国鹭的心中，通常情况下，公司有四种：好的、平庸的、烂的、看不懂的；股票也有四种：被低估的、合理的、被高估的、估不准的。

邱国鹭判断公司好坏有两个标准，一是它做的事情别人做不了，二是它做的事情自己可以重复做。前者是门槛，决定利润率的高低和趋势；后者是成长的可复制性，决定销售增速。如果二者不可兼得，宁要有门槛的低增长（可持续），也不要没门槛的高增长（不可持续）。门槛是现有的，好把握；成长是将来的，难预测。从其过往重仓的股票来看，很多都是在行业中有明确地位、有核心竞争力的公司。在邱国鹭眼中，这些公司的行业地位都是实实在在的，是能够真实感觉到的。

在化繁为简的思想下，邱国鹭把选股的复杂问题变成了寻找“便宜的好公司”这个相对简单的问题。要回答这个问题，只需弄清这个行业里决定竞争胜负的关键因素是什么，什么样的公司算“好公司”，什么样的价格是“便宜”。

从现实的角度来看，过去的两年多，A股市场的绝大数投资者们都忙着在成长股中疯狂淘金，其估值空间不断被释放。50 倍的市盈率买入，还在喊便宜，期待能 60 倍的市盈率卖出也是常见现象。

很多人不惜以高“市梦率”买“高小新”（高成长、小市值、新兴行业），梦想押中下一个腾讯、百度。而把估值看得很重的邱国鹭认为这其实是过度自信的一种表现，低估了预测未来的难度。中国 2 500 家上市公司中，伟大的公司肯定只占了个位数。A 股 2 500 家公司中有 2 000 家是垃圾公司，剩下的 500 家中可能有 400 家是普通公司，100 家可以算是优秀公司，而在这 100 家中大概有 10 家是伟大公司。

邱国鹭在《投资中最简单的事》一书中指出，很多中国的上市企业成长到 100 亿元、150 亿元以后就上不去，是因为管理层没有足够的眼光和胸襟。对中小公司而言，管理层是特别重要的，中小公司更多地处于靠个人英雄主义的阶段。有一两百亿元以上市值的大公司，更需要依靠一种机制而不是个人。所以对大公司的分析，更需要看这家公司中层的 KPI 是怎么定的。以装修行业为例，因为装修行业的项目是散布在全国各地的，管理半径长，管理得好与不好差别非常大。哪家公司 KPI 最重视现金流和回款，哪家公司的现金流和回款就最好。

最需要寻找的就是那种好行业中的好公司，最好还有好的管理层和好的管理机制。对小公司来讲，骑师更重要一些，对大公司来讲，“马”本身的质量更起决定性作用。在 A 股上市公司中，好马屈指可数，好骑师凤毛麟角，所以邱国鹭更倾向于选择赛道，选择那些别人想进却进不去的赛道、那些一马平川没有绊马索的赛道、那些有先发优势的赛道。

人的知识、时间、精力都是有限的，因此看不懂的公司占了一大半；在看得懂的公司中，估不准的又占一大半；看得懂又估得准的，被高估的占了一大半；剩下的股票中，合理价位的平庸公司又占了一大半。所以，一般情况下能找到被低估的平庸公司或合理价位的好公司已属不易，能买到被低估的好公司更是难上加难。

两招把握买入“好时机”

选好了股票，下一步自然就是介入时机的选择。尽管曾在多个国家的股票市场取过经，邱国鹭也坦言自己对买卖时机的把握并不精准，为此他给自己总结了一些买卖的原则，这其中就包括估值法则和人弃我取的逆向思维，成为其获得超额收益的来源。

在世界各国的股市历史中，估值是长期均值回归的，例如，美国、欧洲的长期市盈率中值都在15倍左右。低估值时高仓位，高估值时低仓位，这个“笨办法”虽然既不能保证“总是对”，也不能保证“马上对”，但是长期坚持下来，一定是有超额收益的。

对于逆向思维，邱国鹭回忆道，记得十几年前，刚入行没多久，公司的基金经理们（都是铁杆的价值投资者和逆向投资者）在疯牛病的恐慌中买入了麦当劳的股票，数年后麦当劳的股价上涨了5倍，那是自己逆向投资的第一课。再看看这几年发生的瘦肉精事件、三聚氰胺事件和毒胶囊事件，它们都对所涉及的行业造成了持久或致命的打击，但对行业销量的负面影响一般只持续两三个月。与行业状况相反，那些没有直接卷入安全事故或者牵涉程度较浅的行业龙头的市场份额，反而在事故发生后出现了进一步扩大，因为人们购买时更加看重“大牌子”了，毕竟与小厂家相比，龙头企业更有资源和动力维护自己的品牌声誉。

在投资中，邱国鹭也养成了一些投资习惯，就是每年年初和年中时汇总所有基金公司的季报，了解它们的行业配置。对大家都追捧的热门行业往往就谨慎一点儿，对大家都嫌弃的冷门行业，就会试着乐观一点儿。

躲进低估值蓝筹股中，规避小盘股的高估值风险，并不代表不关注小盘股。至于小盘股的购买时机，邱国鹭认为，一统天下“高小新”阶段，百舸争流，群雄混战，不必急着下注，不妨等“战国七雄”产生以后再挑赢家，而且要买最强的诸侯，因为最后一定是秦国而不是韩国一统天下。等行业格局清晰后，再买龙头，往往风险收益比更佳。腾讯、百度几年前就已是不怎么小也不怎么新的寡头了，但是之后股价又翻了很多倍。

至于卖出时机，邱国鹭表示，自己卖出股票一般遵循三大原则：一是股票涨到目标价位，就会选择卖出，比如，原来四五倍的市盈率涨到了10倍；二是股票基本面有本质的恶化；三是发现了性价比更好的股票。“这些原则看起来不难，但是做到这些需要一定的经验。”邱国鹭指出。

邱氏调研心法全揭秘

提起 A 股调研，投资者脑海中会浮现出这样一幅画面：和上市公司吃吃喝喝，拉关系和搞消息。投资人士内部也曾流传过一些搞笑的段子：A 股的上市公司中，10 家中有 3 家是骗子，有 3 家是吹牛，还有 3 家是傻子，只有 1 家在做事。这话难免夸大，但是上市公司的良莠不齐也是事实。从 A 股，特别是中小板和创业板的现实情况来看，画饼充饥，玩起击鼓传花的游戏。尤其是新股发行中，有些不到一年公司业绩就大变脸，还有诸如胜景山河、新大地等公司，过度包装甚至造假，企图达到上市圈钱的目的。

在 A 股这种生态环境之中，调研工作就变得异常繁重，邱国鹭很多的时间都奔波在去上市公司的路上，但这样的“寻宝”生活却让他倍感充实，也积累了大量实战心得。

一天可分身 4 家公司

在过往热炒的新能源中，邱国鹭通过调研发现，电动车最后成功的是特斯拉，而且它的技术路线和 2010 年热炒的那些技术路线是不一样的，它的技术路线是几千块小电池并联在一起。当时，市场炒作新能源，每个人都说自己是比亚迪的供应商。后来调研结果显示，只有卖包子的老阿婆没有撒谎——她真的在为比亚迪食堂提供早餐的肉包子。比亚迪根本就没有向当时大家热炒的那些 A 股厂商采购过。

提起 A 股调研，邱国鹭坦言：“海外调研不如 A 股频繁，管理层和投资者的多数沟通是通过季报公布后的电话会议进行。而在 A 股做调研是很辛苦的，因为前期的准备工作很累。我去调研上市公司，基本要做以下的工作：与本公司的行业研究员讨论，与曾经调研过这家公司或者购买过这只股票的基金经理讨论，与最了解这家公司的卖方研究员讨论，读一篇深度报告，读一篇近期报告。”

随着经济和企业的发展，越来越多的投资者会关注公司的管理层。邱国鹭认为，在基本面分析中，最重要的是那些静态的、本质性的、规律性的分析，而不是动态的订单之类短期的经营情况。管理层的素质是静态的、本质的。如果能够对管理层的素质和道德水平做出定性的分析，对投资是特别有帮助的。首先这家公司的管理层可不可靠、值不值得信任，是否曾经误导过投资者；其次，他们对行业的认识与这个行业的实际趋势是否相符；再次，这家公司的管理层有没有执行力，对公司的中层是否有足够的控制力和号召力。

在调研完毕后，邱国鹭会把时间花在深度分析以及与其他基金经理的讨论上。而对于自己的股票池中的核心品种，跟踪方式完全取决于公司的类型，有些需要月度跟踪，有些需要季度跟踪。

投资人的世界总是忙碌的，不是奔波在调研的路上，就是在阅读报告和与同行的讨论中，这也要求他们对时间的安排更为高效。

邱国鹭这样描述他的调研生活："我会将自己关心的股票按照省份排列，这样即使去参加会议，我也会看看这些地方有哪些优质的上市公司。比如我去调研，有时候一天就要调研 4 家公司，这 4 家公司的准备功课是要做很多的。当然，这 4 家上市公司我会选择一家进行重点调研，其余的 3 家公司会利用空闲时间，顺便和公司的高层见面，了解公司的一些状况。如果算上在策略会上调研的和来本公司访问的上市公司高管，一年调研的上市公司也有上百家。"

让高管评价竞争对手

股市的高手们进行调研，往往都有自己的一套调研思路和手法。邱国鹭的调研手法也甚是有趣。他说："每次调研公司，我都会问高管几个问题，你怎么看你的竞争对手？最近竞争对手有没有什么做法让你特别难受？你最近有没有什么做法让你的竞争对手感到难受？"

比如，邱国鹭去调研装修行业，会发现过去两三年他们彼此不讲坏话，说明这个行业的竞争格局还不够激烈。但有的行业，两家龙头公司在微博、报纸上对骂，说明了行业格局的恶化，行业竞争太激烈，谁都赚不到钱。

在《投资中最简单的事》一书中，邱国鹭更是坦言，比较愿意读到的报告是，把一家公司与他的直接竞争对手做比较的报告，这种报告对自己的帮助是最大的。现在看 10 篇报告，有 9 篇都是孤立地讲这家公司多么好，和竞争者的比较都是一笔带过，这样的报告其实帮助不大。绝对的好没有意义，一定要和别人比较。邱国鹭一直强调胜而后求战，愿意买已经把竞争对手打趴下的公司，而不是战而后求胜，在百舸争流中猜赢家。

年复一年的调研，邱国鹭自我总结发现，所谓投资其实就是寻找那些认真做事并且能做成事的公司，然后在市场一片悲观时买入（见图 22-1）。弱水三千，只取一瓢饮，关键是要能保证你喝的这瓢水的水质。

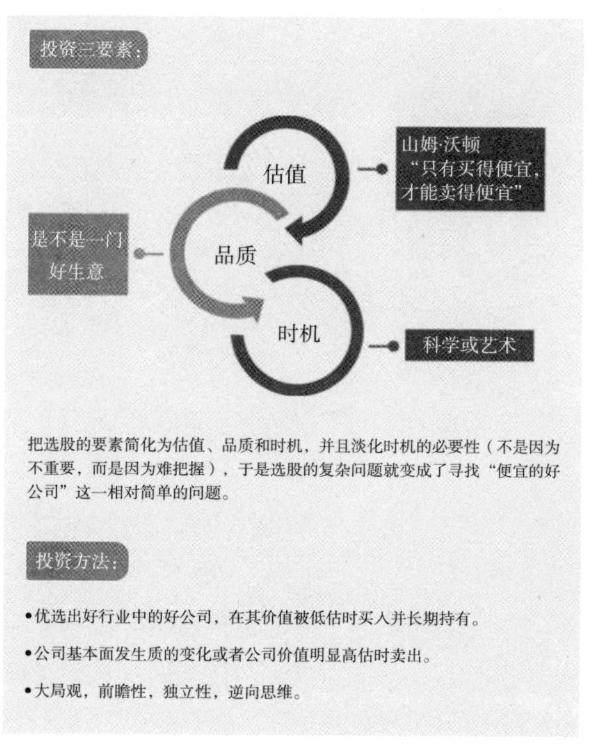

图 22-1　邱国鹭的投研秘笈

23

邓晓峰：投资的赛场比拼的是学习能力

▶《中国基金报》杨波 / 2017.11

邓晓峰，高毅资产首席投资官。出生于湖北，1996 年毕业于武汉大学电子学与信息系统专业，工作 3 年后考上清华大学 MBA。2001 年毕业后，入职国泰君安证券企业融资部，2004 年调入资产管理部任研究员。

2005 年 4 月，邓晓峰加入博时基金，在单独账户小组做基金经理助理。6 月，全国社保基金理事会将某社保组合转交博时管理，邓晓峰以基金经理助理的身份开始管理该社保组合。2006 年初，邓晓峰正式出任该社保组合的基金经理。2007 年 3 月，邓晓峰接任博时主题行业基金的基金经理，同时管理社保组合与开放式基金。

2006 年，博时基金在业内率先划分风格小组，邓晓峰选择了价值组。在近 10 年的时间内，在相当大的规模下（博时主题和社保组合是两个百亿元基金），在当时很多投机因素干扰的市场上，实现了卓越的回报，验证了价值投资策略在中国市场的可行性和有效性。

在博时基金期间，邓晓峰为价值投资做了一场成功的实验，成长为优秀的基金经理，获得了出色的投资业绩：从 2005 年 6 月开始管理社保基金组合，9 年半的时间，获得了较好的业绩。自 2007 年 3 月起，兼任博时主题行业基金经理，为了保证公平交易，将博时主题和社保组合作为一个大组合同时管理。邓晓峰管理博时主题基金 7 年零 10 个月，累计收益率为 198.77%，超越业绩基准 169.86%，3 次进入股票型基金年度排名前十（2007 年第二、2011 年第一、2014 年第八），期间收益率在同期可比的股票型基金中排名第一，在同期可比的全部股票型及混合型基金中排名第二，仅次于华夏大盘。他管理的社保组合净收益超过 160 亿元，博时主题行业基金净收益超过 75 亿元，为投资人赚取的净收益合计超过 230 亿元。

2015 年，邓晓峰离开博时基金，成为前南方基金投资总监邱国鹭打造的高毅资产的合伙人、首席投资官，开始了私募基金生涯。

2015 年四五月，在股市高点附近，邓晓峰发行了两只私募产品，因为对市场风险有较充分的心理准备，在很快到来的市场异常波动中，他管理的产品仅出现较小的回撤，并且到 2015 年年底保持了正收益。2016 年年初股市熔断，上证综指跌至 2 638 点，市场弥漫着悲观气氛，很多公司跌出了绝对价值，邓晓峰开始加仓，为了应对市场的系统性下跌，他一边加仓股票，一边在合理范围内以少量股指期货做对冲，通过个股的超额收益获取正回报，在产品净值上涨到有足够的安全边际之后，他开始降低期指仓位。

从 2016 年到现在，以漂亮 50 为代表的蓝筹股、行业龙头股的价值被市场不断发掘，价值派基金经理因优异的业绩倍受市场追捧。同时邓晓峰也保持着一份冷静，本着对投资人负责的态度，拒绝了很多新增申购资金。

以下内容是《中国基金报》对邓晓峰的专访，他详述了 13 年的投资管理历程，既有丰富的案例，也有对价值投资理念的个性化阐释；既分享了成功的心得，也不讳言曾经的压力。

投资问答

HARD THINGS
IN INVESTMENT

Q 为什么刚进入证券业时会选择投行，这段经历对你做投资有什么帮助？后来为什么会转到资管部？

A 2001 年是那一轮牛市的高点，也是早期中国资本市场推倒重来的起点。之前中国资本市场发展的早期阶段，坐庄非常普遍，各类机构往往利用资金优势通过操纵市场来获取收益。经济学家吴敬琏当时曾表示，中国股市就像一个赌场，甚至比赌场还不如。2001 年以来，银广厦、东方电子等造假公司的神话破灭，亿安科技、德隆系等庄股的崩盘对市场形成巨大杀伤。此前，东方电子一直都是绩优公司成长的代表，广泛得到机构投资者的认可。

实际情况却是，公司通过炒作自己的股票获取收益，然后把这些收益处理成上市公司的经营利润。同时，公司也将从资本市场的融资和炒股票的利润投入到经营中，持续从清华、北大等最好的高校招大量优秀的毕业生，并给予非常好的待遇，如博士除高薪之外还配有住房和轿车。虽然财务上造假，但经营层面搞得也有声有色，市场上不断攻城略地。这类公司的崩盘让机构投资者损失惨重，进而深刻反思原有的坐庄模式，寻找新的方向。

我当时很年轻，也是一个愤青，觉得这个投机的被操纵的二级市场没有技术含量，骨子里有抵触意识，所以选择了去企业融资部。在投行的三年多时间，我有机会从上市公司内部的角度观察企业的运作，这对我理解公司有许多的帮助。

当时有一批与我同时进公司的年轻人，分散在各个部门，大家都比较勤奋，晚上经常加班。我们都喜欢做研究，常常在一起讨论，交流各自的认识和理解，这是一段非常有意思的时光。

几年间，我们亲身经历了机构投资者原有市场参与模式的失败，从业者在困境中寻找新模式、新方向。同时，我们在研究行业和公司时，找到了许多乐趣，发现了不少上市公司令人吃惊的增长。例如现在信璞投资的王璟，当时他在资产管理部，是整个市场上最早把高端白酒的发展和逻辑看清楚的人，现在我还清楚地记得他在食堂里兴奋地向我们介绍他的研究成果的情形。因为发现我对通信行业的研究领先市场，他推荐我去资产管理部做中兴通讯的研究介绍，也得到了资产管理部负责人的认可，并于 2004 年调去了资产管理部。

2001—2005 年的漫长熊市，我看到了证券行业的清理整顿和多家证券公司的重组、倒闭，也旁观了机构投资者从坐庄模式转向组合投资、从操纵市场转向重视基本面研究，这是资本市场重塑的过程。5 年的熊市放大了痛苦，市场也以连续大幅下跌的方式给造假的公司以严惩。一朝被蛇咬，十年怕井绳，因为有太多和太成功的骗子存在，许多机构调研时先假设上市公司是不可信的，要上市公司证明自己。董事长讲的话大家不敢信，需要通过多方渠道去印证。当时形成了极度重视企业竞争优势的环境。资本市场的转变让研究变得最为重要，有技术含量且有挑战性，我从中寻找到了乐趣。

Q 2005 年，你到了博时基金，为什么？

A 在庄股崩盘、操纵市场模式破灭后，资产管理行业都在反思并寻找新的方向，2002 年，博时基金提出要做价值的发现者，易方达等公募基金公司也竖起了深入研究的大旗。2003 年“五朵金花”行情爆发，公募基金主导的价值投资在市场大获全胜，博时基金当时对市场的影响力可谓举足轻重。2005 年，博时基金社保小组扩充队伍，负责人归江与我曾是国泰君安的同事，向我发出了邀请，我对博时基金也很向往，所以选择来到了博时基金，开始担任社保组合的基金经理助理。

Q 你管理社保组合刚开始怎么样？管理社保基金有什么特点？

A 从研究员转向基金经理，一般是从对少数行业了解、行业背景偏窄开始的，要管一个大组合，刚开始是比较困难的，需要一个学习和积累的过程。不过，博时社保团队很强，归江、王璟、唐定中和我，四个人管三个社保组合。归江在产业演进、制造业等方面的研究很有前瞻性，王璟在消费品方面研究很透，唐定中在财务模型和公司整体判断方面很强，我对 TMT、公用事业、汽车行业比较熟。大家都是从国泰君安过来的，配合得非常好。

早期社保基金理事会对管理人有相对严格的框架。管理人需要关注业绩基准的行业比例，必须在给定的范围内进行行业配置。管理人可以优选公司，但不能超出行业比例的限制。行业比例的约束迫使管理人的组合必须覆盖主要行业，避免管理人过于极端和偏离。这个硬性的要求迫使我们学习各个行业，形成对行业的理解和对比。2005 年我管了半年，在大家的帮助下业绩还算不错，算是一个相对较好的起步。2006 年我正式担任社保组合的基金经理，这也是我遭遇考验的一年。

Q 2006 年是大牛市，为什么会压力大?

A 2006 年，博时基金管理的几个社保组合在全部社保组合中排名落后，我管理的社保组合处于全市场的中间水平，但在社保同业排名中处于最后，压力非常大。牛市跑不过同行，一样痛苦，甚至更痛苦。特别是正式管理产品第一年业绩就靠后，压力很大，经常睡不着觉。

当时，痛苦和困惑的是，我相信基本面投资可以获得不错的回报，但对能否在这个讲究相对排名的赛场上战胜竞争对手充满了怀疑，自信心、投资理念受到严重挑战。非常幸运的是，2007 年 1 月社保基金理事会领导专门到博时，要求公司领导一定要支持我们按这种风格做下去，希望社保团队保持人员的稳定。我们也算是比较争气，2007 年打了个翻身仗，把 2006 年的落后追了回来，综合两三年的业绩也比较满意。

这是很好的体验。

Q 2007 年你的业绩重新领先，3 月开始管理博时主题基金，从季报看，博时主题的仓位三季度降到 66%，但全年下来仍然以 188.61 % 的收益率，获得了股票型基金第二名的优良业绩。这一年，你管理的社保组合表现也好。请讲讲当时怎么做到的。

A 我运气比较好，当我开始怀疑价值投资策略在中国市场的有效性时，市场给了我正面的回应。

为了保证公平交易，在实际管理中，我把博时主题和社保组合当成一个大组合来管理，除了契约约定所允许的差异，两个组合买卖股票的时间、方向与比例都差不多。基金经理成长的过程，就是一个不断学习的过程，回过头来看，当时的操作还是存在很多可以提高的地方，既有公司理解层面，也有行业选择方面，还有资产配置层面。2007 年三季度，市场出现过热苗头，出于谨慎，我将仓位降到了比较低的水平，社保组合规模稳定，在市场出现明显泡沫时降低仓位不失为一个好办法，但博时主题是开放式基金，三季度申购资金比较多，以致后来被迫在高位加了一些仓位。

事实上，我接手博时主题时，还是可以在市场上找到估值比较合理的公司，但因为太早看空市场，仓位降得很低，而三季度申购资金较多，被迫要在高位不断做新的决策去买，那时市场已经进入一个比较疯狂的阶段，股票已经炒得太高了，只能采取防守策略，找一些估值相对低但绝对估值水平已经偏高的公司，还是相当被动的。

后来上证指数在 10 月创下 6 124 点的历史新高后，市场暴跌。我管理的两个组合，因为仓位相对低一些，跌幅低于市场平均，但仍然难以避免损失。

Q 青岛啤酒是你早期比较成功的投资，请讲讲过程。

A 我们 2005 年开始买青岛啤酒。那几年公司处在一个脱胎换骨的过程，不断消化历史包袱，包括并购的无效资产，很多亏损的小厂都处于优化、关停并转的状态，资产减值非常多。公司合并报表的有效税率非常高，因为各个子公司属地分别交税，盈利好的子公司与亏损的子公司所得税无法抵扣。往前看，公司的实际盈利能力比报表显示得要好很多，这从财务指标上是比较好判断的。

与百威啤酒合作后，青岛啤酒产品的品质、工厂的运营水平都有提升，营销方面也做了很大的改进，山东本部主导的密集分销的模式相当成功，稳步扩大市场占有率。广东区域的大客户模式发展得也非常出色，尤其在高端市场。从管理层上看，董事长有包容力，能够协调各方面的关系；总经理大刀阔斧，执行力强，战略也清晰。山东本部的领导主导的品牌高低搭配、渠道密集分销的模式可以不断扩大根据地，具有延展性。这样就形成了管理层的梯队安排，当时觉得非常有潜力。啤酒又是一个不断增长的市场。我们判断公司的盈利能力被低估了，也相信这种低估未来一定会在市场上体现出来，当然时间与节奏无法预测，但肯定不会太远，我们买入后不断加仓，2006 年一度成为青岛啤酒最大的流通股股东。

当时，公司净利润只占收入的 3% ～ 4%，我们预计未来公司的净利率能提高到收入的 8% ～ 10%，中国啤酒销量能达到 5 000 万升，青岛啤酒大约可以占到 20%，1 000 万升。按均价 3 000 元 / 千升、8% ～ 10% 的利润、20 ～ 30 倍的估值，大体上可以算出公司的市值。2007 年该股涨幅超 3 倍，透支了未来的增长，我们也大幅降低了仓位。

在做出一个投资决策时，我们尝试客观计算投资公司带来的回报，通常比较保守。市场往往会给出计算范围之外的回报，因为它不是标准的教科书或者是理性的、精确量化的市场，而是一个由人的情绪决定的市场。我们需要保持客观和理性，在市场过于乐观的时候降低投资比例。

Q 2008 年次贷风暴席卷全球，A 股暴跌，上证指数下跌了 65%，三季度，在股市极度低迷的时刻，你在博时主题三季报中表示：越来越多的公司开始出现长期价值，四季报你更明确表示乐观，当时印象最深刻的是什么?

A 2008 年有很多经验和教训值得吸取。我当时做基金经理的时间较短，对大的经济周期还没有很深的体会，对行业观察的时间也比较短，2008 年，我们感觉到各行业都出了问题，但不知道未来会怎样演变，也不知道会差到什么样子。

2008 年 10 月，政府启动 4 万亿元刺激政策拉动经济时，股票已跌得非常便宜，大多数公司的资产负债表非常健康而强劲，国家的资产负债表也特别健康，负债率低，财政实际处于盈余状态。自下而上的角度好像明显有机会，资产负债表健康但收入利润表迅速恶化。因为外需没了，订单一下子没了，企业盈利还会差多久，差到什么程度，完全不知道。我对经济能否起来、怎样起来，还没有认识和理解。但我觉得应该去做更主动的投资了，加了一些仓，但还是战战兢兢。对 4 万亿元投下去，效果怎么样心里也没底。后来大家觉得 2008 年刺激政策有点儿用力过猛，但中国从没有遇到过这种情况，也一样没有经验，力度过大是不可避免的，在危机时刻要抓主要矛盾。

2009 年年初，经济还没开始复苏，看到每个月 1 万亿元的新增贷款，远超历史上任何水平，又产生了新的恐惧，过度担心远期的问题，不能抓住重点和主要矛盾，对宏观经济理解不足，对经济整体运行缺乏判断。一季度市场一反弹，担心经济后面还有更差的时候，美国经济还有更差的时候，我就又减仓了。白白浪费了 2008 年四季度加仓的机会，而且后来一直不敢加仓。2009 年市场大幅反弹，组合的股票仓位一直在 70% 多，在资产配置上做得不够好。经济在 2010 之后才完全起来的，但资本市场更有效率和预见性。

Q 2011 年，火电行业全面亏损，你在 2011 年四季度提出，电力行业的春天正在到来，并表示机会来临时得用盆接，而不是用针顶。请讲讲当时做这个投资决策的过程。

A 我从 2010 年开始准备投火电。电力行业是个大行业，当时很多电力公司跌到非常小的市值。原因不是需求的问题，而是煤价的问题，是计划电和市场煤的矛盾导致电力公司亏损。我们断定，未来真正的转折点在煤价下调，需要观察煤价下调的时点。2011 年，国家政策转向，开始执行紧缩政策，中国固定资产投资强度最大的时候过去了，对煤一类资源品的消耗强度会下降，需求会下降，而煤炭行业供应的调节有一个时滞，我们预测煤价一定会跌，至于什么时间开始跌，需要观察，不用花太多精力，只要隔一段时间去看一下秦皇岛煤价指数即可。

我们开始下重手是在2011年下半年。我判断火电行业可能会出现大机会，为什么？电力公司经过前几年很残酷的扭曲之后，被迫做出了调整：

◎ 第一，企业的效率都变得很高，因为煤价很高，电价受限，各类内部挖潜的方法都用上了。
◎ 第二，因为持续的亏损，资产负债表很差，电力公司的投资都降下来了，而能源的需求还是增加的，供应端在未来会改善。4万亿元政策之后，其他行业都在大踏步前进，电力行业因为亏损严重反而受到了约束。2010年之后，只有神华还有钱去投资建电厂，其他电力公司都投不起了，都是80%多的资产负债率，电力行业的供应受到约束，而需求前景还很不错。
◎ 第三，电力公司资产负债率特别高，相当于杠杆加得很大，就像贷款买房，加了很高杠杆，一旦行业回暖，全行业的回报率可以到非常高的水平。这个逻辑我们早已经想通了，但电力行业连续亏损了几年，关注的人特别少，所以我觉得这会是一个爆炸性的机会。极端的比如华电国际，当时在香港的市值只剩下不到200亿港币，这几年好的时候一年盈利都是100亿人民币，这里面蕴含着巨大的弹性。

后来电力行业的好转超出了预期，因为煤炭行业的低迷也超出了预期。煤炭好的时候，有太多的产能投放，一旦需求下降，价格跌得很快，煤炭的产业链除了生产端还有运输端，还有政府的税费，每个环节都拿走了一部分利润。当煤炭价格下跌了之后，这部分利润一下子全部转移到火电。不只是煤炭行业的利润下降，还有政府拿走的税费以及其他各个环节的漏损，在煤炭价格下降的过程中，全部转化成了电力公司的利润。当然，因为电力公司效益特别好，电力投资又火起来，电力行业又成了周期性行业，加上中间有一轮放松管制，有一大批的产能投放，又失衡了，这就是周而复始的循环。

Q 在底部买入，可能要经历漫长的等待，是否需要特别有耐心或者特别自信？2012年4月，电力股上涨了50%，之后又是一年多的盘整，2014年3月进入主升期，这样一个漫长曲折的过程，是否非常乏味，你是怎么坚持过来的？

A 电力股大涨是在2014年，中间肯定会有烦躁的时候，但市场反应的速度是无法预测的。我们后来体会到，价值投资需要做好长期投资的准备，因为市场什么时候表现，存在不确定因素，因此在一只基金的组合中要运用多个策略，才能应对短期业绩排名的压力，不被市场所淘汰。

Q 你喜欢逆向投资？从博时行业主题基金的季报看，在中央提出八项作风建设后，白酒业进入衰退期，2013年您开始加仓白酒股，请讲讲当时的一些想法和做法。

A **市场有失效的地方，主动投资才会获得比较高的超额收益。**“八项规定”之后，白酒行业比较低迷，当时我就觉得有重大机会。白酒是一个属性非常好的行业，生意模式很好，原料成本非常低，毛利率非常高，而且存货是增值的，因为外部条件变化导致行业出现低点，是投资最好的时候。我们最喜欢“落难公主”！

我们开始跟踪公司，选择对不利的外部环境应对最正确的公司，潮水退去的时候，好的公司会浮出来，方便我们在下行周期中重点布局。2013年三季度白酒出现了第一丝曙光，第一个好的指标出现了，就是除茅台外，古井收入出现了同比增长。我们开始加大投资力度，茅台、古井、五粮液等都在不断降价，刺激需求，实现渠道库存的出清。茅台是出厂价没降，终端价格则从2 000多元降到900多元。古井所在的安徽省受益于江浙沪制造业的内迁和产业升级，经济表现好，白酒消费不错，再加上古井公司出色的调整和应对，率先实现收入同比正增长。一轮调整下来，做得最好的公司都会得利，包括洋河等。

当时我们判断白酒未来两三年一定是一个回报很好的行业，那一轮调整下来，许多公司估值非常低，白酒行业很多公司跌到扣除账上的现金只有五六倍市盈率，出现了非常好的买点，五粮液最低的时候跌到市值600亿元，账上有二三百亿元现金，未来还有很好的盈利前景，这是显而易见的非常好的投资机会。

当然，我们也不知道白酒行业什么时候会起来，但组合中布局多个这样的策略，就会使组合的回报实现可持续的有机增长。**在行业低迷的时候开始跟踪，观察到出现好的迹象开始投资，在行业开始稳定的时候加大投资比例**。什么时候下重手买哪些公司，需要跟踪观察，2013 年四季度开始下重手买白酒，机会难得，我在组合配置的比例很高。

总体上，A 股市场的有效性还比较弱，总是会阶段性出现一些全行业或个别公司被低估的机会。比如在 2013 年年中，因为市场风格的原因，青岛海尔股价跌到 10 元附近，市值降到 300 多亿元，而账上现金都有 200 亿元，一年有 40 亿元的利润，超过 60 亿元的经营现金流。虽然它是三大白电中竞争力偏弱的公司，但确实太便宜了。我开始买进青岛海尔，成了前十大股东，没想到半年后，青岛海尔股价翻了一倍。在股价大幅上涨后，性价比降低，我们逐渐将配置转到性价比更好的美的上去。

2013—2015 年市场几乎都聚焦在互联网和中小创业公司上，给其他行业留出了很大的空间。人们容易被市场热点所驱使，但我坚信市场长期总是会反应基本面的均值回归。出现偏离的机会时，努力去把握。当然，作为受人之托的基金经理，需要考虑外部的约束条件，组合需要有多个策略，去应对不同的市场环境，在讲究相对排名的行业中生存下来。

Q 博时主题行业基金的长期业绩非常优秀，但中间也经历考验，2010 年、2013 年博时主题排名都滑到后 1/4，会否感到压力？如何克服压力？

A 我的运气比较好，每次业绩差一点，后面就很好。2006 年排名比较差，2007 年就特别好，而且把 3 年复合收益拉上去了。开个好头会让一个新基金经理对自己的投资方法建立信心，也让我有机会补足行业短板，有机会做实验，修正投资方法，逐步成长和进步。

事实上，最关键的是考核机制给了我机会。社保基金的考核看中长期，博时基金对我们价值组的考核是 3 年的权重大于 1 年的权重。没有 3 年循环的业绩考核，就不会有我做价值投资实践的机会。

2010 年，市场风格出现变化，我当时想做一次测试，看看坚持自己的做法，不跟随市场风格，后面的业绩是不是还是能够做好，承担了一定的压力。被动的局面很快改变，2011 年，博时主题在股票基金中排名第一。社保组合 3 年和 1 年的业绩又排名前茅。

经历了这两轮挑战，我对市场的风格变化有了比较多的体会，也基本上比较成熟了，组合净值短期不涨，也不会太着急，更多把精力集中到对行业、公司基本面的研究和跟踪上，看看自己在这方面有没有犯错误，不断扩大自己的行业认知和覆盖面。

2013 年，小股票大受追捧，当时一个流行的说法是：看业绩就输在起跑线上。博时主题业绩排名又落后了，这一次我从容了很多，因为短期业绩虽然较差，但长期业绩还是不错，社保组合的 3 年排名总是能拿第一，这样就有些本钱去做长线布局。2014 年，市场再次发生变化，博时主题排名第八，最近 1 年、3 年、5 年业绩排名均进入行业前 10%。

2015 年离开公募基金后，回顾过去，觉得前面有很多做得不完善的地方，交了很多学费，基金经理都是从错误中成长起来的。在公募基金的十年，是修炼对公司的观察能力、不断增加行业覆盖、认识自己的过程，是理解市场上的其他参与者、理解市场、理解经济运行规律的过程，也是修正自己投资方法的过程。

我们做了一场小小的实验：在足够长（近 10 年）的时间内，在较大的规模上（博时主题和社保组合是两个百亿元基金），在中国这样一个很多投机因素干扰的市场上，实现了较好的回报，验证了价值投资策略在中国市场的可行性和有效性。

感谢社保理事会，感谢博时基金的领导，让我有机会做这样的实验，让我有机会成长。

当某年的业绩差了，我们会给社保理事会讲我们的投资逻辑、我们的认识、未来会怎么样，下一年都会验证我们的判断。就这样，在跟理事会不断沟通中建立了信任，这个过程也让我磨练出了更好的适应市场的能力。

Q 未来，如果市场再次出现风格转换，你会怎样应对?

A 2010 年、2013 年是我在比较极端和风格不利的情况下做出的应对，但中国的资本市场是一个很广大的市场，回过头来看，当时既有消费品行业、医药行业等一般意义上稳健型机会，也有以苹果产业链为代表的电子行业成长型机会，从基本面的角度是可以把握的，只不过当时我的做法比较僵化，而且研究覆盖也不够，没有做到足够好。

因为过去的经验，我的行业覆盖和研究能力都有更好的积累和提高。未来，相信我们的研究工作可以做得更好，更有前瞻性，更提前布局到能够有较大社会价值增量的行业中去，也应该会比过去更从容的应对风格转变。

我们认为驱动市场向前的根本力量是企业的价值创造，资本市场反映的是产业的变迁和竞争的变化。与市场上大多数参与者相比，我们的优势是超强的学习能力，是迅速地去伪存真、区分单纯的概念与真正的行业趋势、发现关键因素、找到最好的企业和企业家的能力，我们一直在强化这种能力。

Q 近 10 年的公募基金经历，你最大的收获是什么?

A 经过长时间的实践，建立认知框架和判断的标准。我刚做基金经理时，是一个在黑暗中摸索的阶段。当市场出现热点时，会推动我去学习、理解这些行业及公司，并做出判断。通过一轮一轮的投资过程，逐渐提高学习能力、辨别能力。很多行业我都反复投过，第一次接触，更多是一个学习的阶段，把问题想清楚，比如行业特点和回报率怎么样，竞争的关键是什么，谁是赢家，后面才能慢慢在这个行业上创造超额收益。

比如，我花了很长的时间才理解银行和保险。我从2004—2005年开始看银行业，直到2008—2009年才开始看得比较清楚。同样地，我从2007年开始学习保险行业，经过一年又一年不停地思考和观察，在2011—2012年之后，才把保险行业真正看得比较清楚。

在基金经理生涯的初期阶段管理社保基金是很幸运的，这迫使我们以宽视角去面对全市场，并在多个行业自下而上的研究中体会到经济运行的脉搏，形成总体的看法。我们既看业绩基准，也不断做自主的倾向性选择，争取通过偏离基准来获得超额收益。循环往复，不断调整。人很容易沉醉在自己的设想里，我们会隔一段时间做一次整个行业图谱的扫描。可能还是有偏好，但在重新审视的过程中，会定期提醒自己去看全局，看看自己偏离得对不对。我也在行业对比、国际对比中逐渐形成了自己的框架和图谱，建立了坐标系。投资的过程比拼的是学习能力，是对现实世界的理解和判断。这是一个永无止境的过程。

Q 2015年年初，你辞去博时基金的工作和职务，3个月静默期后，加盟高毅资产，开始管理私募基金的生涯，四五月在股市高点附近，你发行了两只私募产品，很快股市暴跌，你管理的产品情况怎样？如何控制回撤？在私募与在公募的做法有什么不同？怎样渡过这一段艰难时期？

A 2015年股市暴跌，我总体压力不大，因为有了过去几轮市场起落的经验，对市场已经做了一些前景假设，也准备了预案。在较早前，我在公开场合就谈到，在历史上从来没有见到这么多的钱投到流动性这么差的小公司上，而且还带了杠杆，这个问题非常严重，因为大多数公司的价格都远远超出了基本面的支撑，未来很难避免出现巨大的流动性风险，甚至踩踏。2001年我进入国泰君安时经历过很多庄股的崩盘，个股突然间丧失流动性是非常可怕的，我们预期未来一定会出现这种情况。

经历过2007年，我的原则是牛市不要做太多仓位的选择，关键是在当时还能不能选出比较安全的有潜力的投资标的，能不能买到有安全边际的公司。

2015 年四五月股市高点附近，消费品、金融、安防等估值都比较合理，我在这三个方向上配置比较大。当时做好了两手准备：如果牛市继续，所有的行业都会涨，我会把握住自己能够把握的机会；越到牛市后期，越要选择流动性好的标的，我配置的股票流动性都比较好，如果出现系统性风险，可以快速减仓。

2015 年市场泡沫破灭时，有很多股票很小成交量就全部跌停。在确定市场出现流动性风险之后，我迅速把仓位降到十几个点，所以总体回撤不大，8 月份千股跌停时，我反而加了一部分仓位，因为觉得市场反应过度了，有一批公司也已经到了估值绝对便宜的时候。但当时判断市场处于熊市早期，市场还没跌透，所以总体还不是太积极，后来就又减了一些仓。

Q 你什么时候开始加仓？ 2016 年年初股市再度下跌并遭遇熔断，之后价值投资迎来了一段黄金期，2017 年漂亮 50 更是涨了又涨，这段时间你怎么做投资？有什么心得体会？

A 2016 年年初股市遭遇熔断，当时我的产品也有一些回撤。熔断之后，很多公司出现了绝对低估的状态，很有吸引力，我开始积极买入一些优秀而便宜的公司。

因为担心市场系统性风险还没有释放完，如果市场继续下跌会造成基金净值进一步回撤，所以我一边在监管允许的范围内做一些股指期货的对冲，一边买入一些优秀而便宜的公司。当时考虑，如果市场继续系统性下行，股指期货可以对冲并减小产品回撤，如果市场上涨，相信我们选的公司能够有超额收益，在弥补股指期货的损失后还能有正收益。用这个办法，我积累了一定比例的对冲头寸，同时把股票仓位加上去。运用对冲工具锁定系统性风险，可以在市场低迷的时候敢于做逆向投资，是一个不错的办法。

当时，香港市场上出现了非常好的机会，我们通过港股通买了有吸引力的互联网公司和极度低估的汽车行业公司等。下半年，等到净值从年初的熔断中恢复过来并有一定的正收益，有了安全垫之后，组合有较强的抗风险能力了，我开始把股指期货降下来。

在市场低迷的时候，想买一些优秀而便宜的公司，又要控波动，只能用高成本的对冲手段，这是一个成本很高的办法，但这是在当时时点对我来说最合适的做法。当时，我刚开始做私募，跟客户和渠道还有一个重新建立信任的过程，如果产品波动太大，客户不能接受，我自己的压力也大，反过来可能影响操作。

Q 从管理追求相对收益的公募基金到管理追求绝对收益的私募基金，是否需要一个适应期？有公奔私的基金经理说，做公募基本不需要考虑仓位，只需要选好个股就行了，在私募却必须同时考虑仓位和选个股，你的体会是什么？

A 在公募基金主要做相对收益，应对系统性风险的准备不充分，私募基金是以绝对收益为目标，要有应对市场系统性风险的能力，包括怎样控制回撤，降低波动率。不过，在公募基金管理的产品规模较大，在管理大规模基金方面经验比较丰富。通过多年的实践，我相信自己的方法长期可以获得超额收益，但基金管理人与客户之间需要花很长时间去建立信任，而信任只能是在创造回报至少是让客户比较早的脱离成本区才能实现的，需要通过自己一次一次的正确判断和净值不断创新高，来赢得客户信任。这是我们必须要考虑的约束条件。

我们算是开了一个好头，但投资肯定会有波动，中间出现波折是不可避免的，未来肯定会有风险有回撤的。今年年中开始，我们对接纳新增申购资金比较谨慎，一方面想控制规模，一方面也担心渠道和投资者预期太高。我们还是希望基金稳健发展，把投资者的短期预期降下来，也希望给所有的老客户带来更好一些的回报，以后即使有波动，也尽量不亏损，整体的心态会好一些。这是一个事业，要慢慢做，中间需要一个不断磨合的过程。

Q 有朋友评价，你是灵活的价值投资者，是这样吗？认错会不会比较难？

A 我从来不认为自己一定是对的，而要看事情怎么发展，产业怎么变化，企业怎么运作。我不会因为对一个公司有偏好，或者曾经在上面赚到钱，就一直觉得它很好，企业跟人一样，有的好企业不能适应环境改变可能慢慢会变差，有一些公司可能曾经比较差，但也会变好，比如某个国产汽车公司，早年不是一个很好的公司，但这几年它发生了脱胎换骨的变化。对过去比较差的公司，我们容易有负面的偏见，要破除偏见，就要看它的产品怎么样，消费者的反应怎么样，它是不是可以重新走出来。客观更重要，要实事求是，我们自己的对错并不重要。

认错我觉得不难，错了就错了，认错代表我进步了。我会不断去观察事情的发展，同时不断反问，我是不是认识有错误。做投资要面对高度的不确定性，我认为对的也会坚持，最后出来的结果，我对的当然好，如果结果证明我错了，我会反思为什么，然后重新去思考。

站在现在的时点，我们必须很客观，是就是，不是就不是。做基金经理是对未来的判断，用经验和思维方式，对未来有一个演绎。等结果出来的时候，就是客观的，企业项目能否做成，产品怎么样，都要客观地去研究，不断地将现实跟我们的假设相互印证。

Q 怎么看待价值投资与长期投资的关系?

A 人们常把价值投资简单等同于长期持有，这种认识是有偏差的。长期持有往往是因为我们的研究领先于市场，而中国市场的效率偏低，股价反映基本面的变化可能需要相当长的时间，导致我们持有时间长。长期投资、价值投资不是持股不动，而是需要不断客观分析行业和公司的发展，并与当时的股价相结合，判断股价是否高估，风险收益是否合适，如果已经透支了未来，就要调整。

Q 你卖出的原则是什么? 会不会有卖早了的情况?

A 我们卖出有三个原则：

◎ 如果发现最初对公司的判断和前景假设出现了错误，或企业发展的大环境变了，会卖出。

◎ 如果股价的涨幅达到预期价位，公司的风险收益比也达到预期，会卖出。

◎ 在类似属性的资产里发现了更好的选择，会卖出。

卖早了很正常，从组合的角度，我们会根据个股的表现不断调整，低估的时候超配，随着公司价值不断被发现，估值提高了，会逐渐降低配置，如果公司股价已透支了未来，可能会全部卖出。一只基金的持仓是多个行业的组合多个策略的组合，行业之内的比例处在动态调整的过程中，一城一地的得失不重要，主要是看整体配置长期获取超额收益的情况，长期是不是有超额收益更重要。

Q 资本市场是社会热点的反映，在股市，隔一段时间总会有一些行业很热闹，另一方面，中国的机构投资者占比也在不断提高，怎么样才能够领先同行，准确捕捉到行业变化带来的投资机会?

A 在建立一个大的投资框架的时候，我会思考，中国作为一个大国的经济结构是怎么样的，各行业的利润会怎么样，价值量会怎么样，在资本市场的权重怎么样，从不同的角度去做行业的比较分析。

美国市场也是个重要的参照系，因为中美都是大国，产业都很全。中国经济发展迅速，每隔几年，产业发展可能就会出现一些比较重大的变化，一些社会发展的大方向肯定会折射到产业层面，最终也会带来公司的变化，在资本市场上肯定也会有所反映。现在总体上是一个信息过剩的时代，我们会锁定一些社会价值量很大、值得花足够多的时间、回报率也比较高的行业进行研究，比如 TMT、互联网、消费品等，在这些行业花时间更容易得到更好的回报。对于其他一些大行业，我们也会阶段性地进行回顾。在经过长时间的研究和实践之后，基本就能够把握这种变化的脉络。

随着国内机构投资者不断发展壮大，市场的有效性也越来越高，因此要把研究做到前面。当我们看到一些产业方向的时候，需要更快选出公司，或者根据经验判断哪门生意的模式或者某个环节的生意更好。刚开始大家还会有分歧，如果我们的研究和认识超前于市场，会有一个比较好的进入时间点，投资领先一些就会主动一些，如果我们的研究只是跟上或落后市场，就很难有舒服的上车机会了，当你努力程度低于同行的时候，可能就得不到特别好的位置了。

我们的研究覆盖面在不断加宽，为什么我们要做高毅资产这个平台，最大的希望是组织可以超越个人，让每个人能够不断提高，有更快的进步，这是我们几个合伙人觉得更有意义的地方。我们希望未来能够做得更好，希望通过这个组织平台，团队能够一起进步，这也是我们努力的方向。

Q 2017 年以来，蓝筹股走势强劲，漂亮 50 非常亮眼，2018 年，市场风格是否会转换？未来最大的机会在哪里？

A 传统的龙头企业在 2017 年表现已比较充分，未来主要是内生增长提供的回报，估值上升的过程基本走完了。成长也是价值的一部分，关键是成长股与成长概念股的差别，像国投电力，2011 年到 2014 年从几亿元的利润增长到近 60 亿元，几乎没有一家创业板比它增长的快，你说它是价值股还是成长股？另外，中小创整体的风险跟少部分好公司的机会从来就不矛盾，中小创中也有一批优秀的公司，我们会选择有潜力、能做成事的公司，跟是否中小创没什么关系。我们只看一点：企业实际创造的回报。这就是价值，并不是说增长了就是价值股，这个概念是错误的。

我觉得未来的机会在创新，我们总体上面临一个巨大变化的时代，未来超额收益有可能会集中在有巨大争议或者有巨大不确定性的行业中。

Q 具体来说，你目前最关注哪些产业？

A 我们对很多大行业都比较关注，当然会特别关注一些未来可能出现重大变化的行业，比如汽车业的电动化 + 智能化；互联网、人工智能与云业务；半导体。

现在大家对汽车业的电动化 + 智能化的方向没有太多的分歧，路径也看得比较清楚。汽车的电动化和智能化是各方面推着往前走，既有传统的汽车企业，也有新的进入者比如特斯拉，相信未来还有潜在的进入者。中国的汽车业是产业链的各个环节一起在往前走，配套特别全，真正的赢家现在还没有出来。方向确定了，后面就是一个赛马的过程，在赛马的不同阶段，会有不同的更明确的东西出来。这几年电池行业就特别明确了，已有国内公司做得非常好，已经遥遥领先了，但两年前还看不清楚。

所以，一个产业的升级，隔几年会看得很清楚，这是一个过程，不能简单预设，需要循环地假设—跟踪—修正，看最后的结果。有很多公司，我们可以从逻辑上去判断，从产品和商业模式的角度去看，如果有问题我们会做一些否定，但哪些最后能成，现在还不好判断，我们会对一些有潜力的备选公司进行不断扫描、不断观察、不断缩小范围。

当你有了能够满足消费者需求的好产品，还要能够批量生产，并且有稳定性。能够做到这一点，即使之前不是很强大的公司，更多的社会资源也会向你倾斜，也有机会成为赢家。这是社会整体创新的过程，创新大规模分解了，从上游的原材料到下游的终端产品，中国市场大、需求大，供应链也很全，更容易帮助最后的赢家出来。

比如前些年的智能手机，苹果带动整个产业链向前走，给了整个产业链更新、进步的机会。智能手机在中国的终端市场大，产业链又全，方便企业进步或者改进。行业混战到现在，只剩下 6 家公司了：苹果、三星、华为、vivo、OPPO、小米，其他公司很难发展了。

互联网行业本身还在原有的轨道上不断进步，只不过这几年变成巨头越来越主宰行业的发展，中国和美国的互联网巨头在带动行业向前走。但互联网本身还处于试验的早期，阿里巴巴在很多商业上的探索也处于非常早期的阶段，云业务、人工智能应用等也处于产业发展的早期。这些年中国的产业链在不断往上走，而且有需求，云业务可能成为一个大市场，比如基础设施在向云上面迁移，企业业务发展也在向云上面迁移；人工智能终端的应用在中国的需求也很大，包括在安防、手机、汽车上的运用，还有云服务商需要大量计算，可能成为人工智能最主要的使用者，这给产业和公司提供了机会。

互联网发展到现在，确定程度越来越高，已经比较清晰了。在资本市场上，互联网开始向传统产业回归，评价互联网也要考虑生意的盈利能力。商业模式的早期，没有出利润，竞争高度不确定，市场会给不确定很高的溢价，但当竞争格局比较清晰的时候，市场的溢价就消失了，会集中到优势的企业上，优势企业的利润比较好、估值水平高，差的公司则垫底。

Q 半导体是中国在全球相对排名不太靠前的行业，未来能做起来吗？

A 半导体是中国极少数没有做到跟经济体量相匹配的行业，但这个行业也正是处于变化的前夜，中国有很大的机会可能超越，在 IC 的设计方面，以华为为代表的公司，已经接近世界一流的水平。我们有需求，终端和下游的运用，市场在中国，总有设计公司能够抓住机会，在设计行业起来。在 IC 制造方面差距还很大，但制造行业中国是敢于逆周期不断持续的投资，历史上韩国就是通过这个路径成功的，中国有机会跟韩国一样做成这件事，我们只要有相对好的机制，吸引足够多的人，有足够多的资源去做这件事，做成的可能性很大。可以看到，在半导体制造方面，不管是日本还是韩国，给关键技术人员的回报没有中国高，而且中国的企业可以给他们更好的发展机会，中国的体量是不一样的，有很大的机会把这个产业做出来。我们目前的问题是，还缺乏制造业的领军企业。

Q 你对中国的未来很乐观？

A 中国的企业家非常有进取心，不管是 40 岁还是 60 岁，都很有拼劲和冒险精神。另外，中国政府鼓励创业和创新，社会对创新和创业的支持远远好于韩国和日本。日本社会高度僵化，小公司很难发展起来，中国则是百花齐放，各行各业都在蓬勃发展，几乎所有的行业都在往上走。

中国是大国，有巨大的本土市场，中国的产业链特别全，供应链也特别全，形成了一个很大的生态系统，能够孕育出很多变化，有利于产业的升级和进步，这是创新最好的土壤。中国有非常多有梦想的企业家，资本过剩，有很多资源配置进去，更容易催生最后的赢家，稍微小一点的国家很难有这么好的环境。

从动态的角度看，几乎所有的行业都在往上走。即使传统行业比如钢铁、水泥，也在很短的时间内实现了很高的生产率的提升，只不过有些行业的进步演化成了全社会共有的福利，变成消费者得到了好处，而不是股东得到回报，这是产品属性决定的。但总体上，中国企业在近十几年的时间里，进步特别大，做投资是比较幸运的。

中国大多数行业生产效率的提高幅度都非常大，很多企业看上去过得挺苦的，但是如果从时间序列来看，则可以明显看到进步的过程。比如前几年亏损的钢铁行业，2015 年低谷时钢才 2 000 多元一吨，比 30 年前还便宜，而劳动力、原材料等各方面成本都大幅上升了，企业还能够维持，本质上就是生产率提高了。中国的产业发展是浓缩人生，短时间内走过发达国家 100 年的路。钢铁企业 1 000 万吨的产能，只要 18 个月就能建好，而且投资成本远远低于过去。

光伏也是挺苦的，想想 10 年前光伏成本非常高，但这些年光伏全产业链打通，各个环节的成本都下降了很多，虽然光伏企业没有得到好处，但一步步帮助人类实现了光伏平价上网，在中国企业做起来之前，投资成本比现在要高 8 ～ 10 倍。当然，中国企业也在非常努力地互相学习，一个公司的成果，往往很快就变成全行业共享。一方面要从股东回报的角度看，另一方面也要看生产力提升的过程。可以将这些公司跟国外同行进行对比，特别是动态的对比，可能我们早先的起点比较低，但从发展的过程和进程来看，已经出现非常大的差异。

做投资很有意思，有机会见证产业重构的过程、生产力的进步、企业本身的进步，在进步的过程中往往会发生价值链的变迁，给股东带来很大的机会。这是一个优胜劣汰的过程，也是一将功成万骨枯的过程。这个过程看起来很残酷，但是进步了之后，成功的公司会带动整个行业生产率水平的提高和效率的提高，也拉动整个经济水平的上升，不要只看到失败，也要看到成功。失败是一个过程，就如同生物进化一样，只不过生物进化是一个更大的样本，需要更漫长的时间。这种投入有成功有失败，很多钱的确是浪费了，但通过这个过程，活下来的公司会带动产业链上所有的公司整体往前走，这是探路的钱，值得花，我们是大国，也耗得起。只要最后整体的水平又上了一个新的台阶，就是有价值的。产业的水平上去了，竞争能力上去了，社会往前走了，还是看这个节点生产率的水平，只要生产率提高了，浪费的钱就是值得的。

未来，中国一定是劳动力成本越来越高，如果劳动力成本不上升，说明我们的发展路径是错的。要共同富裕提高劳动人民福祉，就是要提高劳动人民的收入水平。在劳动力水平上升的背景下，企业要适应成本的提高，通过生产率水平的提高，还能够赚钱，不适应的自然会被淘汰。

一些主导性的、在未来对全世界有重大影响的产业，比如人工智能、云业务，只有少数几家公司可以做起来，这些核心的产业在中国都处于很靠前的位置，而且不断在往上走。相反，日本具有核心竞争力的产业，一个个被中国、韩国所替代，汽车和精密制造未来也都面临着挑战。在精密制造方面，消费电子产品近几年是整个精密制造最大的驱动力，中国是最大的受益者，我们三五十亿元利润级的精密元器件公司不断替代日本企业，这样发展下去，日本企业的份额和市场会面临更大的压力。日本的汽车行业虽仍然领先，但在电动汽车、智能驾驶方面的发展是比较犹豫的，也是有分歧的，一款汽车从初始的设想到上市，基本上需要 3 年的时间，前面犹豫，后面花的时间更长，就会面临更大的压力。

总之，我看好中国经济的未来，相信随着中国经济的持续增长，市场也会为投资者提供更多更好的机会。作为基金经理，我希望今后能够继续发掘更多真正创造价值的公司，为投资人持续创造良好的回报。

24

“股市常青树”孙庆瑞，为何长短期皆不败

► 《上海证券报》陈俊岭 / 2015.05

投资界大佬邱国鹭在组建顶级私募高毅资产投研团队的过程中，曾约谈了200多位业内知名的投研人士，其中一位女士给他留下了深刻印象。邱国鹭纵横海内外股市近20年，深知在诸多非理性因素裹挟的A股市场里，不是所有优秀的基金经理都能做到长期和短期皆立于不败之地。而这位女士在做股票基金经理的7年间，不但长期业绩位居同业前三，每一年也都跑在前1/4，2007—2013年市场风格完全不同的每一个年度里，她基本没有在股债配置和行业配置上面错失过主流机会，这是非常罕见的纪录。

她叫孙庆瑞，在投资界有着“股市常青树”的美名。她可能是同期公募基金里长期业绩最好的女基金经理之一，不但投资业绩常青，人看上去也比实际年龄年轻很多，很贴合“股市常青树”这个美誉。后来的故事大家都知道了：“股市常青树”孙庆瑞接受了来自顶级私募明星团队的邀请，成为高毅资产明星投资经理“五虎将”之一。那么，孙庆瑞是如何从债券基金经理转型成为股票基金经理，又是如何成长为市场中知名的“常青树”的呢?

行业配置每个阶段都有清晰主线

大多数基金经理都想通过行业配置来获取超额收益，每年都有大量的人在“赌”

当年的热门行业，可惜每次都有人押错。而孙庆瑞基本没有在配置上面犯过错误。无论是股和债的大类资产配置，还是热点行业的转换，她都能比较精准地把握每一个阶段的主流机会。

孙庆瑞在做债券投资研究 6 年后转型做股票基金经理 7 年，无论长期业绩还是单一年度都跑在同业前列：2007—2013 年管理中银中国精选基金期间，收益率在小同业（同期全部 82 只偏股混合型基金中）排名第 2，在大同业（同期全部 205 只混合型基金中）排名第 3，超越沪深 300 指数约 101 个百分点。难能可贵的是她不但长期领先，而且每一个自然年度都跑在同业前 1/4。孙庆瑞还因为优异的长期业绩获得了第十届中国基金业金牛奖“十周年特别奖”，基金行业 16 年来仅有 7 位股票基金经理获得过此殊荣。 邱国鹭也曾好奇地问她：“在 7 个市场风格完全不同的年份中，你是怎样做到每一年都跑在行业前列的？”邱国鹭认为，“稳健与灵活并重”是孙庆瑞很突出的优点。对中银中国基金的业绩归因分析显示，孙庆瑞 60% 以上的收益来源于出色的资产配置。

透过公开数据分析孙庆瑞过往持仓，会发现她基本每一年都命中热点，再结合她自己的回顾来看，每一次都有基于宏观判断的清晰连贯的逻辑在里面：2007 年是以大股票为主全面普涨的大牛市，那段时间孙庆瑞在做债券基金经理，她从经济和流动性层面分析，从 2005 年开始就看多股市，所以在 5 000 点高位接手基金后，迅速重仓大盘股，抢到了一波收益。2008 年遭遇大熊市，孙庆瑞全面减仓，基金净值损失远远小于市场和同业基金。但她还是觉得自己 2008 年做得一般，“看法虽然对了，但是叠加到交易能力还不是很完美”。2009 年是标准的大反弹行情，孙庆瑞在国家发布 4 万亿元计划之后迅速布局了很多强周期股。而到了 2009 年下半年，她看到在 4 万亿元投资之后，周期行业会在供求方面面临极大的问题，而在经济向好的时候消费总是会跟上来的，“在 2009 年下半年，我每天琢磨的一件事就是把所有的周期股都卖光，从吃穿用住行几个角度来挑选行业里最有竞争力的公司”。所以，在 2009 年下半年孙庆瑞做了比较彻底的调仓，转向消费类股，全年获得了 73.7% 的收益。2010 年是结构性行情，如大家所知，周期类行业都表现很差，只有消费和与消费相关的行业表现比较好，基金经理们都围绕吃穿用住行来挖掘标的。孙庆瑞由于已经提前布局消费行业，整体组合没有太大变化，全年继续持有消费类股，获利不小。2011 年遭遇市场大调整，大股票跌了 1/4，小股票跌了 1/3，孙庆瑞判断白酒出现拐点，白酒行业虽然会滞后于当时强周期的反弹，但是会非常受益于经济的增长，所以重配白酒，还买了一些食品饮料和医药，又大幅跑赢市场。接下来的两年市场风格漂移，2012 年小股票震荡，蓝筹股在年末走出一波快牛行情，2013 年则是蓝筹股受压，创业板屡创新高。孙庆瑞自上而下地看，判断白酒已经过了高速成长期，而与互联网、移动端相关的公司会成为经济里最有朝气的部分，于是转移仓位到 TMT 板块。这两个阶段分别获得了 11.5% 和 21.1% 的收益。

孙庆瑞坦言："我倾向于自上而下做配置，并且偏好成长风格。我会在一个行业和公司形势明朗、进入高成长阶段的时候参与进来，分享它们最有激情的那一部分，这往往是能获取超额收益最多的阶段。**总结起来我长短期业绩都还不错的原因，可能主要有两点：一是比较擅长自上而下的资产配置；二是对行业转换的把握比较有感觉，能比较好地抓住行业大的成长阶段。"**

配置高手有强大的宏观逻辑

与许多股市名家相比，孙庆瑞有一个特别的经历：她做过固定收益基金经理。优秀的固定收益基金经理往往宏观感觉很好，因而在大类资产配置和行业配置上能获得方向性的胜利。孙庆瑞在过去做策略研究和固收投资研究的过程中，积累了比较全面扎实的宏观研究基础，为后来管理股票基金需要的资产配置能力打下了坚实根基。这一点在她的投资风格上面也有非常鲜明的体现。

孙庆瑞在描述自己的时候，总是会加上"可能""比较"这类词，始终保持谦逊。正如她的同事对她的评价："她似乎总是对市场保持一分敬畏之心。"优秀基金经理总会遇到不是自己的春天，有的人信念坚定，会扛着，而孙庆瑞不，她总是随着市场的呼吸而动。她说："我很少跟市场对着干。"在一个趋势里面，孙庆瑞一般会去看当时起作用的主线是什么，顺着市场的角度思考：是流动性呢，还是经济本身的结构的转化，还是经济的周期性变化？"我会试图自上而下理出一个清晰的逻辑"，当这个逻辑不断得到市场验证的时候，她就会坚持判断，而如果市场在这个逻辑上出现一些变化的时候，她会沿着自己的思路，把影响股价的所有层面的逻辑，自上而下地一条条地重新梳理，来判断市场是不是真的发生了比较清晰的变化。

“其实，如果对自上而下的角度比较敏感，如果经常梳理自己的思路，还是比较容易抓到不同市场阶段的清晰主线，而且也能在市场发生变化的时候及时做一些调整。”至于专业投资者如何才能做到这一点？孙庆瑞说：“我觉得除了自上而下地梳理出一个很清晰的框架，还取决于是否对市场保持足够的敏感度。”

有时候，选择比努力更重要

灵活切换需要覆盖到所有行业，孙庆瑞对研究上如何“用力”也有自己的一套逻辑。“宏观、中观、微观我都看，但我没有时间把微观跟踪得那么细、那么及时，更多是先从宏观去取舍行业，然后在好行业中选择具有竞争优势的公司。”“买方卖方研究员有大量的研究成果，你不是真的需要每家公司都去跟踪，要学会借力。”

如果这个行业的周期过了，孙庆瑞就会迅速“放弃”它们，可能很久都不会再花时间去看这个行业的数据，因为在负向循环的过程中，下跌会超过你的预期。比如自从 2013 年看到人口红利发生拐点以及地产行业相关数据后，她这几年就再也不跟踪地产的数据了。除非从宏观数据上能看到行业发生了质的变化，才会再去跟踪。但是就过往经验来看，到目前为止一个行业在快速成长期过了之后都需要相当时间调整，反弹顶多是阶段性的。“有时候，选择比努力更重要。”邱国鹭如是评价。孙庆瑞的灵活还体现在她对投资方法的理解上。她认为，**偏好成长和偏好价值本身并无对错之分，有时候也有重合部分，两种方法主要是参与投资的时间段不一样。当一个行业或公司过了高速成长期之后，往往回复到平稳阶段，但好的公司长期来看市值是不断增长的。**只是从自己的选择来说，一个人的偏好很难跟另一种兼容，价值尽管再便宜，也很难从成长的角度上达到你的标准，所以投资上不必“十八般武艺样样都会”，坚持自己的一套方法理念和逻辑体系就好了。

私募投资，方法可持续，空间更灵活

在未来管理私募基金的过程中，孙庆瑞将延续从前的一套方法并且充分利用私募更灵活的投资空间和标的。比如，整体上将以绝对收益为投资目标，秉承最大程度上获取风险调整后长期投资回报率的理念；前瞻性地判断宏观经济周期，灵活进行资产配置；对经济结构及经济中行业的演进进行分析和判断，配置最值得看好的行业；优选出好行业中的好公司，买入并中长期持有。此外，私募产品可以投资的范围较大，为投资者提供了对冲市场风险的工具，投资者在不同市场环境中均可以利用衍生品进行投资获利。

谈到配置高手 2015 年看好什么股票？孙庆瑞表示，受益于互联网 +、科技进步、中国经济转型、国企改革等因素的公司，将会是她重点关注的对象。她指出，当前民营经济非常活跃，新的技术和方法快速渗透人们生活中的角角落落，创业的数量和速度进入了前所未有的高潮，优秀的上市公司、卓越的企业家会充分抓住当前的机遇，带领企业开拓更广阔的市场空间。

25

卓利伟，在A股市场长期坚持基本面投资

▶《中国证券报》曹乘瑜/ 2016.05

从事投资20多年来，卓利伟对各种投资方法进行研究与思考，逐步成长为了一个基本面投资的坚定实践者。他认为，基本面投资可能是提高投资确定性的最有效方法，其核心逻辑是将影响投资的N个变量“降维”到3个最重要的变量：一是对企业价值的判断，二是对产业大趋势的判断，三是对系统性风险水平的判断。基本面投资要求把这三个长期最为重要的因素做到非常高的置信度，从而大幅度提高投资的确定性。以下内容是《中国证券报》对卓利伟的专访。

寻找稀缺的确定性

卓利伟认为，当前资本市场面临两个因素：一是企业盈利能力下降，二是利率下降导致DCF估值的贴现率下降。资本回报率下降与贴现率下降相互抵消后，对系统性估值的影响可能接近于中性。但从金融资产存量规模越来越大而投资标的供给量相对较小这个供需关系比较看，市场整体的趋势是中性偏好，卓利伟认为在大部分人看空的当前市场，寻找可靠的结构性机会大有可为，高确定性的股权的估值反而会提升。未来几年，这些结构性机会可能有5个方面：

◎新中产与新生代消费升级，新品类层出不穷：中产阶层的人口不断壮大，

在消费上更趋向于品质、健康、审美与体验，而对价格不再那么敏感；互联网一代逐步成为消费主流人群；新品类或者老品类的创新会层出不穷。

◎ 传统产业的主动升级与改造：由于信息化水平不断提升、技术不断进步，一些龙头企业在生产、营销、供应链方面进行全流程的改造升级与模式创新。

◎ 少数领域有不错的创新，如云计算、大数据、电动汽车等领域。

◎ 产业整合更为频繁，行业龙头企业充分利用资本的力量、实现产业并购与国际化。

◎ 类债券收益的高分红品种，在大类资产之间有很好的估值比较优势。

基本面是投资的不二法门

卓利伟在公募与私募都有着多年的基金管理经验，曾获得中证报三年期私募基金金牛奖。他认为投资的本质是对真理或真相的追求，是对事物本质与主要矛盾的认识。**“真理或真相只有一个，但找到这个真理或真相的方法可能有很多，我认为基本面投资可能是最简单、最朴素、最不挑战人类智力极限，也可能是最有效的方法，”**卓利伟说，“市场是混沌的系统，变量众多，且各个因素在不同阶段的主次关系又不一样。尤其是A股有一些很特殊的情况，比如投资者散户比例高、缺乏真正市场化的融资制度等，因此投资者容易在变化的市场环境下陷入不可知论，不知道如何运用知识、方法与工具。”

市场从短期来说是无效的，但长期非常有效，股价从长期看就是对企业未来价值的反应，因此最重要的是看两点：产业发展大趋势，以及企业持续创造价值的能力。产业发展本质上是推动社会进步的，企业创造价值靠企业家及其团队，企业的核心竞争力表面上看是技术优势、商业模式、资源优势等，但实质上是企业的文化、价值观、创新能力，以及建立在企业文化基础之上的公司治理结构。

不简单的投资 卓利伟认为，把控两个最重要的变量，基本面投资化繁为简，提高了投资的确定性和可复制性，也降低了难度。对基本面的深度研究与独立判断是投资的一把尺子，用这个尺子去丈量企业实际价值与市场估值的差异，再结合对系统性风险水平的评估，以此来构建投资组合与决定投资的风险敞口。

更多的研究是为了更少的决策

虽然基本面投资需要掌握的变量相对少，但是背后需要更多的研究与长期积累。这个积累要靠对经济社会发展、产业发展的核心驱动因素、商业模式的本质、企业的文化价值观与公司治理结构、业务与财务的关系等多个方面有长期深入的研究与深度思考，也需要广泛的阅读与学习，保持对这个世界婴儿般的好奇心与初心。但更多的研究与思考是为了更少的决策，更少的决策是为了大幅度提高每一次决策的准确性与含金量。

卓利伟介绍，可以从 4 个逻辑来看企业基本面：

◎ 宏观逻辑，即一家企业所在的行业和企业业务是不是为经济、社会发展与产业进步创造了价值，企业利润是为社会创造价值后、社会回馈给它的报酬。

◎ 产业逻辑，不同产业的经济逻辑与商业模式逻辑，虽不相同但可以触类旁通。

◎ 业务逻辑，要看公司的业务是否符合前面两个大逻辑，业务能力是否在产业上具有竞争优势，并通过持续的创新形成长期的壁垒与护城河。

◎ 财务逻辑，财务是公司经营的数字化总结，也是对前面三个逻辑的验证。

卓利伟认为，认知问题有 3 个关键环节，即归纳、推理与实证。收集与广泛阅读相关资料，并对这些信息进行格式化的解构与重构，这是归纳的过程；在归纳的基础上形成对问题初步的判断或几种可能发展态势的假设，这是推理的过程。归纳与推理是远远不够的，但大部分投资者通常只停留在此。更为重要的是实证研究，实证研究需要对产业和企业进行全方位的深入调研，这个研究过程包含更多与实业家的交流、学习，与真正的专家进行长期的互动。好的基本面研究，甚至要做到对一个问题的认识比实业家深入，“这是我对自己的要求与努力方向”，卓利伟说。另外，他认为企业家精神对企业与产业的发展至关重要，“在调研过程中，我喜欢和企业家进行非常深入的交流，试图了解他们的内心，理解他们做企业的精神动力和初心”。

卓利伟表示：“不谋全局无以谋一域，要建立可靠的系统性的思维框架，最后简练地落地到对投资的理解上；在少数领域建立非常显著的优势，并通过不断地学习扩大优势的范围。这也是我常说的，‘更多的研究是为了更少的决策’。”

26

传奇高手冯柳，从职业股民到基金经理的修炼之路

▶《上海证券报》安仲文 / 2016.07

目前，中国A股的散户投资者数量已经破亿，但其中大多数个人投资者的业绩以亏损居多，他们也因此被戏称为“韭菜”。但是，每一个散户的内心都不希望自己仅仅扮演“韭菜”的角色。在十几年前，刚刚大学毕业的冯柳同样不希望如此。

作为中国A股市场上最为传奇的个人投资者之一，冯柳大学毕业后的第一份工作是在娃哈哈集团从事销售。无意中接触到股票投资后，颇感兴趣，后来更是辞职专心炒股，最终成为一名专业投资人。他在互联网上持续地进行投资理念的分享和实盘披露，成为“散户”型价值投资者的典范。在淘股吧和雪球上，网名“茅台03”的冯柳更是拥有一批忠实的粉丝和志同道合的朋友。

凭借极为出色的业绩，冯柳从一个小散户变成了超级散户，又从超级散户成为私募基金经理。原南方基金投资总监邱国鹭在打造私募基金高毅资产之后，一直在寻求A股市场中最为优秀的投资高手。在其邀请下，冯柳加盟高毅资产，成为一名机构投资人。

“捕捉”消费股机遇

“如果我继续持有茅台，我过往个人账户的收益率可能会比现在低很多。事实上，自2012年后，我在白酒上就没有特别大的仓位。”冯柳向记者解释。

冯柳坦言，在过去的10多年间，他个人投资最大的收益来源于消费股。他先买入高端白酒个股，在高端白酒领域获得丰厚收益后又进入中端白酒。在2011年底，他及时从白酒股转向医药股，并在医药股上斩获不菲收益。

值得注意的是，冯柳最初买入医药股时，他持有的个股一度出现了超过20%的下跌，而抛售的白酒股却上涨了30%。但即便如此，也未能影响他的既定策略，在经历一段时间的煎熬后，他买入的医药股最终大涨，而白酒股则出现大幅下跌。

“散户有天然的信息劣势，所以更适合在消费品、医药和零售等行业投资。”冯柳告诉记者，消费品行业的特性使得其不像别的行业那样容易被订单、政策或上下游情况左右。进入高毅资产后，冯柳借助私募的平台，弥补了从前所不具备的信息优势，也收获了相对不错的业绩。

投资观：不走寻常路

某种程度上而言，冯柳的投资策略在多数人看来显得极为另类。在总结自己的投资风格和理念时，冯柳用了以下一句话：“不择时、不做衍生品、不通过指数期货对冲、不用杠杆、不回避系统性风险，并且始终用超高仓位进行集中的逆向投资，且中长期持有。”

正是因为极度厌恶风险和敬畏市场，才使得冯柳一直拒绝杠杆，也得以坚持高仓位运作且不控制回撤。**在冯柳看来，做擅长领域里的投资，用好的价格买入好的企业，这本身就是最好的风险控制。**

冯柳在非换仓期间一般不愿意持有大比例的现金，也不去做股票的波段。让常人难以理解的是，他甚至放弃躲避市场的大幅度下跌。在他看来，这样的操作策略虽然不够完美，却可以令人放弃贪念，降低投资的复杂度，并限制恐惧带来的错误行为。

冯柳认为，很多人在股票投资上遭遇风险损失就在于选择太多。在他看来，如果想买入某个股票，就必须把投资标的当作一家未上市的企业看待。这意味着，必须将股票投资视同于股权投资。这也需要投资人事先想清楚投资的逻辑，重仓进入之后便不再为股价的短期波动所困扰。

HARD THINGS IN INVESTMENT

不简单的投资

在冯柳眼中，很多人其实都是在各种纠结中错过机遇，却没有如愿规避相应的风险。市场的方向简单但路径复杂，正是这种简单与复杂结合的特点，才会导致人们去做那些自以为聪明的举动。在投资过程中，只有承认自己不具备挑战复杂的能力及心性，把系统性的损失当作理应承担的义务来面对，才能静下心来做好个股投资。如此，投资人才能够更坦然地面对波动及考验。

也正是因为这样看似极不寻常的投资观，冯柳所管理的产品的持有人，大多都了解他的个人投资风格。他认为，只有彼此信任的人才能成为他的客户。认购他产品的客户大部分都会选择三到五年的锁定期，单笔投资过亿的大客户甚至比普通客户选择更长的锁定期。

投资对谈录一

孙庆瑞对话邱国鹭："股市常青树"是如何炼成的

《上海证券报》孙旭整理 /2015.06

HARD THINGS IN INVESTMENT

孙庆瑞自上而下做配置，在市场风格转换上表现得游刃有余。这篇对话还原了"股市常青树"在7年不败神话中杀伐决断的过程。

股市里面有各种名家、高手、隐士，"股市常青树"孙庆瑞是其中一个传奇个案。一位摩根士丹利全球FOF组合管理人找到孙庆瑞做调研，对孙庆瑞说："我看全球所有的共同基金和对冲基金，长期回报率好的基本上都是选股型的或者多空型的，很少有人像你这样做股票是靠自上而下配置的。"

高毅资产CEO邱国鹭也说，自己在组建高毅的一年多时间内约谈了200多位投研人员，其中孙庆瑞以独特的"自上而下配置为主"的风格做出了"长短皆不败"的业绩，令他感到惊奇不已。

高毅资产是一个以好制度和好文化吸引顶尖高手的平台型私募基金，志同道合的高手们一拍即合，孙庆瑞也加盟其中，成为董事总经理。

如今孙庆瑞与邱国鹭互为同事及朋友，一个偏好成长投资，一个偏好价值投资，并且由衷地互相欣赏与佩服。邱国鹭坚持价值判断，秉持"大道至简"的哲学，坚守企业的长期价值，有时候似兵法"不动如山"，体现了宽广刚毅的一面。孙庆瑞则是自上而下地梳理宏观、中观和微观的逻辑，于市场的热点转换中游刃有余，"疾如风"，体现了女性特有的清晰、灵活和细致敏感。

好的性格是投资经理的禀赋之一。在孙庆瑞与邱国鹭的交流中，孙庆瑞条分缕析，快人快语，常常一语切中实质，颇有在行业配置中杀伐决断的风采。

6 年熊市从 5 000 点下跌至 2 000 点，她却赚了 45%：如何做到长短皆不败？

邱国鹭：我觉得你最大的优点是灵活性与稳健性并重。在 2007—2013 年管理“中银中国精选”基金的 7 年期间，你的收益率在小同业（同期 82 只偏股混合型基金）中排名第 2，在大同业（同期 205 只混合型基金）中排名第 3，超越沪深 300 指数约 101 个百分点；而且每一年的业绩都能够稳居同业前 1/4，这个是很难做到的。

2007—2013 年，每一年的市场风格都不一样：2007 年是大牛市，2008 年是大熊市，2009 年是 100% 的大反弹，2010 年是结构性行情，小股票涨得很好，2011 年是大调整，大股票跌了 1/4，小股票跌了 1/3，2012 年小股票震荡，蓝筹股在年末表现好，2013 年是蓝筹股受压、创业板屡创新高的年份（见表 A-1）。你是怎样做到在 7 个市场风格完全不同的年份中，每一年都跑在行业前列的?

表 A-1　　孙庆瑞 2007—2013 年行业配置情况一览

年份	市场风格	孙庆瑞重仓股
2007 年	大牛市	大盘股
2008 年	大熊市	全面减仓
2009 年	大反弹	上半年强周期，下半年消费类
2010 年	结构性行情：消费类股票	吃穿用住行
2011 年	大调整：大小股票齐跌	白酒、医药
2012 年	小股票震荡，年末蓝筹股强	TMT
2013 年	蓝筹股受压，创业板屡创新高	TMT

孙庆瑞：我有时候对市场在整体的涨跌和风格方面有一些理解，而且做得还不差，我觉得这可能是跨过 7 个年度每一次业绩都还能不错的原因。归结起来，我想还是自上而下思考问题的方法和思路。

我原来在做固定收益的时候，也对整个权益市场的涨跌、固定收益市场的涨跌、资产价格的变化有一个整体的观察和理解。我从 2004 年开始做固定收益，对整个权益市场价格的变化也有研究，这背后的逻辑都是经济和流动性层面上的，分析的方法是一致的。

所以从这个角度来说，2007 年我接手中银中国精选基金开始，秉承了之前的观点。因为我在 2005 年、2006 年、2007 年整体上看多股市的角度没有变，所以 2007 年接手中银中国精选基金后对大盘股有比较多的配置，在流动性非常好的时候就有比较好的表现。

2008 年其实做得一般，因为看法虽然对了，但是叠加到交易能力并不是很完美。整体上看，所有基金在 2008 年都跌得比较多，因为我 2008 年看法偏空，做了减仓的行为，所以相比较来说，跌得比其他基金少一些。

2009 年因为我在 4 万亿元投资政策之后布局了很多强周期的公司，比如水泥股，所以在 2009 年上半年表现也还好。

邱国鹭：我们后来也从数据中看到，2009 年对 4 万亿元投资反应比较早的基金经理，那一年业绩都很好，但是很多人到 2010 年还固执在周期股上，业绩就下滑很多，你当时是怎么决定对周期股做迅速转换的?

孙庆瑞：强周期在 2010 年跌得比较多，好在我在 2009 年下半年做了比较彻底的转换。这个转换不是看行业，而完全是自上而下的判断，或者说对经济形势的分析，完全不是在右侧。我把所有的周期在 2009 年下半年逐步卖出，转换成了与消费相关的标的。

因为那时我有一个逻辑，认为在 4 万亿元投资之后周期行业会面临极大的供求问题。在那时配置消费是对的，因为在经济向好的时候消费总是会跟上来。

2009 年下半年，我每天琢磨的一件事就是，把所有的周期股都卖光，从吃穿住用行几个角度来挑选行业里最有竞争力的公司。2009 年下半年调整完之后，2010 年就比较简单。因为 2010 年是所有的周期都表现很差，只有消费和与消费相关的标的表现比较好，大家都从吃穿住用行来挖掘标的。我的组合其实没有很大的调整，但是整体上表现相对靠前。所以我的组合在 2010 年底表现还好。

邱国鹭：从 2011 年到 2013 年，市场热点在周期、消费、医药和 TMT 几个领域发生了几轮风格转换。你当时是基于什么逻辑做出判断，在这几个完全不同的行业之间进行切换的?

孙庆瑞：在 2011 年的前 5 个月，其实是周期股如煤炭和水泥，表现远远超过其他行业。从业绩角度看，2010 年和 2011 年强周期都非常好，但是这个时候因为大家对周期行业都摈弃得比较厉害，所以看到2010年业绩出来的时候，水泥和煤炭有非常好的表现。

2011年五六月份我面临的第一个问题就是组合怎么调整。因为这个时候有非常多的强周期和传统电子股涨得好，而且水泥和煤炭表现非常好。我也认真地思考过这个问题。我当时的判断还是自上而下，没有看到行业的数据，还是没有买周期，转而买了白酒这种可选消费品。因为白酒虽然会滞后于强周期，但是会非常受益于经济的增长，于是当时配了比较多的白酒，还是超额收益明显。所以到2011年仍然是跑在前面。

2012年的转换比较简单，因为这时可选消费已经过了成长期，到了周期性拐点，所以还是把食品饮料转换成了传媒和计算机公司。自上而下地看，与互联网、移动端相关的公司是经济环境中最有朝气、最激情澎湃的部分，所以我也转移了一部分到TMT行业里。

到2013年，组合整体上变化不大，8月份我离职之前，都维持在已有的组合里，表现还可以，没有特别超出的地方，也是前1/4。

邱国鹭：总结这几年的投资，你觉得做得最好的地方是什么？现在回头看有没有感觉遗憾的地方？

孙庆瑞：总结我这几年里所有的投资工作，做得很正确的部分有一些，做得不好的部分肯定也有一些。但好在整体上坚持了自己的方法，减少了因为投机等因素造成的扰动，表现都还比较好。所以这可能也是业绩比较靠前的原因之一吧。

其中可能最为正确的两个操作是：在2009年年底卖掉了强周期，这是当时反应比较早、转换比较及时的。还有一个判断是在2011年6月选择了可选消费品，尤其是选择白酒作为重配。因为2009年和2011年的两个操作比较突出，我把组合从接手基金时候的中游位置带到了前1/4。

不好的部分，比如在2008年的交易部分，虽然看空股市也不敢偏离太多，因为怕偏离太多风险太大，万一犯错可能会排在后面。而且不敢和基准沪深300指数偏离太远，怕偏得太远会犯比较大的错误。这是基金经理们通常会遇到的问题。

邱国鹭：这段回顾很详细，也很客观，也体现了孙总一贯谦虚的风格，非常精彩，谢谢！

长期和短期如何辩证结合？从宏观和配置的角度另辟蹊径

邱国鹭：你在做债券基金经理的时候就对股市有关注，而且是极少数从债券基金经理转成股票基金经理后业绩非常优秀的人，我们从中银中国精选基金的历史业绩归因分析中看到，你的组合中资产配置贡献了 60% 以上的业绩贡献。那么你是怎么样顺利完成从债券投资到股票投资这个转换的？你觉得做债券基金经理的这段经历，对你后来判断股市以及宏观风格的时候有哪些帮助？

孙庆瑞：我在券商和基金的时候做了几年固定收益研究，在中银基金的时候本来是做固定收益投资研究，后来“中银中国精选”混合型基金要更换基金经理，公司认为股票基金长期业绩好于平均的一个重要原因是，要有好的自上而下的资产配置能力，于是给了我这个机会。当时我已经做了 6 年债券投研，突然转型也是有很多压力的，但是经过考虑之后我很高兴地接受了这个安排，因为我本身还是很喜欢做股票投资的，包括在做固定收益的时候，我也一直在整体上跟踪和观察股市。从个人兴趣来讲，我觉得股市比债市层次更丰富，更为鲜活，更有激情。

从固定收益投资转向权益的投资，并不存在“隔行如隔山”的感觉，因为主要方法和知识基础是一样的，没有太多的学习成本。尽管刚开始可能对个股不是很熟悉，但是在充分利用内外部研究资源的基础上，能够实现顺利转换。

固定收益基金经理可能宏观感觉很好，所以在大类资产配置和行业配置上能获得方向性的一些优势。如果在过去做固定收益的过程中，积累了比较全面扎实的宏观研究基础，对后来管理股票基金需要的资产配置能力，就打下了比较扎实的根基。

邱国鹭：华尔街有句老话，股市是小孩子玩的，债券才是大人玩的。这句话主要意思是说，债券投资者比股市投资者更为理性，对下行风险考虑得更多一点儿。但是你作为一个曾经当过债券基金经理的人，不仅在下行风险方面管控得好，在熊市的时候比别人跌得少，更关键的是在牛市中也能把握住市场的节奏。

过去我们看到许多长期业绩非常优秀的基金经理，短期业绩难免会有大的起落，有时候碰到短期内市场的疯狂，就有可能跟不上市场的节奏。而你不但长期业绩好，每一个阶段也都好，这需要基金经理对股市经常会有的非理性行为、对短期跟长期之间的矛盾，能够很好地处理。在投资过程中你是怎么做到将长期跟短期辩证结合起来的呢?

孙庆瑞：对于如何理解市场的短期行为，我觉得思考市场本身的主要影响因素非常重要。比如在市场的很多行为中，我总是希望理解什么样的因素在起决定性的作用，包括个股的变化、行业的变化。我在看到变化之后，会认真地理一理，包括研究员、典型上市公司的看法，用同理心去理解整个市场的变化。

除了在总体上自上而下，包括行业的变化我看得比较多之外，在个股选择上，我有点受固定收益投资的影响。我会对整体上个股投资风险比较大的部分保持警惕，如果大家处在比较好的预期中，而研究员对于它看好的预期过于投机或假定过于苛刻的话，对这种个股我一般会比较少地参与。

而且，我一般在认为大的趋势没有变化的时候，很少做赌反弹这件事。比如我认为周期行业就是变差了，或者某个行业我认为它的拐点就是过了，我就很少在这个行业里面去赌反弹。我很少会因为买方或卖方研究员观察到一两个月的价格或者供求关系的变化而推荐的时候，去做这个行业的配置，大概率是基本上不配。就像我在我认为经济总的供求关系变差了之后，就很少参与周期行业的反弹。

我也很少因为某些主题而去投一个我认为基本面很差的公司。比如因为某个区域的主题或者某个行业的逻辑，而去买本身很差的、从来都不为股东创造价值的，或者竞争力等各个层面都很差的公司。因为我觉得投机是很难投机到的，反过来，你在里面产生的负摩擦会远远大于你可能赌对的概率，也就是所谓的“偷鸡不成蚀把米”。

另外我也会很尊重研究员的成果。因为我觉得靠我一个人来覆盖这么多行业、公司是非常困难的。所以要利用好买方和卖方研究员的研究成果，认真地聆听他们的逻辑。比如一个你很认可的研究员，他经过很认真的分析，认为这家公司很有投资价值或者很没有投资价值，我基本上不会反着干。因为我觉得，在个股层面上我不可能有超出他们的研究能力。

邱国鹭：我以前有个合伙人，他是有着30年从业经验的价值投资者，有一次我问他，美国1979年市场市盈率只有7倍、商业周刊封面文章宣告股市已死时，价值投资者们都跑去哪儿了？他笑着说，那时他们正忙着给客户解释为什么净值缩水了30%，因为他们在9倍PE时就早已满仓了。所以，价值投资这件事是知易行难。价值投资者会经常对市场进行逆向思考，经常会在市场狂热的时候提前离场，而在市场极度悲观的时候又提前入场。这样的一个结果是，往往会在市场涨过头的时候错过一部分收益，而在市场跌过头的时候要承受一段时间的暂时亏损。

人们经常讲“牛市不言顶，熊市不言底”。这说的就是中国的市场经常向上的时候会涨过头，向下的时候会跌过头。但我觉得你好像对中国市场特别适应，对这些涨过头和跌过头的分寸都能够有充分的考量，在拐点的时候也能够进行比较迅速地转换。这一点你是怎么做到的?

孙庆瑞：至于说中国的市场经常会出现一些非理性行为，比如说“牛市不言顶，熊市不言底”，总是会在某个方向上走过头，这可能跟中国的投资者结构有一定关系。

就个人方法来说，我很少做左侧投资，就是说不要有一个框架来框定自己的顶是多少、底是多少。比如问一下自己：你认为的顶是不是真的就是这次市场变化的顶？这样想的时候可能会发生很大的偏差。

我经常观察是不是“顶”或者是不是“底”，并常常以流动性的变化、数据的变化作为判断标准。当然这就很难做成左侧投资，做得好的结果也就是刚刚好，刚好在拐点上，大部分时候可能是右侧投资。但是这样做的好处是，人为判断市场拐点失误的风险会小很多。

而且，我认为市场每一次都是不同的，每次都有当时环境所决定的逻辑。所以我从来都没有一个既定的框架去框定每一次的“顶”是什么样，或者上一次的“底”是什么样，而是顺着自己的逻辑来看。如果所有影响市场的指标都没有变化，我就认为还在趋势中；如果所有指标都发生了变化，我就会认为市场可能出现了拐点。

除非有一个很强的逻辑让我认为，在未来一年或者是更长的时间内，市场一定会发生转变。我可能在流动性的部分从来不做拐点的判断，只有在2009年时在结构上做过比较大的转变。当时在全市场做这么彻底的转变的基金比较少。当时有一个很强的逻辑支持我：经济走到这种程度，在整个供求关系上一定是毁坏式的。所以我整体上之所以转成消费，有点“周期后”，它同样受经济向好的影响，但是能回避掉周期本身所产生的极大问题。

这个点的完全转换，其实在数据上没有提前的预判，只是有一种逻辑在里面，可能原则上还是因为当时想，中国的工业化时期已经过了，经济应该进行调整，但是没有，还人为地进行了 4 万亿元投资，想要再把经济周期拉起来，造成的这种破坏过于严重。所以我才逐步卖光了周期股。

邱国鹭： 价值投资的一个重要方法是逆向投资，寻找市场非理性定价的投资机会。你是自上而下加上偏成长投资的风格，在你的投资方法中，是不是更加敬畏市场、更加尊重市场，有的时候也不是简单地跟市场对着做?

孙庆瑞： 我对市场比较敬畏。我觉得市场反映的信息非常多，比如经济层面、流动性层面、预期造成的风险偏好层面、行业的变化、个股的变化……所以整体上我对市场本身的趋势是比较尊重的。

此外，在一个趋势里面，我一般会去看起作用的主线是什么，顺着市场的角度来思考：是流动性呢，还是经济本身的结构的转化呢，又或是经济的周期性变化? 我会试图自上而下理出一个清晰的逻辑出来。

尤其是这个逻辑如果不断得到市场验证，我就会坚持判断。而如果市场在这个逻辑上出现一些变化的时候，我会沿着自己的思路，重新理一下所有的逻辑。我会把影响股价的逻辑，所有的层面，自上而下一条条地理一理，来判断市场是不是真的发生了变化。

其实，如果对很多数据比较敏感，如果经常梳理自己的思路，还是比较容易抓到不同市场阶段的清晰主线的，而且也能在市场发生变化的时候及时做一些调整。

自上而下，从方法上来说，我觉得除了要有很清晰的框架和方法，还取决于是否对市场保持足够的敏感度。

牛市还能走多远？听宏观高手讲股市分析方法

邱国鹭： 现在市场正在热议"牛市还能走多远"。这轮牛市不同以往，背后有新经济、新工具、新股民、新政策、新传播、新杠杆、新估值体系等新的驱动因素。虽然面临比较强烈的震荡调整，但总体上讲，市场系统性风险不大，而本身蓝筹股的估值也合理，这轮牛市还没有走完。这轮牛市结束有两种可能，一种是货币再次收紧，另一种是经济硬着陆，但目前看，这两种概率都不高。

我们也想听听配置高手的看法。能不能以 2015 年市场环境为例，讲一下你是怎样从宏观角度去判断市场的，比如牛市能走多远，拐点会在哪里?

孙庆瑞：首先，我觉得目前整体的经济状况还没有变好，周期行业还不是一个好的配置，市场机会还是以成长为主。在这种情况下，我观察是否出现拐点，第一是看未来流动性从宽松到紧缩的过程什么时候出现；第二是看总市值跟一些经济指标的比值，是不是已经高到不可容忍的地步；第三是看风险偏好的变化。

我觉得流动性可能是首要关注的变量，股市的市值是不是涨到了你的流动性难以支持的点；其次是成长股的业绩增长能不能跟上估值的变化。从存款、M2、GDP、房地产等一些指标来看，目前都还没有到市值大到拐点要发生的水平。

观察利率水平是不是低到一个发生向上拐点的时候，我觉得还没到，目前经济和通胀水平都还不支持利率掉头向上；观察市值水平是不是已经高到业绩增长无法支持的地步，这个可以边走边看，目前成长的估值已经偏高了，但是因为并购的时有发生，对业绩有所增厚，让这个预测偏难。其实还有风险溢价水平，目前来看市场的风险偏好是比较高的，如果出现投资人风险预期的变化，可能会导致回调。这几个方面可能是观察 A 股是不是发生拐点的最重要的因素。

如果看拐点，以上是观察指标。但是拍拐点不可能刚好拍中，只是边走边观察。目前我只能说，我还没有看到这轮牛市结束的迹象。

投资对谈录二

邓晓峰对话邱国鹭：深谈十年投资经

《上海证券报》陈俊岭整理 /2015.04

HARD THINGS
IN INVESTMENT

邓晓峰是中国股票市场上有史以来赚钱最多、最成功的基金经理之一。有媒体统计，邓晓峰在博时基金工作的近 10 年里，一共给基金持有人挣了超过 235 亿元的收益。而此间中国股市上冲至 6 000 点以上，下落至 1 000 点以下，完全是一辆过山车。令人惊奇的是，即使把邓晓峰管理的超百亿元巨无霸基金和其他规模远小于它的同行放在一起排名，他也 3 次名列股票型基金年度前 10，管理博时主题行业基金近 8 年，在同期可比的普通股票型基金中累计排名第一。

管大钱如烹小鲜，那是童话世界的故事。在管理麦哲伦基金 13 年后，彼得·林奇（Peter Lynch）顶着一头白发选择退休，投资是何等劳心费神！雷格梅森基金公司（Legg Mason）的比尔·米勒（Bill Miller）连续 15 年跑赢标准普尔 500 指数后，惜败于 2007 年罕见的黑天鹅事件。于不确定中追寻确定，何等艰难！于是，我们有了如下这篇对话。两个信奉自下而上选股的基本面投资者，邓晓峰和邱国鹭，深谈在中国这样一个极端的市场上，如何用最“笨”、也是最简洁的基本面投资逻辑，挣“守正出奇”之大财。

学习管理大资金：有重点 + 广覆盖

邱国鹭：请介绍一下你作为基金经理的成长过程。

邓晓峰：我从研究转到投资，是因为早年研究做得比较好。现有的考核机制下，往往是最近某个行业表现得比较好，公司就把研究这个行业的人推上基金经理的岗位。但是，从研究转到投资，一开始肯定是一个不够合格、不够全面的投资经理。投资经理往往会有自己的研究思路和倾向，比如当时我就对 TMT、通信研究比较深入，但还有很多行业没看过，需要在成长过程中交学费。同时，个人的学习背景和经历也会使投资有偏好。

2005 年，我作为助理刚开始管理组合时，比较幸运，熟悉的公司表现好，当年的业绩不错，迅速转正。但在 2006 年遇到了麻烦，覆盖面不够，行业认识有偏见。当时我对有色金属和钢铁行业有抵触情绪，对大背景认识不够深刻，基本面做得比较好的方面没有足够好的表现，压力比较大。比较幸运的是，2007 年我们覆盖的另外一些行业和公司表现得特别好，超越市场中位数七八十个点，把当期的业绩和长期的业绩都拉了起来。

当时进入博时不久，我就开始管理社保组合。社保组合有一个框架，以某个指数为基准，按大行业、小行业划分，管理人有不同的偏离度范围，对行业下面的个股做精选。这个基本框架是一个强迫性的标准动作，我们就是在社保框架基础上一步一步成长起来的。社保的框架是培养基金经理很好的框架，尤其能够突破规模的限制。但这也是一个很慢的过程，需要时间的积累，需要基金经理能够生存下来。

回想起来，作为基金经理在行业里立足，有运气的成分，也有团队的帮助。起步时运气好、业绩好，才有生存下来的机会。若没有团队的帮助，是很难走过早期不成熟阶段的。当时社保团队每个人有不同的侧重和分工。有些行业我个人不一定喜欢，一方面社保基金的框架约束必须做投资，另一方面，其他社保基金经理会从不同的角度进行推荐，我们也会跟随配置。这对于我们组合的收益率很有帮助。

邱国鹭：你管理 200 多亿元的基金，大多数市场上的基金规模都没有达到这样一个水平。在中国这样的市场环境下，每年业绩排名还是跟 5 000 万元的基金在一起 PK。有没有一个比较有效的管理组合的办法，可以摆脱资金规模限制?

邓晓峰：多年来，我们基本上总结出了大多数行业的属性和一些特质。我们把这个工作变成一个可分层、可协作的工作。请内部或外部团队、研究员去跟踪一些我自己认为比较重要的参数和行业发展的一些变化，然后自己来做一些判断。这样就可以建成一个不仅覆盖面广，而且可以适应不同行业变化的大规模组合管理。

邱国鹭：从总体上来说，不同阶段、不同行业会有不同表现，这与行业的生命周期有关。社保投资从长期看是一个有利于培养基金经理的框架，也有利于打破规模的限制。

邓晓峰：是的。做研究员，一开始覆盖的行业比较少，但在社保基金基准指数框架的约束下，我就对一个个行业进行研究。花较长时间把一些行业研究清楚，总结出来，自己心里也有底。一开始市场热点出现时，我们不一定很了解，就需要进行一段时间的学习总结。这个过程做多了之后，覆盖面越来越广，了解的行业越来越多，就能够总结出大多数行业的特点。我们也总结出了一些参数，能够对行业有比较好的把握。

在这个基础上，我们通过内部和外部的资源，包括内部研究员和外部研究员的跟踪，可以保证比较大的覆盖面。早年是体力活比较多，主要看各种原始资料，如年报、招股书，看多了之后就会有感觉，变成一种熟练工。

我们跟踪很多这样的企业，隔一段时间观察这个行业的变化，自己做一下判断，然后看看各大媒体的报道，看看这家企业管理层对本行业的判断，以及公司自己的战略。我们也直接拜访企业管理层，交流、印证、记录，时间长了，你就会知道，哪些企业的经营者和管理者是优秀的经营者和管理者，他们的专业判断和人品是怎样的。这些都可以做成比较客观的记录，方便我们后面持续地研究和跟踪。

邱国鹭：如何在广覆盖中做到有重点?

邓晓峰：我们学习先进国家的经验，对标准普尔 500 指数的结构进行透彻分析，看看各个行业所占的比例、长期回报率水平、长期估值水平。标准普尔 500 指数过去三五十年，各板块市盈率变化和它的资本回报率变化是高度相关的。各行业、板块占标准普尔 500 指数的比例，对中国来说也是一个很有力的参照。中国是一个规模上可以跟美国匹配的大经济体，当我们发展到一个比较成熟的、终极的阶段，每个行业会是什么样的配置比例? 当然，有些参数我们需要单独调整一下，比如，美国的 IT 行业可能在全球的配置比例会更高。不同的国家体系里面，有相对的产业竞争优势。

当你对未来不确定、不了解的时候，难免会比较惶恐。通过这些对比，我们的视野会广一点儿，看事情会客观一点儿，知道工作的重点，知道一些变化，便于我们把更多的精力投到那些方面去。

吃透基本面，获得较高确定性

邱国鹭：你投资过的股票大部分是赚钱的，确定性比较高，这是如何做到的?

邓晓峰：我总结确定性比较高的原因有两点：

◎ 一是研究透的、有把握的重点投资；

◎ 二是进行广泛覆盖的基本面研究，注意合适的风险收益，不着急。

所以，总体上时间越长越有经验，它就会是一个重复的过程，对于一个新的企业、行业，花一两年就把它搞明白了。做的时间越长，深入研究的越多，确定性就会越高，70% 多的盈利指数就是这样来的。

重点把握的公司研究得比较透，能挣钱，在市场对其不太关注的时候打一些提前量。我们有一个 200 ～ 300 的股票池，在合适的时候就买入，越合适的时候买入的比例越高。其他不是很熟的公司则进行跟踪。我们将基本面的跟踪研究作为投资的基础和判断，把握市场与基本面之间的不契合。从长期来看，股价还是反映公司的盈利和增长。所以，投资本身虽然也考虑市场因素，但大多数时间还是根据基本面来做，做得时间越长，覆盖面越大，已知公司越多，确定性也就比较高。

中国作为一个大国，企业如果在一个行业胜出会有很大的利润增长空间，不用担心市场不给你投资机会。我更愿意在公司表现出比较明显的投资机会之后再去做投资，我比较愿意做有把握的事情，所以总体上维持在比较高的胜率。

市场中未知因素占很大的比例，群众的投资行为、风格变化难以判断。所以研究上我们要拉一根弦，服从行业基准，广泛覆盖，对于不在重点关注范围的公司也要覆盖、扫描。市场的热点是我们学习研究的方向，但不一定是当时投资最好的时机。这样既有已知把握很足的企业作为重点投资方向，也有当时认为并非是最合适的行业。

把时间维度拉长来看，一些行业投资回报率比较高，这些行业是好的行业，等到市场有一些情绪变化或意外事件发生时，这些行业或公司肯定会有大机会。组合管理上说，不是所有的配置在当前的市场都能表现，而是有一个梯队布局。你可能要观察很多以后才发现有很好回报的机会。我愿意早一点儿开始进行逐步地跟踪，逐步地布局。刚开始可能仓位不是很大，但是一旦开始进入了，等到行业基本面最差、股价反应最差、出现利空股价也不会有太大波动时，或者是盈利的增长非常明确、估值水平非常有吸引力而股价表现明显背离时，把重注加上去。

例如白酒行业，从长期投资回报率看是很好的生意。2013 年因为“三公经费”严管的关系，大多数公司股价下调幅度非常大，普遍在 60% ～ 70%。当出现利空消息的时候，公司股价没有太多波动，市场开始麻木时，机会明显出现。事实上，白酒行业不是差的行业、差的公司，反而现金流量很好、资产负债表很强，只是短期内市场情绪特别极端，估值水平到了极低的水平。一个“落难公主”肯定有好的机会，我们这时候应该做一个配置。

邱国鹭：是的，有些股票，你有持仓，但是下跌时心里一点儿也不慌，甚至希望它多跌一点儿好让你加仓，这说明你对这只股票已经有足够的了解，对它的内在价值和未来前景有比市场更精准的把握，因此市场价格的波动已经不会影响到你的情绪了。对这些股票而言，下跌只是提供一个更好的买点罢了——买之后的淡定，源自买之前的分析。还有些股票，涨的时候你当然高兴，跌的时候你就特别难受，因为吃不准，这样的股票不碰也罢，因为还没有研究透。

所以，我们买股票之前先问问自己：下跌以后敢加仓吗？如果不敢，最好一开始就别买，因为价格的波动是不可避免的。

买入：利用市场的无效，赚深入研究的钱

邱国鹭：A 股是一个很极端的市场，很多时候是个无效市场。比如 2013 年的“乌龙指事件”，大家意外地发现，那些原来以为不可以操纵的超级大盘蓝筹，市值几千亿元、上万亿元的，居然只需要几千万元或者一亿元就可以瞬间冲涨停。这也从一个侧面说明了大盘蓝筹的交投是如此清淡，市场关注度是如此之低，“只要给一点儿阳光就能灿烂”。价值往往就存在于被市场忽视的角落，特别是当众人热衷于玩击鼓传花游戏的时候。那么一段时间以来不是市场热点的公司，虽然它基本面表现很好，但股价表现很差，这个时候，你怎么办?

邓晓峰：我更愿意做一个比较长期的布局。例如，博时主题曾经是盈利较大的一只

电力股，2010 年买入时市值 150 多亿元，市值最低跌到 100 亿元，2014 年市值已涨到 700 亿元。从 2011 年到 2013 年，它应该是市场上盈利最快的公司之一。从 2011 年的 3 亿元利润增长到现在六七十亿元利润。四五年的时间跨度内，它的股票也不是每个时间段都表现很好，哪怕公司盈利很好。2012 年利润增加 4 倍，股价涨了 40% ～ 50%；2013 年利润增加 3 倍，因为不是市场热点，全年股价才涨了大概 10%；而到 2014 年，盈利增长 60% ～ 80%，股价涨了 200%。①

市场有时有效，有时无效。我们作为主动管理者肯定要相信市场是无效的，也要相信市场是有效的，无效时我们去做配置或投资，有效时我们去实现收益。把握住企业盈利基本面，不管市场怎样变化，时间长了，实现收益就是一个大概率的事情。

邱国鹭：中国股市不是效率很高的市场。在这个市场里面，我们可以看到很多人都可以得到很高的超额收益。有一个比喻，股市中价值和价格的关系，就像遛狗时人和狗的关系。价格有时高于价值，有时低于价值，但迟早会回归价值。就像遛狗时，狗有时跑在人前，有时跑在人后，但一般不会离太远。遛狗的时候人通常是缓步向前走，而狗忽左忽右、东跑西蹿，这就像股价的波动常常远大于基本面的波动。所以在这个市场里面，研究是可以创造很高价值的。

而当一个市场高度有效的时候，像美国，可能研究的成果不会那么突出。这几年，美国市场上所有的对冲基金、公募基金全部加起来，战胜标准普尔 500 指数的基金 30% 都不到。

邓晓峰：是的，中国市场效率比较低，所以在这个市场里面研究有很高的超额回报。我喜欢这样的市场。

邱国鹭：关于出手的时机。你总体上是广覆盖，那么你如何追踪一家公司的基本面，并在合适的时候重拳出击，把握甜蜜点?

邓晓峰：隔一段时间会有些公司进入观察范围，因为价格等各方面不合适，我们不会投资。但这些公司我们会跟踪，选择一个合适的时机投资。例如有一个激光应用设备公司，曾经有起有落，大家对它印象不是很好，没有覆盖进来，或没有跟踪上。2006—

① 公告显示，博时主题当时重仓了国投电力。

2007 年，我们研究这家公司的特点属性。它是一个在新行业做设备的公司，这个行业技术门槛高，竞争壁垒高，外国巨头已经做得很好，如激光、钻孔、打标等设备。在这些市场里，已经有很强的竞争对手。①

这个公司刚开始的做法是开发新产品，性能不一定稳定，但是销售比较激进，卖到厂里先不收钱，而是将服务做好，维护做好，因此早期获得了成功。但是产品有缺陷，性能方面没有经过充分检验，一段时间卖得好，后来因为性能不稳定，客户反映差，导致后续销售下降。在 2012 年中报上，公司的前五名大客户全是苹果。我们知道，苹果对供应链有很严格的考核。这是一个重大信号：因为过去公司的问题在于性能不稳定，经过多年已达到一个稳定状态，成为苹果的设备供应商，而且它在产业链中的地位很重要，不像国内一些企业只为苹果代工。与这些公司相比，它的技术壁垒和技术难度都更高，可以配置很重。我觉得这家公司有很好的机会，于是很快买了这家公司近 5% 的股份。因为超过 5% 就不好买了，买后持有未超过 6 个月就不能卖了。最后盈利接近 4 亿元。这是一个很快、很好的决策。

总结行业或公司的特质和观察指标，一旦指标动了，我们就可以做投资。关键点在于这个行业壁垒很高，竞争很激烈，它存在的问题就是性能的稳定性和可靠性。

卖出：合适时机如何找

邱国鹭：成功的投资不但会买，还须会卖。卖出点我一般看三种情况：一是这只股票太贵了，就卖掉；二是有了更好的标的，就换仓；三是这只股票的基本面变坏了。反过来讲，对一只股票有把握时，也不会在波动中轻易卖出。**在卖出时我们做的是“止错不止损”，也就是说，除非看错了才会卖出，否则即使出现短期亏损，只要基本面没有发生恶化，也会坚守。**接下来请再讲讲你的卖出策略?

邓晓峰：很多重点研究的公司，我们不是从头到尾都拿着不动，而是跟踪它。做得好，我们可能加一点儿，做得不好，就减一点儿。我们不停地跟踪公司，看它发生什么变化，企业决策与市场是否契合，有哪些得失。我们会外包给外部研究员跟踪，或者我们自己的研究员去跟踪。除了跟踪公司的战略运营情况，也要看股价表现。再好的公司涨太多

① 博时主题曾重仓大族激光。

了也不是一个好的投资。

例如，印象很深的一个案例是一家啤酒公司。我们从2005—2006年开始布局，已经成为流通股的绝对大股东。这个股票比较特殊，总股本很大，但流通股很少，国有股比例很大，还有很多H股，A股比例很少。2005—2006年，它的资产负债表和损益利润表是有重大背离的。损益表那几年盈利都只是3亿元到5亿元的水平，但是事实上，它每年减值准备计提很高。利润表与公司的实际情况不符。前任总经理收购了很多小啤酒厂，运营效率比较低或者是变成项目整合后，每年都有大量的减值准备计提。公司损益表没有反映真实的盈利。但是，从它资产负债表或者现金流量表里看很明显。那几年，还会看到一个很独特的数据，就是每年税交得特别多，合并报表所得税率可能已经到了30%～40%。因为它盈利的子公司单独交税，利润总额被减值准备和亏损的子公司所掩盖。

市场可能一段时间太关注损益表，没有看到这个情况。直到2006—2007年这个股票一连涨了三四倍，市值达到六七百亿元。当时我们做评估，假设能够达到10个点的净利率，可能五六年之后也就是这样一个状态，于是就把持仓比例都降下来了。这是基于我们觉得这个市场发展太快，已经走在了公司运营的前面了。

关于卖出，重要的是，你要在达到目标价位的时候，根据公司的基本面、行业情况做判断，而不是简单地在里面死守。

邱国鹭：有卖错过吗?

邓晓峰：我们对公司的了解肯定不如企业家，也会看错很多事情。比如一家空调行业龙头公司，这家公司我在2006—2007年卖掉，当时没想到这个行业能够做得那么大，从2007年到现在盈利增加近10倍。

这是一个经验，对我们来说，如果一家优秀的公司没有发生太多不合乎商业逻辑的做法，且估值不太离谱，我们至少还是需要观察，跟踪这个行业和公司的发展，在这些方面可能还是一个挺无知的状态。

邱国鹭：我们做基本面投资，不是说简单地买一家公司放着，然后睡大觉。因为我们对世界的了解是不充分的，在这个过程中公司基本面也在调整。我们要不断跟踪和反馈，对组合做调整和切换，这是我们多年的组合管理的实际做法。另一个问题是，基本面投资的一个重要卖点，可能因为发现了更便宜的标的，说说你的体会？

邓晓峰：家电行业在中国是一个成熟的行业，结构很稳定，三家主要龙头公司的盈利水平很高，而且总体上一直都超出大家预期。2013 年，这三家龙头里竞争力比较弱的一家，出现了一个很极端的情况，市值只剩下 300 亿元，而账上的现金将近 200 亿元，一年利润 40 亿元，现金流 60 亿元。

从常识判断，这种低估肯定不应该。一旦出现，我们觉得要下重注，所以在 2013 年短时间内买了很多股。正好这时，这家公司对股价很不满意，引进了 KKR 投资机构作为并购的合作伙伴，半年之内股价就翻了一番。我们就把这个交易完全结清了，转到另外一个家电企业。因为它从一家被严重低估的公司，到从行业对比来看，估值水平已然明显高于另外一家了。

当做一个投资时，行业内根据估值水平、基本面表现的差异进行比较，当行业内有了更好的选择时，需要调整。

邱国鹭：投资是一个不断回顾的过程，有时候我们的判断是对的，有时候是错的，错了之后要坚决地改，不能有个人的情绪、偏好，即使是自己发掘出来的。

邓晓峰：是的，如果跟踪行业时间很长，在中国这样一个高度综合的市场里面，机会很多。所以我通常会持续追踪一个行业或者公司的基本面，不断适应、调整头寸。

关于当下：和市场不同的看法

邱国鹭：大家现在谈得最多的是转型，把转型简单地等同于炒创业板、炒小股票。现在创业板表现得非常充分。你如何看待市场热捧小市值股票、大盘蓝筹整体估值并不太高的情况？你如何看转型期的股票投资机会？

邓晓峰： 我觉得中国转型的本质，是经济体由高速增长转向中低速增长。这时，公司、行业会发生重要的变化。高增长时，拼的是企业家的冒险精神，杠杆谁用的最激进，谁就可能获利，胜利者不是保守、稳健的人。但是，当一个经济体的发展速度慢下来，需求增长进入稳定阶段（中国的大多数需求其实已经获得满足），就会发生根本性的变化。

转型的根本，是公司要适应低增长，这时管理效益的差异会显示出来，行业内部会高度分化，“猪也会飞”的时代过去了。我们需要选择那些没有完全标准化、没有高度同质化、没有运输距离限制的行业（这些是属性比较差的行业）。能够实现差异化的行业，具备竞争优势的企业，不只能实现份额的提高，而且能够实现利润的集中。

从高增长到低增长的状态，就是企业家或者是企业之间的分化的状态。优秀的、有竞争优势的企业，盈利率会持续超出预期，回报率会非常之高，创造现金能力会极强，因为它不用像过去那样为增长做出那么多的投资或者付出。部分成熟的行业，现金流和盈利能力会特别好。

这才是转型的根本，市场过多地关注了一个比较小的方面，而忽视了整片森林。这里会有很好的机会：一些优势公司持续高回报，而它远远没有为市场合理的理解。我们将面对一个资金越来越宽松的市场，中国的这些行业或公司进入稳态之后，估值水平远远低于美国，而增速远远快于美国。我们观察到，中国企业的效率一直在持续提升，而且这个过程并没有终止。

我总体偏乐观。目前的创业板存在较大泡沫，它不是方向的错误，但是严重做过了头。每一次大泡沫也是这样形成的，因为特定社会环境，比如对转型的急迫预期，以及不变的人性，必然会过头。我觉得，这是许多投资人遭受惨重损失而社会享受进步的过程。

价值信徒的坚守与百年老店的探索

“高屋建瓴，志当恒毅”，上海高毅资产管理合伙企业（有限合伙）是秉持着这一信念组建的，公司年岁虽新，却怀有一个打造百年老店的志向。

2014年下半年，高毅资产掌门人邱国鹭开始着手组建团队，这是一个打造创新型平台的构想：“私募基金是一个很好的商业模式，在这个基础之上，我们想做更大、更长远的平台。我们聚合优秀的基金经理，为他们配备一流的平台，提供一流的研究支持、渠道资源、品牌背书、资本对接和运营维护，让优秀的基金经理专注于投资，从而全力以赴地为投资者创造更佳的收益，同时平台也获得长期持续稳健的发展。”

为了“找一群靠谱的人一起做一件有意思的事”，邱国鹭在一年多的时间里面谈了几百位资产管理行业的优秀人才，组建起来一支由一流的基金经理和从业人员构成的团队，多位长期业绩优秀的投资高手陆续加盟。一群热爱投资的人、一群想在资产管理行业创造价值的人，基于共同的价值观走到了一起，携手共创了高毅资产这家平台型私募基金公司。

高毅资产运营至今已有3年时间，逐渐成长为国内具有代表性的大型私募基金公司，也收获了权威研究评价机构的多个奖项。回看创业以来走过的路，感触良多，有努力得所回报的欣慰，更有对市场和未来的敬畏，因此总结个中点滴，以求提高。

高毅伊始："梦之队"群英聚首

2014 年，冯柳还是互联网上一位神秘的传奇高手，时而在论坛上分享投资心得，因为对市场及投资方法有很多独到见解和创造性认识，吸引了大批热爱投资的粉丝和网友。冯柳大学毕业在娃哈哈集团短暂工作后就辞职在家炒股，自学成为价值派高手。传说他在过去十余年的个人投资生涯里获得了令人艳羡的收益。

冯柳一直过着自由的日子，曾经有机构请他出山，他不愿意受束缚。但在 2014—2015 年前后经历了市场风格几番变化后，冯柳感觉到了自己有拓宽思路、找高手交流的需要。这个时候，邱国鹭找到了他。

邱国鹭是国内知名投资人，行业内有很多人关注了他的微博，作为机构出身的价值投资派代表人物，他有着与冯柳平行的另一种传奇经历。邱国鹭家学渊源，早年即有志于从事投资，19 岁时组织同学通宵排队购买厦门"老四家"股票认购证，赚到了股市里的第一桶金。后来负笈留美，31 岁成为 60 亿美元资产管理公司最年轻的合伙人，此后创立了跨国对冲基金，2008 年受邀回国加入南方基金后担任投资总监。

邱国鹭在网上看了冯柳的博客文章，发现冯柳对投资的理解不亚于任何买方卖方的研究员和基金经理。他多次找冯柳深入交流，又把冯柳在券商多年的交易记录打印出来细细分析。两个高手过招的刹那，双方都清楚地看出：这就是我要找的志同道合的人。

同样在私募基金风起云涌的 2014 年，邓晓峰当时是博时基金的股票投资部总经理兼基金经理，掌管着公募基金和社保组合超过百亿元的资产，在机构客户和持有人当中有着良好的声誉。他拥有优异的业绩记录：公募股票型基金 8 年业绩冠军（2007—2014 年），6 次获得《中国证券报》中国基金业金牛奖，是中国基金业金牛奖十周年特别奖得主。

这样的明星基金经理一般很难被其他基金公司挖角，然而一位叫邱国鹭的同行说服了他。私募基金是一个有前途的商业模式，高毅的平台型机制又格外吸引人，和一群同样热爱投资、能够交流互补的人一起共事也是一件有意思的事情。邓晓峰“奔私”一度成为行业新闻，代表了当时公募基金一批从业十年以上的资深基金经理的动向。

一般私募基金有了一两个核心基金经理之后就可以开张赚钱了，但邱国鹭并没有止步于此。他想做现代金融业的百年老店，从一开始就将高毅资产定位为创新的平台型私募基金：招募一流的基金经理，并为基金经理配备一流的平台。

“豪华阵容”不断扩充。2015 年年初孙庆瑞加入。她曾任中银基金权益投资总监，是偏股混合型基金 6 年业绩亚军，在同期上证指数下跌 58.48% 的熊市中获得 44.89% 的正收益。她也曾经获得《中国证券报》中国基金业金牛奖十周年特别奖，基金行业 19 年来仅有 7 位长期业绩优异的股票基金经理获此殊荣，孙庆瑞是其中唯一一位女性基金经理。

再后来，卓利伟和王世宏加入。卓利伟曾任上海景林资产合伙人、建信基金投资部副总监，当时证券从业经历近 20 年，2011—2015 年在景林期间管理过较大规模的多个私募基金产品与 QFII 专户，曾获 2015 年三年期股票型私募基金金牛奖。王世宏曾在高瓴资本担任总监和 QFII 团队核心成员，早年曾在泰康资管担任投资经理，当时从业经历也近 20 年。

就这样，邱国鹭在一年多的时间里面谈了几百位资产管理行业的优秀人才，组建了以 6 大基金经理为核心的“投研梦之队”，并从风控、市场、运营等各个业务条线寻找行业中拔尖的人才，实现了为一流基金经理配备一流平台的设计。

高毅资产挑选基金经理，有一个“七年八年，数一数二”的要求，即拥有七八年以上基金管理经验、过往业绩排名在同类型基金里面名列前茅。对非公募出身的基金经理，要求过往业绩记录非常优秀。目前，高毅资产的投研团队超过 30 人，研究员绝大多数来自嘉实、易方达、南方、博时、鹏华、招商等一线基金公司或券商，整体投研实力在业内处于领先地位。

与此同时，高毅资产强调“人少而精”。对高毅而言，人数和规模并不是最重要的。如果每个投资经理都有能力独立管理一定规模的产品，那么总的规模也是相当可观的，这是平台战略的商业模式决定的。所以，规模不是高毅追求的目标，只是发展的自然结果，真正的目标是为客户创造收益。高毅资产作为国内领先的平台型私募基金公司，努力通过一系列激励机制把业内顶尖的基金经理招募过来，对接最好的资源，提供条件让他们创造优秀的业绩。这正是高毅资产能够吸引到优秀人才加入的原因所在。

走过 2015：做投资要比谁活得长

高毅资产在 2015 年 2 月开始发行第一只产品，由邱国鹭管理。后来邓晓峰、孙庆瑞陆续首发，最早的一批产品多数在四五千点左右发行。论创业节奏，高毅略晚一步，没有赶上 2014 年那一段私募基金投资的“甜蜜期”，却赶上了 2015 年全市场遭遇的“黑天鹅”。

2015 年发生的事情至今令人记忆犹新。上半年市场大起大落，急涨急跌，许多在上半年新成立的私募基金产品由于净值下跌触及止损线而清盘。高毅资产当时是怎样走过来的？首席投资官邓晓峰对当时情形做过回顾：

> 2015 年股市暴跌，我总体压力不大，因为有了过去几轮市场起落的经验，对市场已经做了一些前景假设，也准备了预案。在较早前，我在公开场合就谈到，在历史上从来没有见到这么多的钱投到流动性这么差的小公司上，而且还带了杠杆，这个问题非常非常严重，因为大多数公司的价格都远远超出了基本面的支撑，未来很难避免出现巨大的流动性风险，甚至踩踏。个股突然间丧失流动性是非常可怕的，我们预期未来一定会出现这种情况。经历过 2007 年，我的原则是牛市不要做太多仓位的选择，关键是在当时还能不能选出比较安全的有潜力的投资标的，能不能买到有安全边际的公司。
>
> 2015 年二季度之初，我们判断市场处于牛市中后期，大多数公司股价已偏离基本面的支持，随时有回调的风险；而另一方面，市场上还存在一批估值

安全、合理的投资标的，集中在保险、银行、地产、电力、消费品、养殖、航空、安防等行业龙头公司上。

从历史的经验看，牛市最终会填平所有的洼地，因此我们当时的策略是清晰而简单的：抓住有把握获得绝对回报的公司，回避市场热度过高的概念板块。行业选择上，组合配置的前三大行业是白酒、保险、银行。我们在组合运作初期，对许多中小市值公司过度概念化的炒作持谨慎态度，我们也观察到市场上大部分参与者，尤其是机构投资者，将大部分仓位集中配置在严重高估且缺乏流动性的中小市值公司上，对此我们充满了忧虑，一旦市场转向，踩踏事件必将发生，因此我们提前做好了应对泡沫破灭的方案。

当泡沫突然破灭并以超出所有人预期的方式急剧调整时，我们按既定的方案执行。我们迅速采取了相应的风控措施，同时由于投资的公司绝大部分估值合理、流动性较高，在市场调整的过程中大体稳定且跌幅有限。基于这两方面的原因使得我们成功地实现了组合的“软着陆”。

2015 年三季度的 A 股市场大幅下跌，频现千股跌停的惨状。杠杆牛市泡沫破灭后的调整超出了大多数人的预期。特殊时期，我们采取了特殊的应对策略。在市场快速下跌的第一阶段，资产配置最为关键，个股在系统性的调整中极少幸免，降低股票仓位还是最合适的做法。我们一直注重组合的流动性风险，配置均衡而分散，因而能迅速地将仓位从超过 90% 降低到 20% 以下。同时我们也积极合理利用避险工具做了小部分对冲，以减少组合损失。在市场短期连续出现抛售后，我们又阶段性地以较低仓位参与市场反弹，并迅速实现收益，以期积少成多，为组合积累安全垫和更多的风险预算。

（资料来源：《中国基金报》，作者杨波，高毅资产 2016 年度策略）

2015 年上半年流行一句话，你可以变得更有钱或者你可以变得更聪明，仿佛只有变傻才能挣钱，市场真正进入搏傻阶段。没想到，教训来得比想象中更快。在市场的狂热情绪中，高毅坚持了自己的价值判断。在 2015 年 5 月 4 000 多点时，大家都觉得创业板贵得有道理，高毅比较谨慎，认为市场最终会回归理性估值。2015 年二季度，随便买只概念股主题股就能赚 30% 甚至更多，高毅却在买基本面扎实、估值合理的股票，当时许多人表示不解。但回过头来看，当时的选择经受住了市场的考验，投资还是要做长期正确的事情，虽然有时会带来短期的痛苦。

正如邱国鹭所言："做投资不是比谁在某个阶段跑得快，而是比谁看得深、看得远、看得准，比谁活得长……回归投资的本质，我们要找到好的公司，把握机遇，做时间的朋友，最终成为赢家。"

经历2015年，风险管理的重要性也得到充分体现，高毅资产对此有自己的体会：我们做金融行业最核心就是两点，一个是客户对你的信任，一个是你对风险的定价能力。选股是对风险定价，大类资产配置也是对风险定价。如今，市场"肥尾现象""黑天鹅事件"频率比较高，风险控制非常重要。市场永远会出人意料，所以我们要时刻准备着。所谓的风控就是不带主观判断的，即使最差的情况突然出现，你还能够轻松应对。风险往往在最不可能出现的时候出现，而在大家都很担心的时候，风险收益反而更好。

回顾2016—2017年：深度基本面研究支持价值投资

高毅资产笃信价值创造和价值发现。董事长邱国鹭主张投资中要懂得"取舍"："作为专业投资者，我们愿意、希望在局部的领域形成非常明显的比较优势，而不是说所有行业、所有事情都懂一点儿，但懂得都不比别人多。" 首席研究官卓利伟总是说："更多的研究是为了更少的决策。"研究越深，愿意投资的标的就越少；在重点研究的品种上，投入越多精力研究，收益也会更高。

所谓"宁打一口井，不挖十个坑"，只有集中精力在一个地方挖到足够深，才能够打到水。价值投资正是在打那一口井。对于投资而言，做投资应该对一点点东西懂得很多，而不是对很多东西懂得一点点。集中精力专注于某一方面，同样可以获得收益。

穿越过去三年股市的大起大落，高毅一贯坚持的深度基本面研究、价值投资思路在实践中得到了检验。这个阶段投研团队是怎么想的，怎么做的？以下内容摘自《中国基金报》的两篇报道，细致地再现了当时的一些投资思路：

《中国基金报》：回顾2016年，最大的感触是什么？

邱国鹭：虽然去年我们整体业绩较好，但回过头来看，还是有需要检讨的地方，因为对市场走势比较谨慎，我们仓位一直比较低，没有把选股的优势充分发挥出来。

我们的研究本来就是着眼于对个股的深入挖掘，不应过度关注宏观大环境。当然，我们是做绝对收益的产品，在市场风险没有充分释放的情况下，出于控制回撤和对投资人负责的需要，对仓位的谨慎把控也是非常必要的，这里就有一个平衡的问题。

我们选股票的标准，首先找商业模式简单、看得懂的公司，然后看行业，总体来说要符合三个标准：一是商业模式要好，赚钱相对容易；二是行业壁垒比较高，竞争对手不容易进来；三是竞争格局要比较清晰，如果行业还在群雄混战，很难判断谁能胜出。一个公司如果商业模式好，竞争格局又比较清晰，不管宏观经济怎么样，它的基本面都可以不断超预期，拿这种股票心里也会比较有底。

《中国基金报》：从2016年到2017年，价值投资迎来了一段黄金期，今年漂亮50更是涨了又涨，这段时间怎么做投资？有什么心得体会？

邓晓峰：2016年年初股市遭遇熔断，很多公司出现了绝对低估的状态，很有吸引力，我开始积极买入一些优秀而便宜的公司。

因为担心市场系统性风险还没有释放完，如果市场继续下跌会造成基金净值进一步回撤，所以我一边在监管允许的范围内做一些股指期货的对冲，一边买入一些优秀而便宜的公司。当时考虑，如果市场继续系统性下行，股指期货可以对冲并减小产品回撤，如果市场上涨，相信我们选的公司能够有超额收益，在弥补股指期货的损失后还能有正收益。用这个办法，我积累了一定比例的对冲头寸，同时把股票仓位加上去。运用对冲工具锁定系统性风险，可以在市场低迷的时候敢于做逆向投资，是一个不错的办法。

当时，香港市场上出现了非常好的机会，我们通过港股通买了有吸引力的互联网公司和极度低估的汽车行业公司等。下半年，等到净值从年初的熔断中恢复过来并有十几个点的正收益，有了安全垫之后，组合有较强的抗风险能力了，我开始把股指期货降下来。

在市场低迷的时候，想买一些优秀而便宜的公司，又要控波动，只能用高成本的对冲手段，这是一个成本很高的办法，但这是在当时时点对我来说最合适的做法。当时，我刚开始做私募，跟客户和渠道还有一个重新建立信任的过程，如果产品波动太大，客户不能接受，我自己的压力也大，反过来可能影响操作。

《中国基金报》：从管理追求相对收益的公募基金到管理绝对收益目标的私募基金，是否需要一个适应期？有公奔私的基金经理说，做公募基本不需要考虑仓位，只需要选好个股就行了，在私募却必须同时考虑仓位和选个股，你的体会是什么？

邓晓峰：在公募基金主要做相对收益，应对系统性风险的准备不充分，私募基金是做绝对收益目标的，要有应对市场系统性风险的能力，包括怎样控制回撤，降低波动率。不过，在公募基金管理的产品规模较大，在管理大规模基金方面经验比较丰富。通过多年的实践，我相信自己的方法长期可以获得超额收益，但基金管理人与客户双方需要花很长时间去建立信任，而信任只能是在创造回报至少是让客户比较早的脱离成本区才能实现的，需要通过自己一次一次的正确判断和净值不断创新高来赢得客户信任。这是我们必须要考虑的约束条件。

我们算是开了一个好头，但投资肯定会有波动，中间出现波折是不可避免的，未来肯定会有风险有回撤的。今年年中开始，我们对接纳新增申购资金比较谨慎，一方面想控制规模，一方面也担心渠道和投资者预期太高。我们还是希望基金稳健发展，把投资者的短期预期降下来，也希望给所有的老客户带来更好一些的回报，以后即使有波动，也尽量不亏损，整体的心态会好一些。这是一个事业，要慢慢做，中间需要一个不断磨合的过程。

（资料来源：《中国基金报》，作者杨波）

投研特点：价值一派，各执所长

从最初的想法“找一群靠谱的人一起做一件有意思的事”，到后来一群热爱投资的人聚在一起，高毅资产投研团队互相促进，逐渐形成了自己的投研文化和氛围，对目标和方法都有了更清晰的认识，每个人原有的投资方法体系也得到了提升。

高毅资产投研团队相信长期价值创造并且擅长发掘价值，基金经理都注重基本面研究，但具体的投资方法上则和而不同、各执所长。他们相信价值但不固执于对“价值”的僵化理解，面对市场里各种短期投机因素又坚持着对“价值”的判断。6个基金经理的思路各有特色。

董事长邱国鹭认为：“我们做价值投资，把时间拉长，总是赚两方面的钱。一方面赚的是企业低估的钱，这个是市场过度悲观、市场情绪化定价所带来的机会。另一方面赚的是企业成长的钱，是管理团队不断地为股东创造价值、创造新的收益的来源。”

首席投资官邓晓峰看法相似：“价值投资根本的出发点，是看投资回报的来源是哪里。如果是企业持续地创造价值，投资人去分享收益，这才是价值投资的方式，才是基于基本面的投资。”他又被朋友称为“灵活的价值投资者”，他认为“价值投资不等于长期持有，长期持有一定是一个结果，而不是一个目的。估值水平也非常重要，价格决定了回报率”。

董事总经理孙庆瑞对成长和趋势的把握独有心得，偏好成长型投资同时坚持基本面判断，擅长宏观与中观、微观相结合：“自上而下做配置，分享行业和公司最有激情的阶段；自下而上做选择，从人和机制来挑选标的。”

首席研究官卓利伟是基本面投资研究的坚定实践者，他总结了一系列研究方法：“投资中你无法真正掌握N个变量。基本面投资把N个变量‘降维’到最重要的3个变量——对企业价值、产业趋势和系统性风险水平的判断。”

董事总经理冯柳擅长逆向投资，他将对公司基本面的判断融入对市场节奏的理解之中，认为“好的生意模式同时还符合可预期、可展望、可想象这三个要求”。

董事总经理王世宏从20年投资生涯中总结出来的思路旗帜鲜明："要在经济变化的主航道上做投资，要投资于同时具有伟大创新和强大护城河的公司。"

通过在长期的实践中不断磨合，投研团队更加完善了投资理念及投资方法，并建立了配套的投研管理体系，为深度的基本面研究提供支持。因此长期坚持下来，收获了不错的成绩。

目前，高毅资产已跻身百亿级私募公司之列，是朝阳永续"百亿私募指数"的成分公司。在业绩记录满一个自然年度之后，开始陆续获得各大权威研究机构颁发的奖项，其中包括：《中国证券报》"金牛奖"（2016年度两个基金经理奖）、国金证券"中国最佳私募基金"（2016年度公司奖）、招商银行MOM"优秀新锐管理人"（2016年度基金经理奖）、格上财富"最佳股票策略私募管理人"（2016年度公司奖）、私募排排网"最佳股票策略私募基金管理人"（2016年度公司奖）、朝阳永续"最受欢迎理财产品"（2016年度基金奖）。

邱国鹭、邓晓峰、孙庆瑞、卓利伟、冯柳、王世宏等基金经理分别荣获上述奖项中的基金奖和基金经理奖，在新创私募之后延续了每个人从前的漂亮业绩。目前高毅资产基金经理团队共拥有5位曾获"金牛奖"的基金经理，职业生涯合计获得14座金牛奖。

私募平台：建立好模式好机制，与信任共同成长

高毅资产运作以来取得了较好的业绩和市场的认可，有不少人问过，邱国鹭也曾思考过"高毅做得好，是运气还是机制上的原因"？

很大程度上，高毅做得好还是来自平台型私募的优势。为了留住人才，同时能够做到与客户同呼吸、共命运，高毅资产建立了一系列制度，包括创新的激励机制。

第一是专注。平台的模式能够保证基金经理专注于投资。为什么高毅资产平台总体上比独立创业的好一些，因为基金经理创业基本上是个体户模式，油盐柴米酱醋茶，开门七件事，每件事都要去想，做投资的时间不超过50%。而且，如果没有几十亿的规模，

很难维持一个很好的团队。现在人工都很贵，好的研究员身价更高，独立创建一个私募成本很高。而且管理一个企业跟投资是完全不同的事情，基金经理身兼数职，不容易做好。但在高毅资产，基金经理 90% 以上的时间可以用来做投资。

第二是内控。大多数私募把内控当成本项，这在零售端可能不太重要，但对机构端很重要。高毅资产之所以能够在业绩同样优秀的对手中胜出，拿到一些大机构的专户，就是因为内控方面的综合表现更符合机构客户的风控要求，所以内控也是生产力。

第三是激励。客户也很看重高毅资产的激励机制，基金经理能够得到有市场竞争力的激励，这将保证优秀的基金经理能够在高毅平台上稳定供职。同时，基金经理个人流动资产的大部分要跟投到自己管理的产品中，并且采取了奖金递延机制，这促使基金经理与客户利益保持一致。在产品命名上，基金经理用自己的名字给所发的产品命名，为名誉而战。高毅不用短期业绩对其进行评价，保证了基金经理职业的稳定性，同时也向市场传达了基金经理业绩上有稳定预期的信息。激励机制同时也构成了内控管理的一部分。

第四是品牌。高毅资产旗下 6 位基金经理的简历摆出来，每个人都有自己的品牌。投资者可能不认识邱国鹭，但可能认识邓晓峰、孙庆瑞，可能不认识冯柳，但他是许多个人投资者的偶像，王世宏、卓利伟管过 QFII，邱国鹭和邓晓峰管过社保、保险，6 个人的投资经历加起来超过 100 年。相较于单打独斗，六位基金经理的影响力加上平台的合力，辐射更广。

第五是团队。在高毅资产的平台上做基金经理，不仅生活质量很好，成功的概率也更大，投研团队目前超过 30 人，都来自于市场上选拔的优秀人才，能够给基金经理提供良好的团队氛围和强大的研究支持。渠道服务也做得不错，各个合作方都比较愉快。以此循环，愿意加入高毅平台的优秀基金经理就更多了。

好的投资理念、激励机制、跟投机制和优秀团队能够得到专业投资人的认可，正是平台型私募所擅长和追求的特点。

2017 年年末，一位投资者在高毅资产公众号上留言说：“非常认同这个团队的价值投资理念，更佩服那种面对股市高不盲动，低不悲观，秉持理念而又灵动的机变应对能力。还感佩分析问题的穿透力，操作上的把控能力。我已坚定信心，陪你们一道前行。”对来自客户和市场的每一分认可，高毅团队都心存感激，过去努力有所回报，未来更希望不负所托，兢兢业业做到更好。“与信任共同成长”，是高毅资产的初心和使命。

高毅资产简介

公司简介

上海高毅资产管理合伙企业（有限合伙）是国内投研实力较强、管理规模较大、激励制度领先的平台型私募基金管理公司，专注于资本市场，致力于为优秀的投资经理配备一流的研究支持、渠道资源、品牌背书、资本对接和运营维护，打造以人为本的企业文化和扁平化的组织架构，让优秀的投资经理专注于投资，全力以赴地为投资者创造更佳的收益。

高毅资产坚定践行基本面投资与价值投资的投资文化与价值观，采用多项业内领先的创新机制，包括投资经理跟投机制（确保投资经理与持有人的利益高度一致）、产品以投资经理名字命名的机制（激发投资经理为自己的个人名誉而战）、投资经理高业绩提成机制（使投资经理的收入高于自己独立创业所得）、投研人才股权激励机制（以人为本、立足投研的企业文化）、奖金递延机制（保持团队稳定性），真正从制度上促使投资经理将客户资金当作自己的资金来进行投资运作。

高毅资产旗下汇聚了多位长期业绩优秀、市场经验丰富的明星投资经理。目前投研团队超过 30 人，投资经理包括千亿级基金公司投资总监、股票型基金 8 年业绩冠军、偏股混合型基金 6 年业绩亚军、公募基金十周年金牛奖特别奖得主、公募基金五年期金牛奖得主、公募基金三年期金牛奖得主、私募基金三年期金牛奖得主、私募基金一年期金牛奖得主等，研究员绝大多数来自于嘉实、易方达、南方、博时、鹏华、招商等一线基金公司，整体投研实力在业内处于领先地位。邱国鹭先生担任董事长，邓晓峰先生担任首席投资官，卓利伟先生担任首席研究官，孙庆瑞女士、冯柳先生、王世宏先生担任董事总经理。高毅资产已经在中国证券投资基金业协会备案，注册地在上海，团队分布在深圳、上海和北京。

团队荣誉

团队成员曾获主要奖项

基金经理团队目前拥有 5 位曾获“金牛奖”的基金经理，职业生涯合计获得 14 座金牛奖。

2016—2017 年主要奖项

◎《中国证券报》“金牛奖”2016 年：
年度“股票策略金牛私募投资经理”（基金经理奖）两座

◎ 国金证券“中国最佳私募基金”2016 年：
年度最佳股票投资策略私募基金奖（公司奖）

◎ 招商银行 2016 年：
招银资管 MOM“优秀新锐管理人”（基金经理奖）

◎ 格上财富“金樟奖”2016 年：
最佳股票策略私募管理人（公司奖）
最佳股票策略私募基金（基金奖）

◎ 私募排排网“百舸奖”2016 年：
最佳股票策略私募基金管理人（公司奖）
最受投资者喜爱私募基金经理（基金经理奖）

◎ 朝阳永续“中国私募基金风云榜”2016 年：
最受欢迎理财产品·股票基金奖（基金奖）

◎ 好买财富 10 周年评选 2017 年：
10 年“最佳合作伙伴”（公司奖）

◎《中国基金报》“中国私募基金英华奖”2017 年：
“中国私募基金综合实力 50 强”（公司奖）
年度股票策略最佳私募基金产品奖（基金奖）2 座

◎《证券时报》“中国私募基金长江奖”2017 年度：
“行业典范私募基金公司”（公司奖）
年度收益明星私募基金产品（基金奖）
年度优秀私募基金经理（基金经理奖）

注：以上不含 2018 年尚未颁发的 2017 年度奖项。

投研团队

邱国鹭

高毅资产董事长。曾任南方基金投资总监和投委会主席，19 年从业经历中包含了 60 亿美元资产管理公司合伙人、跨国对冲基金创始人、2 800 亿公募基金公司投研负责人等经验。此外，还担任厦门大学经济学院兼职教授、北京特许金融分析师（CFA）协会理事。曾获《中国证券报》2016 年“中国私募金牛奖”评选之“股票策略金牛私募投资经理”、《中国基金报》2016 年“中国私募基金英华榜”评选之“股票策略最佳产品奖”等多项行业大奖。

◎ 投资理念：长期价值投资

◎ 投资感言：“优选出好行业中的好公司，在其价值低估时买入并长期持有，到公司基本面发生质的变化或者公司价值明显高估时卖出。”

邓晓峰

高毅资产首席投资官。17 年证券从业经验，13 年基金管理经验。曾任博时基金管理公司权益投资总部董事总经理兼股票投资部总经理，全国社保组合股票基金经理兼博时主题行业基金经理等职。公募股票型基金 8 年业绩冠军（2007—2014 年），6 次获得中国基金业金牛奖，中国基金业金牛奖十周年特别奖得主。

◎ 投资风格：价值投资、逆向投资

◎ 投资感言：“这些年来我们总结出了大多数行业的属性和特点，将投资的过程变成了研究和跟踪的过程，变成了对商业模式和盈利的判断，变成了可复制、可持续的操作，这是一个比较有效的管理组合的办法。”

孙庆瑞

高毅资产董事总经理。17 年证券从业经验，6 年债券市场、11 年股票市场投资研究经验。曾任中银基金权益投资总监，偏股混合型基金 6 年业绩亚军，在同期上证指数下跌 58.48% 的熊市中获得 44.89% 的正收益。曾获《中国基金报》2017 年“中国私募基金英华奖”评选之年度“最佳产品奖”，6 次获得《中国证券报》金牛奖，其中包括第十届中国基金业金牛奖十周年特别奖，基金行业 19 年来仅有 7 位长期业绩优异的股票基金经理获此殊荣，孙庆瑞是其中唯一一位女性基金经理。

◎ 投资方法：自上而下的判断、优选高成长行业与精选个股相结合

◎ 投资感言：“在一个行业和公司形势明朗、进入高成长阶段的时候参与进来，分享他们最有激情的那一部分，这往往是能获取超额收益最多的阶段。”

卓利伟

高毅资产首席研究官。23 年证券从业经验，13 年基金管理经验。曾任上海景林资产合伙人、建信基金投资部副总监。2011—2015 年管理过较大规模的多个私募基金产品与 QFII 专户，业绩优秀。曾获《中国基金报》2017 年“中国私募基金英华奖”评选之年度“最佳产品奖”、《中国证券报》2015 年“中国私募金牛奖”评选之“三年期金牛私募投资经理”（2012—2014 年）。

◎ 投资风格：基本面投资的坚定实践者，追求可持续的价值与高质量的成长。

◎ 投资方法：基于深度的基本面研究与严谨的企业价值分析。

◎ 投资感言：“更多的研究（足够的宽度与更重要的深度）是为了更少的决策，更少的决策是为了提高决策的确定性与含金量，投资回报的主要来源是最优秀企业与团队主动创造的价值。”

冯柳

高毅资产董事总经理。民间走出的投资高手，对市场及投资方法有较多独到见解和创造性认识。国内最早在互联网上为人所知的价值投资者之一，曾获《中国证券报》2016 年“中国私募金牛奖”评选之“股票策略金牛私募投资经理”等多项行业大奖。

◎ 投资风格：以长期投资、价值投资、集中投资、逆向投资见长，不使用杠杆、亦不控制回撤。

◎ 投资感言：“这个世界是不断变化的，而这些变化绝大部分是在人们的认识和控制之外的，所以我们要尽量避开多决定因子的投资，降低变化的复杂性，尽可能让自己处于不被变化伤害的位置。寻找无须卖出的优质投资标的和时机，然后时刻思考是否需要卖出。”

王世宏

高毅资产董事总经理。20年证券从业经验，曾在高瓴资本担任总监、QFII团队核心成员，曾在泰康资管担任投资经理。

◎ 投资风格：在经济变化的主航道上投资，寻找具有伟大创新和强大护城河的公司。

◎ 投资感言：“长期投资的回报率就等于企业收入增长率、盈利增长率、资本的回报率以及估值的变化率。所见即所得，投资在未来10年价值增速最高可能成就新首富的公司。”

「本书在编辑整理过程中，根据出版及监管要求，对部分已发表文章的部分内容做了修订。」

未来，属于终身学习者

我这辈子遇到的聪明人（来自各行各业的聪明人）没有不每天阅读的——没有，一个都没有。巴菲特读书之多，我读书之多，可能会让你感到吃惊。孩子们都笑话我。他们觉得我是一本长了两条腿的书。

——查理·芒格

互联网改变了信息连接的方式；指数型技术在迅速颠覆着现有的商业世界；人工智能已经开始抢占人类的工作岗位……

未来，到底需要什么样的人才？

改变命运唯一的策略是你要变成终身学习者。未来世界将不再需要单一的技能型人才，而是需要具备完善的知识结构、极强逻辑思考力和高感知力的复合型人才。优秀的人往往通过阅读建立足够强大的抽象思维能力，获得异于众人的思考和整合能力。未来，将属于终身学习者！而阅读必定和终身学习形影不离。

很多人读书，追求的是干货，寻求的是立刻行之有效的解决方案。其实这是一种留在舒适区的阅读方法。在这个充满不确定性的年代，答案不会简单地出现在书里，因为生活根本就没有标准确切的答案，你也不能期望过去的经验能解决未来的问题。

湛庐阅读APP：与最聪明的人共同进化

有人常常把成本支出的焦点放在书价上，把读完一本书当做阅读的终结。其实不然。

时间是读者付出的最大阅读成本
怎么读是读者面临的最大阅读障碍
“读书破万卷”不仅仅在“万”，更重要的是在“破”！

现在，我们构建了全新的“湛庐阅读”APP。它将成为你“破万卷”的新居所。在这里：

- 不用考虑读什么，你可以便捷找到纸书、有声书和各种声音产品；
- 你可以学会怎么读，你将发现集泛读、通读、精读于一体的阅读解决方案；
- 你会与作者、译者、专家、推荐人和阅读教练相遇，他们是优质思想的发源地；
- 你会与优秀的读者和终身学习者为伍，他们对阅读和学习有着持久的热情和源源不绝的内驱力。

从单一到复合，从知道到精通，从理解到创造，湛庐希望建立一个“与最聪明的人共同进化”的社区，成为人类先进思想交汇的聚集地，共同迎接未来。

与此同时，我们希望能够重新定义你的学习场景，让你随时随地收获有内容、有价值的思想，通过阅读实现终身学习。这是我们的使命和价值。

湛庐阅读APP玩转指南

湛庐阅读APP结构图：

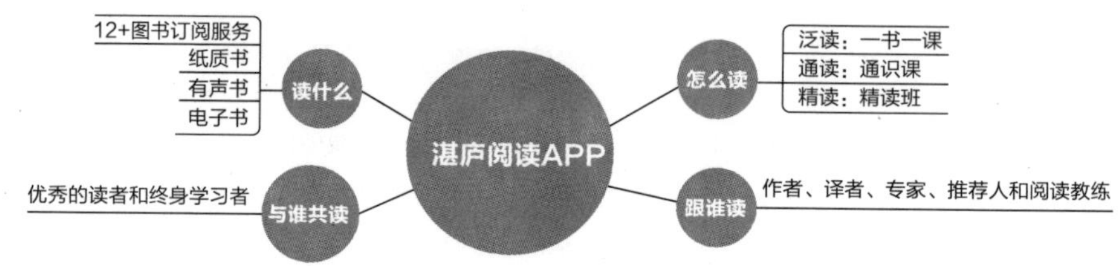

三步玩转湛庐阅读APP：

听一听

泛读、通读、精读，
选取适合你的阅读方式

读一读

湛庐纸书一站买，
全年好书打包订

扫一扫

买书、听书、讲书、
拆书服务，一键获取

APP获取方式：

安卓用户前往各大应用市场、苹果用户前往APP Store
直接下载“湛庐阅读”APP，与最聪明的人共同进化！

使用APP扫一扫功能，遇见书里书外更大的世界！

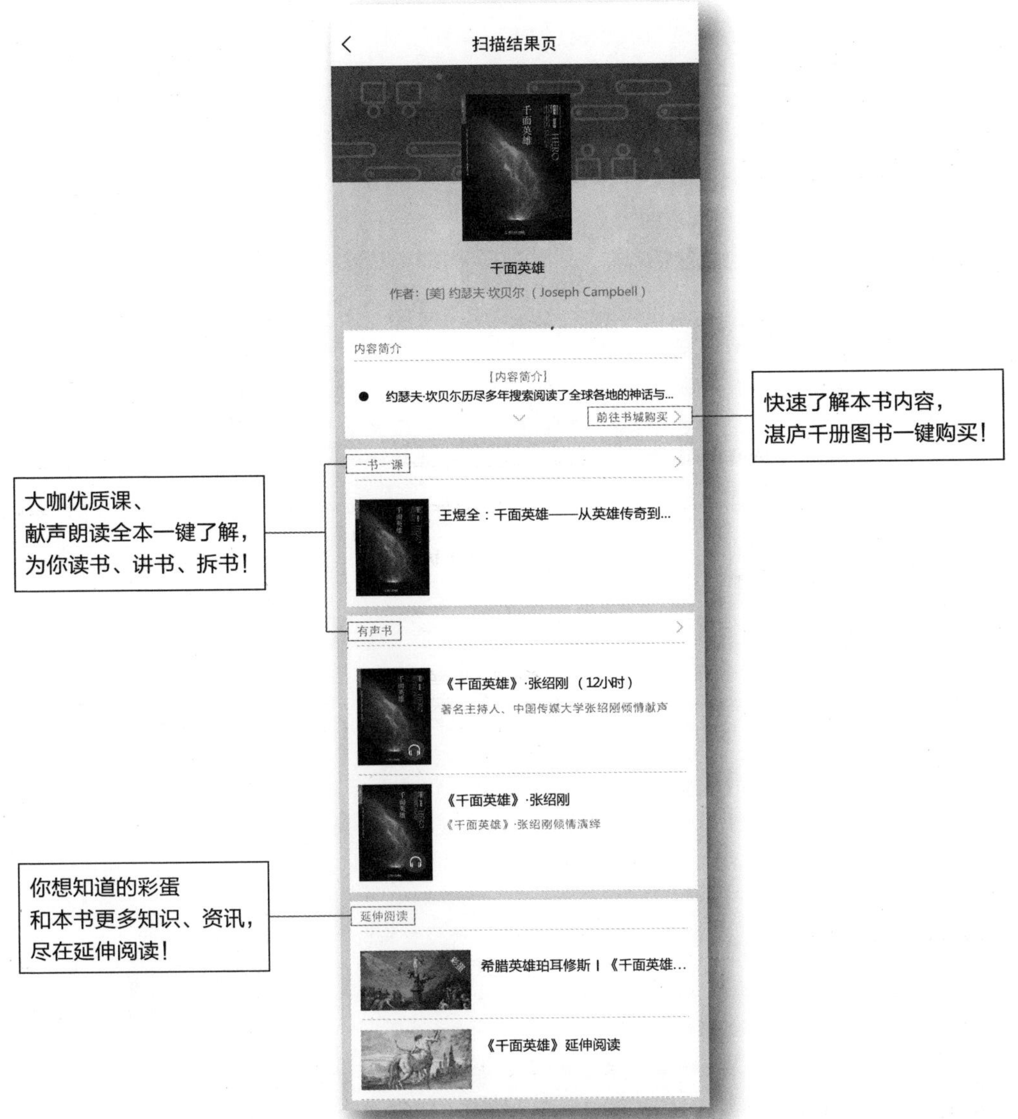

湛庐CHEERS

延伸阅读

《投资中最简单的事（更新版）》

◎ 高毅资产董事长邱国鹭22年投资经验凝聚之首部作品历经市场5年洗礼之后全新升级。

◎ 高瓴资本集团创始人兼首席执行官张磊专文推荐，国务院发展研究中心金融研究所副所长巴曙松，全国社会保障基金理事会投资部主任詹余引，国信证券股份有限公司总裁陈鸿桥，重阳投资董事长兼首席投资官裘国根，赤子之心总经理赵丹阳联袂推荐。

《共同基金常识（10周年纪念版）》

◎ 指数基金教父约翰·博格先生的心血力作，历经市场十年洗礼之后的升级版，堪称投资界的经典必读书。

◎ 著名金融学家巴曙松教授领衔翻译。

◎ 高瓴资本创始人兼首席执行官张磊、中国人民保险集团副董事长缪建民、耶鲁大学首席投资官大卫·斯文森专文作序推荐。

《3G资本帝国》

◎ 深度揭秘鲸吞百威、汉堡王、亨氏、卡夫、提姆霍顿的超级帝国。一段精彩到令人窒息的逆袭故事，3位依靠梦想缔造3 000亿美元奇迹的传奇人物，10条让所有人受益匪浅的黄金法则。

◎ 3G资本“千亿美元并购大战”亲历者、百威英博亚太区副总裁王仁荣亲笔翻译

◎ 巴菲特、吉姆·柯林斯深入参与写作过程，和君咨询集团董事长王明夫、复星集团CEO汪群斌、高毅资本董事长邱国鹭倾情作序！

《跳着踢踏舞去上班》

◎ 全球投资界公认解读巴菲特必读书！仅次于芒格的巴菲特“黄金搭档”卡萝尔·卢米斯亲自操刀！

◎ 近10万字珍贵的巴菲特亲笔文稿全面集结，20余篇深度揭秘巴菲特投资中里程碑事件内幕的文章，帮你重塑对投资市场的认知。

◎ 微软创始人比尔·盖茨、高毅资产董事长邱国鹭、东方港湾董事长但斌倾情推荐！

图书在版编目（CIP）数据

投资中不简单的事 / 邱国鹭等著. —成都：四川人民出版社，2018.1
ISBN 978-7-220-10664-4

Ⅰ. ①投… Ⅱ. ①邱… Ⅲ. ①投资—基本知识 Ⅳ. ①F830.59

中国版本图书馆CIP数据核字（2017）第325540号

上架指导：金融投资 / 个人理财

本书法律顾问　北京市盈科律师事务所　崔爽律师
张雅琴律师

TOUZI ZHONG BUJIANDAN DE SHI

投资中不简单的事

邱国鹭　邓晓峰　卓利伟　孙庆瑞　冯　柳　等著

责任编辑：薛玉茹　张东升
版式设计：湛庐文化　杨静玉
封面设计：零创意文化
责任印制：王　俊

四川人民出版社出版
（成都市槐树街 2 号　610031）
石家庄继文印刷有限公司印刷　新华书店经销
字数 312 千字　720 毫米 ×965 毫米　1/16　21.25 印张　1 插页
2018 年 1 月第 1 版　2020 年 7 月第 8 次印刷
ISBN　978-7-220-10664-4
定价：69.90 元